UNE

AMBASSADE

FRANÇAISE

EN CHINE

Typographie Ernest Meyer, 3 rue de l'Abbaye, à Paris.

TH. DE FERRIÈRE LE VAYER

UNE

AMBASSADE

FRANÇAISE

EN CHINE

JOURNAL DE VOYAGE

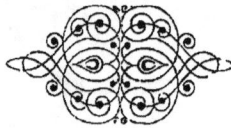

Paris

LIBRAIRIE D'AMYOT, ÉDITEUR

8, rue de la Paix.

—

M DCCCLIV

INTRODUCTION.

———

La guerre de l'Angleterre avec la Chine a eu pour résultat de créer des rapports tout-à-fait nouveaux entre les nations maritimes de l'Europe et de l'Amérique et l'Empire du milieu. Pour la première fois un traité de paix fut conclu entre le céleste empereur et un souverain de l'Occident. Jusqu'à ce moment les relations commerciales n'avaient eu d'autres garanties à Canton que les dispositions plus ou moins favorables des vice-rois. En outre un seul port était ouvert : le traité de Nankin en fit ouvrir quatre autres. Les États-Unis se hâtèrent d'entrer par la brèche qui venait d'être faite par la diplomatie anglaise. Leur plénipotentiaire, M. Cushing, assura également à leur commerce les bénéfices d'une convention. La

France ne pouvait pas rester en arrière et une ambassade extraordinaire fut envoyée à Macao, vers la fin de l'année 1843.

Elle avait pour chef M. de Lagrené qui réussit, non-seulement à conclure un traité de commerce, comme les Anglais et les Américains, mais encore, ce que ses prédécesseurs n'avaient même pas tenté, à obtenir de l'empereur l'engagement formel de permettre dans ses États la pratique du christianisme. Le traité anglais, le traité américain, le traité français mirent fin au système absolu d'isolement suivi par la Chine et inaugurèrent cette ère nouvelle, dont les événements qui se passent aujourd'hui vont probablement précipiter le cours.

J'ai eu l'honneur de faire partie de la mission de M. de Lagrené en qualité de premier secrétaire de la légation; je sais ce que cette position m'impose de réserve. Les travaux de l'ambassade appartiennent aux archives du ministère des affaires étrangères et je ne rapporterai ici, sauf quelques faits acquis à la publicité, et quelques opinions personnelles, rien de ce

qui pourrait rentrer dans la sphère des investigations officielles.

Mais, dans le cours de ce long voyage, à côté des
études et des opérations prescrites par le gouvernement du Roi, il y a eu le voyage lui-même, c'est-à-
dire la succession des choses matérielles, la mer, les
montagnes, les arbres, les édifices des villes, les différentes races d'hommes, la nature, en un mot, qui,
envisagée dans ses apparences extérieures et pittoresques, n'a rien de commun avec les discrétions de
la diplomatie.

Quand il s'agit d'une surface comme celle du
globe, de simples traits, pourvu qu'ils soient exacts,
ne sont point à dédaigner, même pour les esprits sérieux. M. de Humbold, dans son Cosmos, a admira-
blement exprimé l'effet produit sur la pensée de
l'homme, à mesure que se sont étendues ses connaissances géographiques, par le développement pro-
gressif de l'idée de l'univers, et il a rappelé cette pa-
role célèbre, que le monde physique est un symbole

et que ce que nous voyons est la figure des choses invisibles.

Je n'adopterai point la forme du récit ; je laisserai à mes notes, recueillies chaque jour sous l'impression même des objets et à une époque déjà éloignée de moi, leur caractère descriptif. Cela nuira peut-être à l'intérêt dramatique que l'on aime aujourd'hui à trouver en toute sorte d'ouvrage ; mais il ne faut chercher ici que quelques tableaux et non pas une action suivie.

Je terminerai cette introduction par une liste des personnes qui faisaient partie de l'ambassade ; cela m'évitera d'avoir à expliquer leurs qualités quand leurs noms se rencontreront sous ma plume.

1° Embarqués à bord de la *Sirène :*

M. de Lagrené, ministre plénipotentiaire, avec madame de Lagrené et deux petits enfants ;

M. de Ferrière-le-Vayer, premier secrétaire de la légation ;

MM. de la Hante et Marey-Monge, attachés payés ;

MM. Mac Donald et de la Guiche, attachés libres ;

M. Xavier Raymond ;

M. Yvan, médecin en titre de la mission ;

M. Ytier, inspecteur des douanes ;

M. Lavollée, adjoint à M. Ytier par le ministère des finances ;

M. de Montigny, chancelier.

2° Embarqués à bord de l'*Archimède* :

M. Bernard d'Harcourt, deuxième secrétaire de la légation ;

M. de Charlus, attaché libre ;

MM. Rondot, Hausman, Hedde et Renard, délégués du ministère du commerce.

La *Sirène*, frégate de 56 canons, était commandée par le capitaine de vaisseau Charner ; elle était accompagnée de la corvette la *Victorieuse*, qui avait pour commandant le capitaine de frégate Rigault de Genouilly.

L'*Archimède* était une corvette à vapeur qui nous amena, quinze jours après notre arrivée à Macao, M. d'Harcourt et les délégués du ministère du commerce, partis de France plusieurs mois après nous.

Ce bâtiment avait fait sa route tantôt à la voile, tantôt à la vapeur, en doublant le cap de Bonne-Espérance. Il était commandé par le capitaine Pâris.

Nous devions trouver à Macao notre interprète, M. Callery.

———

LIVRE PREMIER.

TÉNÉRIFFE.

I.

12 Décembre 1843.

Nous sommes partis de Brest ce matin. Depuis un
mois nous attendions un temps favorable. Une brise
du nord-ouest, froide et pluvieuse, s'obstinait à nous
fermer le passage étroit qui conduit à la mer. Enfin
le vent a changé, et nous nous sommes rendus à
bord de la *Sirène*. La frégate a appareillé immédiatement. Le ciel était voilé d'un léger brouillard, à
travers lequel on apercevait les montagnes bleuâtres
qui environnent la rade. Quelques bâtiments de
guerre se dessinaient sur l'eau, que tachetaient çà et
là de nombreuses embarcations. Le château de Brest
élevait ses tours crénelées à l'entrée du port, et, devant nous, le Goulet, bordé sur chaque rive de hautes
falaises, nous ouvrait les perspectives de l'Océan.

Le commandant Charner, debout sur le banc de

quart, commanda la manœuvre. Les officiers dispersés chacun à son poste, les midshipmen courant sur le pont ou grimpant sur les vergues, les cinq cents hommes de l'équipage groupés de tous les côtés, les uns tournant le cabestan au son du fifre, les autres tirant les cordages, montant sur les échelles, déployant les voiles, formaient un spectacle nouveau pour la plupart d'entre nous et, dans tous les cas, plein de vie et d'intérêt.

La *Victorieuse* imitait nos mouvements et jetait comme nous sa toile au vent. Une gabarre, la *Loire*, qui devait aller à la Martinique, profitait aussi de la brise pour se mettre en route. Il y avait une émulation entre les équipages pour exécuter cette manœuvre avec rapidité et précision.

Quand nous nous sommes trouvés dans le Goulet, le vent a faibli; le courant pouvait nous emporter vers la côte; on a mis les embarcations à la mer, pour remorquer les bâtiments. Notre grosse frégate, avec ses câbles traînés à force de rames par les petites barques, avait l'air de Gulliver pris aux cheveux par les Lilliputiens. Nous longions lentement ces rivages de la Bretagne d'où nous semblions nous éloigner à regret; nous emportions d'intéressants souvenirs de cette pointe de terre, *Finis terræ*, comme on la nomme, vraiment digne d'être visitée, non pas seulement comme un seuil à franchir pour quitter la France, mais pour elle-même. Malgré les pluies froides du mois de décembre, nous avions admiré ses rochers découpés par les vagues, les flèches dentelées de ses églises de granit, ses ossuaires sculptés, ses statues peintes, le Folcoat, Lesneven, Saint-Pol-de-Léon, le Kreisker, Roscof, dont le caractère d'originalité reçoit un nouveau charme de la poésie des légendes.

A notre sortie du Goulet, nous avons trouvé la grosse houle de l'Océan ; puis le vent a fraîchi ; la frégate a commencé à sentir les secousses du Léviathan qui la portait : de temps en temps une vague, sautant par dessus la muraille, nous fouettait de son écume ; un froid piquant et humide qui nous glaçait sous nos manteaux et, pour la plupart d'entre nous, l'invasion du mal de mer, nous forcèrent de rentrer dans nos cabines et de renoncer à recueillir plus longtemps des impressions maritimes.

II.

24 Décembre.

Il y a déjà douze jours que nous sommes en mer, et le temps ne paraît pas trop long ; l'ennui ne vient pas un seul instant. J'ai songé plusieurs fois à ces moines bretons qui plaçaient leur couvent sur la pointe d'un rocher, avec l'Océan au bas. Il m'a semblé que leur vie devait être bien belle avec cette alliance de la pensée, du travail et de la grande nature.

Ce qu'il y a de certain, c'est que nos heures s'écoulent avec une grande rapidité. Une grosse partie du temps se passe à lire, à travailler, à écrire, comme on ferait à terre; puis nous avons un piano ; nous faisons de la musique, et les mélodies de Weber, de Bellini ou de Meyerbeer se mêlent aux bruits de la navigation. Le soir nous nous réunissons dans le salon de madame de Lagrené ; les fenêtres de la galerie sont ouvertes, comme à Nice ou à Malte; on prend le thé, on joue au whist, on cause; l'un est allé aux Antilles et au Sénégal; un autre en Grèce et en Russie; celui-ci à Madrid et à Vienne; celui-là à

Constantinople et à Smyrne ; le marin, le diplomate, le littérateur, le naturaliste échangent leurs idées et répandent leur esprit dans d'intéressantes et amicales discussions.

Le pont offre une promenade dont l'espace est borné, mais l'imagination y est sans cesse occupée. Ce sont les manœuvres commandées par l'officier de quart, les cordages, les vergues où se pendent les matelots, les différentes voiles qui se plient ou se déplient, l'exercice du canon et, à des intervalles réglés, la cloche, le tambour, le fifre ; le soir, par le beau temps, les matelots, couchés par groupes le long de la muraille, chantent en chœur des chansons naïves et mélodieuses, ou se racontent des histoires dans lesquelles le merveilleux joue toujours un grand rôle. J'écoute leurs chants et leurs récits ; ou bien, assis sur la dunette, je contemple les larges voiles de la *Sirène* se développpant avec grâce et majesté sur le ciel parsemé d'étoiles, et derrière nous, dans le lointain obscur de la mer, je suis des yeux le fanal qui scintille à l'avant de la *Victorieuse*.

Aujourd'hui l'on a signalé la terre. Nous avons aperçu les Salvages, petites îles à trente-cinq lieues de Ténériffe. Il y a huit jours que nous avons dépassé Lisbonne. Depuis cette époque l'air est doux et tiède,

l'eau d'un bleu céleste, et l'on se déroberait presque
aux rayons du soleil.

III.

26 Décembre.

Ce matin, à mon lever, j'ai aperçu Ténériffe. Les
rochers de la pointe d'Anaga se sont élevés peu à
peu dans l'air qui était d'une extrême pureté. Le pic
se montrait au-dessus comme une pyramide. Bientôt on a pu distinguer les teintes dorées, les ombres,
les fissures et les cimes étagées des montagnes; puis,
au pied d'un amphithéâtre de roches volcaniques, la
ville de Santa-Cruz, avec ses maisons blanches et
roses, les tours grises de ses églises, son petit fort et
son aspect tout-à-fait méridional. Plusieurs goëlettes
espagnoles étaient à l'ancre; il y avait encore un
trois-mâts anglais qui portait des femmes à Botany-
Bay. Tous ces bâtiments étaient remués par un violent roulis. Quand nous fûmes près de la ville, la
Sirène abattit ses voiles, laissa tomber son ancre, et
salua le fort de vingt-un coups de canons qui lui furent rendus exactement. Aussitôt nous nous vîmes
entourés de petites barques qui, dansant sur les va-

gues, venaient nous apporter des oranges, des bananes et divers fruits des tropiques que nous voyions
pour la première fois.

Nous avions hâte de toucher la terre; les canots
de la frégate, alternativement soulevés et abaissés
par la mer, rendaient l'embarquement difficile; on
s'y jeta vaillamment au risque d'être brisé contre
les canons, et en quelques minutes on fut sur la jetée.

Une population de curieux et de mendiants se
pressait autour de nous. Je cherchais en vain à retrouver les costumes d'Espagne, la ceinture des ma-
jos et la mantille des manolas. Les hommes portaient
des haillons sans caractère; les femmes avaient sur
la tête et sur les épaules une mante de calicot blanc,
et, par dessus, un chapeau rond et noir, comme nos
chapeaux d'hommes. C'était plus bizarre que gracieux ; mais j'entendais parler cette noble langue
espagnole; des miradores se montraient aux fenêtres comme à Séville; des cours avec des fontaines
me rappelaient les patios andaloux. Enfin, ce qui
ne me rappelait rien de l'Europe et n'en était pas
moins curieux pour cela, des chameaux chargés de
marchandises promenaient dans les rues leur démarche indolente et distraite et leurs cous d'oiseaux,
sur un sol poudreux et bordé de dalles de lave.

Nous sommes descendus à l'hôtel Francès. Reti-
rés dans nos chambres, c'est en vain que nous vou-
drions prendre un instant de repos ; il y a au dehors,
sur la place et dans les rues voisines, comme une sé-
rénade perpétuelle de chansons accompagnées de
bourdonnements de guitares, de claquements de cas-
tagnettes et de cris perçants ; je reconnais des jotas,
des boleras ; j'ouvrirai donc ma fenêtre et j'écouterai,
dans l'air tiède de la nuit, cette musique et ces
danses mêlées au bruit de la mer.

IV.

Puerto de Orotava, 29 décembre.

Le nom de Ténériffe frappe vivement l'imagination. L'Atlantide de Platon, le souvenir des Guanches
et le fameux pic qui, avant les expériences modernes, passait pour le plus haut sommet de la terre,
excitent une grande curiosité. Les Guanches ont disparu : c'est une race qui n'a pas survécu à la conquête. Détruite par ses vainqueurs, elle ne trouva,
pour lui rendre justice et la plaindre, et cela encore
longtemps après, qu'un moine, Espinosa, fidèle
comme Las Casas au sentiment catholique de la fra-

ternité humaine. La tradition a conservé les noms de quelques-uns de leurs chefs, Semidan, Benchono, Tingaro ; des cavernes ont gardé des momies, seuls restes d'une nation disparue dans les abîmes du néant, sans avoir laissé derrière elle ce qui survit aux peuples, quelques monuments de la pensée et de l'art. Quant au pic de Teyde, ce géant qui s'élève droit de la mer comme l'Etna, et qui a mille pieds de plus, il est rare qu'on puisse le visiter à cette époque de l'année. Lord Macartney, se rendant comme nous en Chine à la fin du siècle dernier, a essayé de le gravir à peu près dans la même saison, et il a été forcé d'y renoncer après s'être vu entouré de brouillards épais et de tourbillons de neige et avoir risqué de se briser dans les précipices. C'était donc avec un vif intérêt que, montés sur de petits chevaux du pays, nous partions avant-hier matin, pour faire une excursion dans l'île. Nous nous élevions sur la hauteur qui domine Santa-Cruz, et de temps en temps nous regardions la vue : devant nous les montagnes se dessinant avec vigueur, derrière nous le vallon de Santa-Cruz, la ville et la mer. La route était assez belle, seulement nous montions toujours ; parvenus au sommet du plateau, c'est-à-dire environ à 1,700 pieds au-dessus du niveau de la mer, nous rencontrâmes une coulée de basaltes sur laquelle nos chevaux avaient peine à marcher; à droite et à gauche, des landes arides se hérissaient çà et là d'euphorbes ou de cactus couverts de cochenilles; bientôt nous aperçûmes des champs de maïs, de blé et de millet, et à une certaine distance un joli bois : nous arrivions à Laguna.

Laguna, comme l'indique son nom, est située dans un bassin cultivé qui a été autrefois couvert d'eau. C'est l'ancienne capitale de l'île, et encore aujourd'hui la résidence de la noblesse. Mais tout le mouvement commercial s'est porté naturellement vers la mer, et surtout vers Santa-Cruz. C'est une ville assez bien bâtie; les maisons, dans le style sévère de la fin du XVIe siècle, ont des écussons sculptés sur le fronton des portes. Elles m'ont rappelé Santander, où je débarquai en 1838, à l'époque des guerres civiles, avec cet aimable et chevaleresque ambassadeur, le duc de Fezensac. Seulement ici tout est désert et sans vie ; l'herbe pousse dans les rues, et de toutes parts on est assailli par les mendiants.

Nous ne fîmes guère que traverser Laguna, où nous devions passer la nuit, et nous allâmes voir la fontaine de las Mercedes. A notre sortie de la ville, nous trouvâmes une plaine d'une grande fertilité.

Un aqueduc de bois, dans le genre de ceux que les Maures ont laissés en Espagne, transportait l'eau pour les irrigations d'une façon simple et pittoresque. Quelques maisons de paysans s'élevaient à l'ombre des lauriers. C'était une scène à la fois grande et riante. A mesure que nous avancions, les sentiers s'ombrageaient de lauriers et d'ardisias en gravissant des pentes gracieuses. Ici, nous voyions une chaumière, avec des enfants à demi-nus qui jouaient sur le seuil ; là, une caverne creusée dans le roc par les anciens Guanches ; plus loin, des femmes conduisant des ânes chargés de bruyères, ou des chameliers poussant devant eux une longue file de chameaux. Enfin, après avoir quitté la route pour gravir une rampe assez rapide, nous nous trouvâmes dans un bois touffu. Au pied d'un rocher de basalte noir et luisant, sur lequel rampaient de grandes fougères, entre des murs en ruine ombragés par une futaie de lauriers, dans une espèce de clairière environnée d'un dôme de feuilles, une fontaine, consacrée à la Vierge de las Mercedes, présentait dans un bassin de pierre une eau bien fraîche, que nous portâmes avec empressement à nos lèvres. Nos chevaux attachés aux arbres, nos conducteurs accroupis sur des racines et chantant leur chanson monotone, formaient un tableau que j'aimerais à retrouver sur la toile de Corot ou de Cabat. Nous suivîmes quelque temps des sentiers tortueux à l'ombre du bois, et, arrivés au sommet du mont Aguirre, nous nous trouvâmes tout-à-coup, par un contraste frappant, en face d'un horizon immense; nous dominions du regard une infinité de pics étagés à nos pieds, les uns dentelés comme des scies, les autres aigus comme des pointes de fer fondu, avec des précipices sillonnant les flancs des montagnes jusqu'au bord de la mer, qui nous apparaissait de trois côtés; de petits aigles fauves tournoyaient au-dessous de nous, et à gauche notre œil plongeait sur la rade de Santa-Cruz et sur la frégate qui semblait un point noir sur l'eau étincelante.

V.

Le lendemain, de bonne heure, nous prîmes la route d'Orotava. C'est l'ancienne Oratopola des Guanches : elle est située aux racines septentrionales du Pic, à une lieue de la mer, où elle a son port, nommé Puerto de Orotava, comme Athènes a le Pyrée. Notre cavalcade cheminait sur cette terre volcanique, où toute pierre, il n'y a pas bien longtemps

encore, avait été du feu, et où de moment en moment un cône, aujourd'hui couvert de verdure, annonçait aux géologues de la bande la présence d'un
ancien cratère. Nous descendîmes par un sentier escarpé et ombragé au fond d'une gorge où des lauriers, plus élevés encore que ceux de Las Mercedes,
projetaient une fraîcheur impénétrable aux rayons
du soleil. Sous des rocs qui surplombaient, et
dont la voûte fouillée par des racines simulait les
détails d'une architecture pleine de fantaisie, coulait une source qui s'en allait en murmurant sous
les arbres, jusqu'à ce qu'elle fût recueillie dans un
aqueduc de bois, supporté d'abord sur des piquets
et bientôt sur des troncs d'arbres. Nous en suivîmes quelque temps le cours, puis nous gravîmes
la hauteur qui domine la fameuse vallée de Taoro.
Arrivés au sommet, un vaste panorama se développa devant nos yeux : d'abord le pic de Teyde,
avec ses gigantesques contreforts ; puis, à partir
du dernier étage de ces montagnes amoncelées,
une opulente vallée qui s'avance majestueusement
jusqu'à la mer, avec des palmiers, des bananiers
et des orangers ; la ville d'Orotava du côté des montagnes et, sur le bord de la mer, le Puerto.

Nous avons visité aujourd'hui la Rambla et Orotava. La Rambla est une maison de campagne appartenant au comte de Béthencourt, descendant d'un chevalier normand qui, au commencement du xvᵉ siècle, avant la venue des Espagnols, s'était établi, en compagnie d'un gentilhomme gascon, dans une des Canaries, avec quelques aventuriers. Cette maison est sur la pente d'un ravin très-escarpé et très-profond qui va de la montagne à la mer; dans le fond, une cascade, qui tombe d'un rocher, roule vers la mer sous de larges feuilles d'ignames. Des bananiers, des citronniers, des dattiers peuplent le vallon, et l'œil suit les lignes des promontoires se mirant dans le bleu de l'Océan ou se poudrant de l'écume des vagues jusqu'au Puerto.

A Orotava nous avons vu dans un jardin qui appartient à M. de Collogan, le dragonnier dont il est parlé dans toutes les relations de voyages, et qui a près de 15 mètres de circonférence. Il a l'air d'une grosse tour du haut de laquelle partent de gros bras tenant chacun en l'air une touffe de feuilles aiguës.

VI.

En rade de Santa-Cruz, 31 décembre.

Avant-hier, à onze heures du soir, à la clarté de

la lune, nous nous acheminions vers le Pic, avec nos guides, sur un chemin raide et pavé de laves glissantes, et où nous n'avions rien de mieux à faire que de nous abandonner à l'instinct de nos montures. Quand nous fûmes sur les hauteurs qui dominent la vallée d'Orotava, nous regardâmes la mer ; les grandes lignes de la côte tranchaient sur l'eau lumineuse et à l'horizon les étoiles semblaient tomber dans les flots qu'un lointain vaporeux confondait avec le ciel. Cependant nous montions toujours, par des sentiers difficiles, que parfois, sous les arbres, l'obscurité faisait paraître impossibles, et ne perdant jamais de vue le manteau blanc de notre guide. La lune nous abandonna, mais nous étions parvenus depuis quelque temps au-dessus de la région des forêts et des arbres, et les étoiles suffisaient pour éclairer notre marche. Bientôt même quand nous arrivâmes au désert de cendres et de ponces brisées qui s'étend sur un espace de plus d'une lieue au pied du piton, à près de 8,000 pieds au-dessus du niveau de la mer, la lumière sidérale était si abondante, qu'elle pouvait remplacer le jour. C'était je ne sais quoi de doucement lumineux et de tranquillement clair qui donnait aux objets une fraîcheur de ton singulière, avec un vague tout-à-fait fantastique. En outre, les ombres étaient si peu marquées, qu'il semblait ne pas y en avoir, et que chaque chose avait l'air, comme dans le conte de Chamisso, d'avoir perdu son ombre.

Nous arrivâmes aux Piedras-Negras. Ce sont des blocs énormes de basaltes qui ont été détachés des parois du volcan par la force de l'éruption, et qui, lancés en l'air avec des torrents de feu, sont tombés au pied du piton. A ce moment, le spectacle était vraiment beau et la scène imposante. Nous étions sur le plateau qui sert de piédestal au Teyde, cette bouche de l'enfer comme l'appelaient les Guanches ; devant nous, des cimes sombres et désolées ; autour de nous, ce désert de cendres, semé de blocs calcinés, qui se dressaient noirs et mornes comme les personnages d'une apparition ; à notre droite, le Pic qui, malgré tout le chemin que nous venions de faire, nous écrasait encore de sa grandeur ; à notre gauche, la mer qui commençait à se teindre à l'horizon des premières blancheurs du jour. L'île Canarie se détachait en bleu foncé sur cette lueur pâle et quelques légères vapeurs se formaient dans le ciel de l'est. Tout-à-coup la lumière s'élança dans l'espace; une bande écarlate se montra entre l'extrémité de la surface liquide et le commencement de la voûte céleste. Le bord des nuages se revêtit d'une frange de pourpre ; la silhouette grise de la grande Canarie nagea dans des flots de clarté d'un rouge ardent, et le disque du soleil, paraissant dans son plus brillant éclat, fit étinceler la mer et nous envoya une splendeur éblouissante.

Nous étions au pied du cône ; nous montâmes par un sentier tortueux, parmi des débris de pierres ponces et d'obsidiennes, jusqu'à la Estancia de los Ingleses. Le soleil était déjà chaud, et en vérité nous avions fort peu souffert du froid pendant toute la nuit, malgré l'extrême élévation. Le lever du soleil nous annonçait une journée magnifique ; il n'y avait guère de neige au sommet du Pic que du côté du nord ; nous pouvions donc compter sur le succès de notre ascension.

Il était sept heures et demie quand nous arrivâmes à la Estancia. On appelle ainsi quelques gros blocs de basaltes qui forment un abri contre le vent, mais qui ne garantiraient ni de la pluie, ni de la neige. On y fait ordinairement une halte avant de gravir le cône et on y laisse les chevaux. Un bon feu de branches de spartium nubigenum , seule plante qui pousse maigrement ses rameaux chétifs et son pâle feuillage sur ce sol stérile, acheva de dégourdir nos membres. Assis sur des pierres, devant la flamme pétillante, nous fîmes, de bon appétit, un déjeuner frugal; tandis que nos guides, étendus au soleil, après avoir attaché leurs chevaux derrière les roches, buvaient dans leur petit baril le vin rosé des Canaries et mangeaient le pain bis et les oignons crus apportés dans leur bissac.

A huit heures, nous étions debout et nous gravissions à pied le cône du Teyde. Ce fut d'abord un amas de débris volcaniques et de roches brûlées. Bientôt nous atteignîmes ce qu'on appelle les obsidiennes. Ce sont des vitrifications hérissées et aiguës; il fallait marcher et parfois sauter de pierre en pierre, et souvent de pointe en pointe; de temps en temps, cela se détachait et roulait sous nos pieds; il fallait se retenir avec une main et s'appuyer de l'autre sur le bâton que nous avait donné notre guide; nous eûmes beaucoup de peine à arriver au pied du dernier pic, que l'on nomme le pain de sucre.

Le sommet nous semblait très-rapproché de nous; mais nous avions encore à monter pendant plus d'une heure avant de l'atteindre. C'était comme une pyramide de cendres et de scories, élevée tout au plus de 400 pieds, mais que nous gravissions avec peine sur un sol qui se dérobait à chaque instant sous nos pas. A mesure que nous montions, une fumée sulfureuse

s'échappait par petits filets ; la cendre était chaude ;
l'air nous manquait ; notre guide nous encourageait
de l'exemple et de la voix. Enfin, d'efforts en efforts,
de repos en repos, de chute en chute, nous atteigni-
mes le haut du Pic : il était onze heures et demie.

Je m'assis aux pieds de deux roches calcinées et
blanchâtres, en forme de créneaux, et qui formaient
le point culminant de tout le système. Derrière ces
roches, le sommet du cône se creusait en entonnoir
à environ 100 pieds de profondeur : c'était le cratère,
ou, comme on le nomme ici, la caldera, la chaudière,
dont les parois de cendre étaient tapissées de pâles
cristaux de soufre, et d'où s'élevaient de légères vapeurs. Tout autour de moi, sous l'azur du ciel, se
développait une vue immense. Mon œil suivait le
squelette de montagnes qui forme l'île de Ténériffe,
depuis la base du Teyde jusqu'à la pointe d'Anaga,
dans une longueur de plus de 15 lieues ; j'embras-
sais d'un regard toute l'île qui m'apparaissait comme
un vaste plan en relief, avec ses cimes éclairées, ses
vallées sombres, ses parties arides et ses masses de
verdure : les nuages qui avaient paru vers l'orient au
lever du soleil s'étaient rapprochés du sommet des
montagnes ; on les voyait groupés sur les hauteurs ;
leurs flocons légers et brillants éblouissaient la vue

sous les rayons du soleil ; enfin la mer, avec ses mille teintes et son étincelant miroir, se mêlait de tous les côtés avec le ciel à des distances infinies, laissant voir dans un rayon de plus de 40 lieues les îles de Canarie, de Palma, de Gomera, de Fuerteventura et de Lancerote, comme des jalons destinés à donner une idée de l'espace étalé entre ses horizons.

Du reste, à cette hauteur, pas un bruit de la terre, pas un insecte, pas un brin d'herbe, pas un oiseau, et un air raréfié qui semblait ne plus contenir les principes nécessaires à la vie des êtres répandus sur le globe. Après un quart-d'heure de contemplation, fatigués par ce séjour dans un milieu déjà plus semblable à l'espace éthéré dans lequel se meuvent les astres qu'à la lourde atmosphère sous laquelle vivent les hommes, nous songeâmes à redescendre. Cela nous fut très-facile pour la portion supérieure du pain de sucre : j'enfonçai mes talons dans la cendre et je me laissai entraîner par mon propre poids. Une fois arrivés aux obsidiennes, il nous fallut sauter de pointe en pointe, avec plus de rapidité, mais aussi avec plus de risque de nous casser le cou, que nous ne l'avions fait en montant ; nous rentrâmes à la Estancia à une heure : nous avions mis trois heures et demie à gravir le piton, et une heure et demie à en descendre.

Après un court instant de repos nous reprîmes nos montures, et à huit heures du soir nous étions de retour au pied de la montagne à la villa d'Orotava.

VII.

En rade de Santa-Cruz, 1er janvier 1844.

Voici le 1er janvier : on a mis des habits de galas ; on s'est fait des visites et des compliments ; le commandant Charner est venu avec son état-major chez M. de Lagrené ; M. de Lagrené est allé chez le commandant Charner avec la légation ; à Santa-Cruz, à Laguna, à Orotava, dans toute l'île, on se visite aussi et on se complimente ; et dans les mêmes instants on fait la même chose à Paris. Seulement à Paris la neige blanchit les toits et salit les rues ; les voitures hermétiquement fermées font jaillir la boue froide ; un brouillard de plomb éteint la lumière du jour ; tandis qu'ici le ciel est bleu comme la mer, les arbres ont des feuilles, l'air est tiède ; on peut commencer, parcourir et finir l'année dans un printemps perpétuel ; l'hiver n'existe pas, ou, pour le trouver, il faut monter, à une certaine époque de l'année, à une hauteur de 12,000 pieds, ce qui n'est pas toujours commode ; quant à l'été, c'est encore une question d'élévation au-dessus du niveau de la mer ; dans les montagnes, on en ignore les ardeurs ; puis n'a-t-on pas les brises de l'Océan, l'ombre des grands bois et la fraîcheur des cascades ? Aujourd'hui que la vapeur a tellement diminué les distances et qu'un voyage n'épouvante plus, pourquoi y a-t-il tant de gens, parmi les plus riches et les plus magnifiques, qui se refusent les enchantements que donnent de tels spectacles ?

LIVRE DEUXIÈME.

RIO-JANEIRO.

I.

En mer, 5 janvier 1844.

Nous avons passé cette nuit le tropique du Can-
cer. Nous sommes dans la région des vents alisés.
Nous allons très-vite, de 10 à 12 nœuds par heure,
toujours avec la même voilure et la même force de
vent. C'est un bon temps pour les matelots; il n'ont
pas de manœuvres à faire. Quant à nous, cette belle
navigation a son mauvais côté. La mer est tellement
forte que nous sommes obligés d'avoir nos sabords
fermés. Nous sommes donc plongés dans une nuit
perpétuelle, sauf la lueur un peu sépulcrale de nos
lampes de cuivre pendues au plafond et balancées
par le roulis. Comme ma cabine se trouve sous le
vent et à l'arrière, j'avais gardé plus longtemps que
les autres mon châssis ouvert; je n'ai pas tardé à en
être puni.

J'étais à lire près de ma fenêtre; je tenais à la main les *Lusiades,* et, tout en admirant les vers de Camoëns, je regardais de temps en temps la mer. C'était près du navire comme une bande de satin vert pâle sur laquelle courait une riche dentelle d'écume; plus loin, je suivais de l'œil jusqu'à l'horizon les vagues d'un bleu foncé se précipitant les unes sur les autres avec leurs crêtes et leurs panaches d'argent, et dessinant au loin leurs ondulations mouvantes sur le ciel un peu jaune des tropiques; je contemplais ces masses liquides qui se gonflaient à deux pas de moi, élevaient un instant leur croupe de cristal au-dessus de mon sabord, puis s'abîmaient avec bruit et en frémissant, tandis que je montais à mon tour au-dessus de la vallée qu'elles creusaient dans leur fuite..... tout-à-coup j'entendis comme un coup de tonnerre; l'obscurité se fit dans ma cabine, et je me trouvai sous l'eau; une de ces vagues charmantes était entrée par ma fenêtre et avait laissé deux tonnes d'eau dans ma chambre. Cet accident s'appelle embarquer une baleine. Je refermai vite mon sabord; mais mon Camoëns était noyé.

II.

En mer, 11 janvier.

Nous avons sur la *Sirène* deux missionnaires que nous conduisons en Chine. Ce sont deux jeunes gens. Il y en a un, dont les traits délicats et la physionomie angélique font un touchant contraste avec les dangers qu'il va braver. Dans les longues soirées de notre navigation tropicale, je me promène quelquefois avec lui sur le pont. J'aime à suivre le courant de ses idées et à lire dans cette vie, à la fois si simple et si héroïque. Il a, comme tant d'autres, acquis les connaissances qui peuvent mener à la fortune. Il pourrait suivre les chances d'une carrière, ou bien aborder la renommée par les arts ou les lettres. Mais il sait que toutes nos sciences ont pour objet un monde passager et pour base des organes imparfaits, et qu'il n'y a de marqué d'un caractère de réalité éternelle et absolue que le beau moral; il s'y est donc donné tout entier, et ce que nous appelons la fortune, les honneurs, la gloire, lui paraît bien peu de chose auprès de cet idéal. Il y a plus encore : son type du beau moral n'est pas une abstraction platonicienne, mais un Dieu qui a pris un corps, et qui l'a

pris afin de pouvoir souffrir pour les hommes ; et sa
vertu est la charité. Il brûle d'initier à la connaissance et à la pratique du christianisme les nations
qui l'ignorent, et, pour parvenir à ce but, il mènera
une existence de proscrit qu'il terminera probablement par une mort de martyr. Encore ces
grands mots de beau moral, d'idéal, de proscrit et de
martyr, ne les prononce-t-il pas le moins du monde ;
c'est moi qui suis forcé de nommer ainsi ces choses
par leurs noms humains ; il a de lui-même et de ce
qu'il fait l'idée la plus humble ; il obéit à ses supérieurs. Tandis que, commodément établie à Macao et
à Hong-Kong, la diplomatie terrestre traitera d'égale
à égale avec les premiers magistrats de l'empereur,
voici comment ce plénipotentiaire de l'Église accom-
plira sa mission. On lui rasera la tête ; on l'habillera
en Chinois ; il parcourra l'Empire, logeant chez les
pauvres et vivant comme eux, assailli par la misère,
par les maladies, par les humiliations, par les inju-
res, emprisonné, bâtonné, persécuté, torturé ; mais
il conquerra des âmes à la vérité ; il soulagera des
populations du fardeau du vice ; il signera des traités
entre la terre et le ciel, et, dans sa pensée, ses souf-
frances seront douces et sa mort triomphale.

III.

Depuis quelques jours les vents alisés nous ont abandonnés. Nous sommes entrés dans cette zône des vents variables et des calmes que les marins appellent la bande noire. Des nuages viennent de temps en temps couvrir le ciel ; l'air est lourd ; il tonne, il pleut par intervalles, mais la pluie est chaude et elle ne rafraîchit pas l'atmosphère. Nous avons recouvré la faculté d'ouvrir nos sabords ; les vagues ne sont plus à craindre ; la mer est immobile ; mais, malgré toutes les ventilations possibles, nous nageons dans une chaleur molle et humide, qui nous rappelle les descriptions de Bernardin de Saint-Pierre et nous annonce le voisinage de l'équateur. Pendant les moments de calme, l'équipage se livre à la pêche. On a pris des bonites, des dorades, des requins. Depuis avant-hier deux jeunes requins suivaient la frégate. On les voyait sous le bleu de l'eau transparente ; leur corps paraissait d'une couleur de bronze. Après plusieurs essais infructueux, on a fini par s'en emparer. On les a dépecés, accommodés et mangés à dîner.

(9) 3

Tout le monde en a eu sa part. « Le requin mange le matelot, disent les marins, donc le matelot doit manger le requin. » J'ai voulu y goûter, quoique cela fût peut-être de l'anthropophagie au second degré : c'était détestable. Ce soir, des baleines nagent autour de nous ; on entend le bruit de leurs masses qui se remuent pesamment et celui du jet d'eau qu'elles soufflent par les narines ; malheureusement le ciel est très-couvert ; la mer très-sombre ; on ne peut guère les distinguer, quoiqu'elles viennent très-près du bâtiment. Cette mer des tropiques fourmille d'êtres organisés. Le navire fend à la lettre des bancs de zoophytes. Chaque fois que notre docteur jette un filet à la mer, il l'en retire plein de mollusques et d'animalcules phosphorescents. La nuit, les abîmes ont des illuminations merveilleuses ; et, outre les myriades d'étincelles qui voltigent sur la crête des vagues, on voit dans les sombres profondeurs rouler des globes lumineux qui semblent autant de planètes mystérieuses dans une autre sorte de ciel. Nous avons été tous ces jours-ci environnés de poissons volants. Il en passe sans cesse près de la frégate. J'en ai vu voler des trentaines à la fois. Rien de gracieux comme de les voir piquer dans la lame, puis reparaître plus loin, les écailles brillant au soleil.

IV.

En mer, 17 janvier.

Le 14, dans la soirée, des coups de fouet se firent
entendre dans la hune de misaine ; chacun leva la
tête, et une voix de stentor, semblant tomber des
nuages, héla la *Sirène*. Bientôt des fusées simulèrent des éclairs, des pois chiches simulèrent la grêle,
et au milieu de cet appareil fantastique, nous vîmes
arriver du haut des vergues le courrier du bonhomme La Ligne et son compagnon enfariné, le meunier.
Le courrier tirait des coups de pistolet et faisait cla-
quer son fouet, en descendant de cordage en cordage.
Il avait le visage enluminé de rouge, une veste de
postillon, de grandes bottes et un chapeau à trois
cornes bariolé de rubans ; il tirait par le licou un
âne rétif qu'il fouettait et qui ruait. Cet âne était un
homme de l'équipage très-bien déguisé, et portant
un bât sur lequel étaient attachés des canards et des
poules qui faisaient vacarme. Le meunier, tout habillé de blanc, débitait des lazzis en bas-breton et jetait de la farine au nez des curieux. Le courrier,
après s'être fait conduire d'un air très-affairé vers le
capitaine, lui dit qu'il avait des dépêches à lui re-

mettre de la part du père La Ligne. Il sembla les
chercher longtemps; s'écria que le meunier les lui
avait volées; lui administra quelques coups de fouet
aux éclats de rire de l'équipage, et finit par trouver
la correspondance. Il y avait une lettre pour le commandant, une autre pour l'ambassadeur, une pour le
second de la frégate, une pour l'état-major et une
pour les élèves. Toutes annonçaient, dans des termes
différents, la visite du père La Ligne pour le lendemain à une heure. Les lettres remises, le courrier
fouetta l'âne et le meunier; le meunier jeta sa farine;
l'âne se remit à ruer et tous disparurent au milieu de
la foule.

Le 15, à une heure précise, le père La Ligne, une
perruque de chanvre et une couronne de papier doré
sur la tête, et le corps enveloppé de force peaux de
mouton, se laissa glisser du haut du grand mât. Les
tambours battirent et le défilé commença. C'étaient
d'abord un astrologue avec une lunette et un bonnet
pointu, sept gendarmes avec des tricornes grands
comme des chaloupes et d'énormes moustaches; puis
des sauvages traînant un char, sur lequel se prélas-
sait majestueusement le père La Ligne, entre sa
femme et sa fille; derrière le char, l'âne, le meunier,
le courrier, le barbier et son apprenti, le bonhomme

Neptune avec son trident et six petits mousses noircis et enchaînés, représentant des diables. Une estrade avait été construite sous une tente faite avec des pavillons de toutes les couleurs, au pied du grand mât. On y avait placé un baquet pour le baptême et une planche sur le baquet. Le père La Ligne s'assit avec sa famille ; le barbier et son apprenti préparèrent leur rasoir de bois, leur savonnette et leur serviette ; un prédicateur improvisé, qui était un matelot, monta sur un banc de quart, et annonça solennellement qu'on allait, selon l'invariable loi du père La Ligne, purifier par une immersion préliminaire, toutes les personnes qui passaient pour la première fois la frontière de ses États. Enfin la cérémonie commença. On appela d'abord M. de Lagrené ; on le fit asseoir sur la planche qui recouvrait le baquet, mais sans la retirer ; on mit quelques gouttes d'eau de cologne dans la manche de madame de Lagrené et dans celles de ses petites filles, et on leur délivra leurs certificats signés Parafaragaramus. On se conduisit à mon égard avec la même courtoisie, sauf que le barbier me mit un peu de farine mouillée sous le menton et m'effleura la peau avec son rasoir de bois. Les missionnaires furent aussi épargnés avec une convenance parfaite. Tout le reste des passagers, les officiers, les élèves, les matelots, tous ceux du moins qui passaient la ligne pour la première fois, firent la bascule sur la planche et furent plongés dans l'eau. Ce fut bientôt une mêlée générale; on se jetait de la farine et du noir de fumée; quelques exaspérés allèrent chercher les pompes ; d'autres grimpèrent sur les échelles de corde avec des seaux d'eau; ce pêle-mêle et ces luttes, les matelots, les mousses, les élèves, fuyant de vergue en vergue, de cordage en cordage, nos jeunes attachés, les plus élégants d'habitude, noirs comme des nègres et enfarinés par-dessus le marché, tous les grades confondus, la hiérarchie renversée avec la discipline, du moins dans l'espace compris entre la pointe du beau-pré et l'escalier de la dunette, sur laquelle se tenait en toute sûreté un petit groupe dont je faisais partie : chacun criant, riant, courant, se bousculant, se culbutant, se poudrant, s'arrosant ; ce désordre inouï remplaçant tout d'un coup cet ordre si minutieux produisait l'effet le plus singulier. Un roulement de tambour rétablit le calme comme par enchantement, et, une demi-heure après, on ne se serait pas douté qu'il se fût rien passé sur la *Sirène* en dehors de la régularité accoutumée.

V.

Rio-Janeiro, 28 janvier.

Hier matin, après avoir été vingt-sept jours à ne voir que l'eau et le ciel, nous avons aperçu les côtes du Brésil, le cap Frio, le pain de sucre et cette montagne aux formes étranges, qui montre aux yeux le profil d'un homme couché au bord de la mer. Les Anglais l'appellent Lord North ; les Français croient y trouver quelque ressemblance avec la figure de l'infortuné roi Louis XVI. Le calme nous retint jusqu'au lendemain en vue de la terre. Enfin la brise se leva, et il nous fut permis d'en approcher.

Tous les voyageurs s'accordent à faire de la baie de Rio-Janeiro le plus pompeux éloge : j'en trouve la beauté au-dessus de toute description. La grandeur des lignes, la grâce des contours, la richesse de la végétation se réunissent pour étonner l'esprit et charmer les yeux. Je l'ai entendu comparer à la baie de Naples : elle a produit sur moi une toute autre impression ; la nature s'y présente avec infiniment plus de grandeur ; il y manque l'empreinte séculaire de la civilisation et des arts, et l'auréole laissée sur les terres antiques par la poésie et par l'histoire ; mais il y a, dès le premier abord, une apparition bien autrement grandiose des forces matérielles de la création et comme le sentiment de la jeunesse d'un nouveau monde.

Quand on a franchi le passage que s'est ouvert la mer entre le Pâo do Assucar et le rocher qui couronne le fort de Santa-Cruz, ou voit s'ouvrir, sur une longueur de plus de neuf lieues, un bassin immense. Le marin en vante l'étendue et la profondeur, qui sont telles qu'un vaisseau peut y circuler sans pilote et que toutes les flottes du monde y manœuvreraient à l'aise ; le poëte et le paysagiste en admirent les harmonieux accidents : d'un côté, le Corcovado, dont les pitons et les mornes de granit s'élancent d'un massif de forêts ; de l'autre, sur une hauteur, le joli couvent de Notre-Dame-de-Bon-Voyage ; tout autour, une ceinture de collines boisées ; sur la vaste superficie, tantôt un fort qui sort de l'eau avec des murailles et des tours ; tantôt un groupe d'îles qui semblent autant de corbeilles de verdure et de fleurs, dont les festons et les guirlandes tremperaient dans la mer ; dans le fond du tableau, les aiguilles bleuâtres de la chaîne des Orgues ; enfin, à gauche, le long du rivage, la ville de Rio-Janeiro, bâtie en amphithéâtre, entre plusieurs mamelons, dont chaque cime porte une église, un couvent, une maison de campagne, ou une batterie de canons à demi-masquée par des touffes de feuillage.

Car, ici, à côté du sourire puissant et gracieux de la nature, on voit les efforts qu'a faits l'homme pour se rendre formidable. La rade de Rio semble devoir être aussi inabordable en temps de guerre qu'elle est sûre en temps de paix; et cependant, un jour du règne de Louis XIV, un marin français, à la tête d'une quinzaine de bâtiments armés par des négociants de Saint-Malo, y pénétrait intrépidement malgré le feu des forts et une escadre portugaise aussi nombreuse que la sienne, bombardait la ville, s'en emparait et la mettait à rançon; il est vrai que ce marin s'appelait Duguay-Trouyn.

Quand la *Sirène* et la *Victorieuse* entrèrent dans la rade, elle présentait le spectacle le plus animé Une frégate américaine et une corvette anglaise y arrivaient en même temps que nous. Il s'y trouvait encore plusieurs bâtiments de guerre anglais, américains, danois, sans compter une quantité de navires marchands de différentes nations. De petits bateaux à vapeur brésiliens se croisaient d'un rivage à l'autre, et des embarcations nombreuses circulaient entre la ville et les bâtiments à l'ancre, les unes montrant la

tenue sévère de la marine militaire, les autres con-
duites par des noirs à demi-nus et portant des sen-
hores et des senhoras qui s'abritaient contre les
ardeurs du soleil, sous des parasols aux couleurs
éclatantes.

J'eus le temps de considérer ce tableau pendant
que la frégate poussée par une faible brise se rappro-
chait doucement de la ville. Lorsque nous fûmes
arrivés au mouillage et que l'ancre tomba, le soir
était venu.

VI.

Rio-Janeiro, 3 février.

Nous sommes tous logés dans un hôtel situé sur
le quai Pharoux. On y est au bord de la mer ; on y a
la vue de la baie et on y reçoit le premier souffle de
la brise du large, ce qui n'est point à dédaigner, car
nous sommes dans le fort de l'été. L'atmosphère est
généralement à la température d'un bain de vapeur ;
on apprend à jouir de la fraîcheur comme d'une
rareté précieuse ; on savoure la brise de mer comme
un mets exquis ; on se régale d'eau à la glace jusqu'à
s'en noyer et on bénit la civilisation qui a trouvé le

moyen d'apporter jusque sous le tropique du Capricorne des glaçons de l'Amérique du Nord.

Ce n'est pas la saison à choisir pour résider à Rio; mais c'est le moment de le visiter, si l'on veut y trouver par excellence le cachet de sa latitude. La lumière y est partout, et l'ombre nulle part: les rues y sont si droites, les maisons si basses, les places si vastes, les murs si blancs! Un jour embrasé éclate sur les dalles poudreuses; de temps en temps une mulâtresse s'avance gravement, son éventail à la main et le corps chamarré d'étoffes d'un jaune et d'un rouge ardents; ou des noirs, au visage ruisselant, courent, avec des fardeaux sur les épaules, en faisant des gestes burlesques et en marquant la mesure par un chant monotone, qu'accompagne le son d'une crécelle.

Il y a une rue, la rue d'Ouvidor, entièrement habitée par des Français qui prétendent tous arriver de Paris; ce sont des tailleurs, des coiffeurs, des ébénistes, des marchandes de modes, des fleuristes; il est vrai qu'on les retrouve avec la même affluence à l'extrême contraire, à Saint-Pétersbourg.

Il ne faut pas chercher à Rio des traces de ce que les Portugais ont pu produire dans les arts ou dans l'architecture. Le Portugal a eu une période de deux siècles, sous la maison d'Aviz, pendant laquelle son génie fortement imprégné de christianisme, a jeté un éclat extraordinaire. La lutte contre les Mores avait énergiquement trempé la chevalerie dans la religion. Ce même héroïsme qui avait sauvé la civilisation européenne en chassant l'Islam de la péninsule, poursuivait les musulmans jusque sur la terre d'Afrique. Des rois et des princes, grands-maîtres d'un ordre à la fois militaire et religieux, lançaient leurs flottes à cette croisade, conquéraient le Maroc, s'établissaient en Guinée; puis, emportés par un élan, dont les limites du monde connu ne pouvaient arrêter la portée, franchissaient l'équateur, doublaient le cap de Bonne-Espérance et allaient planter l'étendard de la croix à Calicut, dans la capitale du Zamorin. Le premier chapitre de la belle histoire des Indes-Orientales de Ioaô de Barros est ainsi intitulé : « Comment les » rois du Portugal jetèrent les Mores à la mer et les y » poursuivirent tant en Afrique qu'en Asie. » Le roi don Manoël avait remis solennellement à Vasco de Gama, avant son départ, une bannière de soie avec la croix de l'ordre du Christ brodée au milieu, et celui-ci avait dit en la recevant : « Je jure que pour le » service de Dieu et le vôtre je la tiendrai droite et » non inclinée devant les Mores et les païens. »

Cependant la sculpture et l'architecture enfantaient les merveilles que l'on peut admirer encore dans le monastère de Belem ; la peinture créait ces toiles que l'on attribue plus ou moins justement au grand Vasco : et la poésie résumait dans une épopée sublime, *as Lusiadas*, les sentiments et les actions de cette grande époque qui finit avec le XVIe siècle. Rio-Janeiro, malgré les avantages de sa position, n'a été bâti que dans le XVIIe et n'est devenu la capitale du Brésil qu'en 1771 ; jusqu'alors ce titre appartenait à Bahia ; enfin le Brésil, colonie jusqu'en 1813, n'est un empire que depuis 1823.

On trouve donc à Rio des édifices publics plutôt que des monuments ; il y a des églises spacieuses, d'une forme élégante et richement ornées avec des statues peintes et resplendissantes de pierreries ; des couvents pittoresques ; de vastes palais ; un théâtre conçu dans de grandes proportions et où j'ai entendu *Norma* sans trop souffrir de la chaleur — deux petits nègres représentaient les enfants de la prêtresse ; des places immenses avec des fontaines dont l'eau est amenée des montagnes voisines par un aqueduc dans le genre de celui de Lisbonne ; dans tout cela une certaine netteté d'architecture, le caractère méridional, les toits presque plats et les couvertures rouges en tuiles, de grandes lignes, mais rien qui intéresse l'esprit par la distinction du style ou par la perfection des détails.

Le grand architecte ici est la nature; les monuments sont les montagnes, et les forêts ont des enchevêtrements de colonnades que les maçons de l'Empire n'ont pas cherché à égaler. Il y a quelques jolies maisons dans le quartier diplomatique; mais leur principal ornement est emprunté aux merveilles de la végétation. Nous avons dîné avant-hier chez le chargé d'affaires de France, M. de Saint-George. Sa salle à manger était un vrai bosquet de plantes tropicales; des lianes en fleurs pendaient aux fenêtres et servaient de cadre à un paysage ravissant, les montagnes, les bois, la mer.

Le paseio publico ou le jardin public est un lieu de délices; on s'y promène le soir à la clarté de la lune; la terrasse baigne dans l'eau de la baie et les bambous, les manguiers, les bananiers, étalent leurs feuilles sombres sur le ciel étoilé.

Il faut dire que cette ville qui compte déjà deux cent mille habitants, est née d'hier. Il y a trois siècles, on ne voyait qu'un fort sur une petite île. Aux environs, sur tout le littoral de la baie, les Marcajas et les Topinamboux se battaient à l'aise. Ils avaient des coiffures de plumes d'oiseaux, des arcs,

des flèches ; ils coupaient les veines de leurs prisonniers avec des pierres aiguisées, lavaient leurs enfants
dans le sang et mangeaient la chair.

Ces scènes se passaient au milieu de ces mêmes
paysages que nous admirons aujourd'hui, car l'aspect de la création n'a pas changé, et je ne pouvais m'empêcher de me les représenter dans mon
imagination, en me promenant sur les cimes qui
avoisinent le Corcovado ; j'avais à droite le colosse de
granit, tapissé de bois au feuillage parsemé de fleurs ;
en face le pain de sucre et ses contreforts colorés en
brun rose par le soleil couchant ; à gauche l'embouchure de la baie, les îles, les rochers, les forts de la
rive opposée et, à mes pieds, sur une gracieuse émi-
nence au bord de l'eau, comme pour me rappeler
notre civilisation chrétienne, la tour blanche de l'é-
glise da Gloria se détachant sur le vert des palmiers.

Nous avons été présentés ce matin à l'empereur et
à l'impératrice dans leur résidence d'été de San-Chris-
tovâo, à une petite distance de Rio. La situation en
est charmante. C'est un élégant palais, d'un caractère léger, avec un portique et deux galeries de colonnes, mais qui n'est pas encore terminé.

VII.

Serra dos Orgâos, 10 février.

Le 8 février, je suis parti avec Fernand de la Hante, le docteur Yvan et Xavier Raymond, pour accompagner M. et madame de Lagrené dans une excursion à la Nouvelle-Fribourg. C'est un village bâti au milieu des forêts vierges, pour des émigrants suisses, que l'empereur don Pedro avait attirés au Brésil. On l'appelle encore la colonie suisse, quoique la plupart des premiers colons, fort peu disposés à une vie d'ordre et de travail, aient abandonné l'établissement, et qu'on y trouve maintenant une grande quantité de Belges et d'Allemands. Nous nous y rendons par la montagne des Orgues où l'on va dans cette saison chercher une température plus fraîche et assez semblable à celle du midi de l'Europe. Un Anglais, M. Marsh, y a construit de petits cottages. On y est logé et traité avec le comfort britannique au milieu des solitudes du nouveau monde. Le chargé d'affaires d'Autriche, le comte Georgy, dont la santé a souffert du climat de Rio, doit y passer le temps des plus grandes chaleurs. Il nous y a précédés de quelques jours et il a eu l'obligeance de nous y faire préparer des logements.

Il était midi quand nous montâmes dans le bateau à vapeur qui traverse la baie entre Rio-Janeiro et Pietad. Nous avions pris le costume que l'on porte dans le pays pour ces sortes d'expéditions; c'étaient de grandes bottes contre les reptiles, des manteaux de toile imperméable contre la pluie et de grands chapeaux de paille contre le soleil. Il faisait un temps superbe; un vent léger rafraîchissait l'air. Assis sous la tente du bateau dont la marche était assez lente, nous jouissions à loisir de la vue de la baie. Nous voyions Rio-Janeiro disparaître peu à peu; le Corcovado et le pain de sucre prendre une teinte d'azur; nous longions l'île gracieuse du Governador et celle de Paqueta, dont les collines et les vallées sont semées de jolies habitations. En ce moment la baie semblait un grand lac; on ne voyait plus l'étroit canal qui l'unit à l'Océan.

Nous arrivâmes vers quatre heures à Pietad. C'est un grand magasin sur le bord de l'eau, au pied d'une muraille de rochers couronnée de verdure. Nos mules nous y attendaient. A peine débarqués nous y fûmes assaillis par une pluie comme je n'en avais jamais vu de ma vie. Ce sont les ondées ordinaires du pays ; cela nous parut un vrai déluge, mais un déluge d'eau chaude ; chacun se réfugia sous un hangar, puis, après avoir attendu quelque temps, voyant que le ciel ne reprenait pas sa sérénité, comme nous avions encore cinq heures de route avant de pouvoir trouver un gîte , nous prîmes le parti d'agrafer nos manteaux, d'enfourcher nos mules et de nous mettre en route.

Nous trottions en silence, dans une vallée, entre des collines boisées ; les arbres étaient d'un vert vigoureux et beaucoup étaient couverts de fleurs violettes. Ils buvaient avec ardeur l'eau de l'orage qui leur donnait une énergie de couleur extraordinaire. La nuit vint. La pluie cessait par intervalles, mais recommençait obstinément, pour cesser et recommencer encore. Nous entrions dans des terres marécageuses. Le bruit des insectes et des grenouilles se faisait entendre de tous côtés et continuellement. Alors des myriades de lucioles se levèrent et peuplèrent de leurs formes brillantes l'air de la nuit. Leur lumière s'éteignait et se ranimait ; elles semblaient disparaître et reparaître en cadence et comme obéissant à une sorte de mesure ; on aurait dit une danse de fées ; tout était plein de vie, de bruit et d'apparitions. Nous atteignîmes à dix heures la venta de

Fechal. Nous étions trempés d'eau, malgré nos manteaux imperméables, comme si nous avions traversé la baie à la nage.

Le lendemain, notre caravane, en sortant de la venta, entra dans un chemin qui serpentait à l'ombre des orangers et des bananiers, à travers des prairies, et ne tarda pas à se trouver sur le bord d'un torrent qui roulait sous d'épais massifs d'arbres. Ce torrent se précipitait dans un ravin, au pied d'une montagne que nos mules commencèrent à gravir péniblement. La pente était rapide et plus d'une fois la sûreté du pied de nos montures fut mise à l'épreuve; mais aussi nous avions sous nos yeux un échantillon magnifique des forêts du Brésil. Les montagnes, entièrement tapissées de bois, présentaient toutes les nuances de vert, depuis le plus foncé, jusqu'au plus tendre; il s'y rencontrait une infinie variété d'espèces. J'avais vu dans les différentes régions de l'Europe des forêts de pins, des forêts de chênes, des forêts de lauriers; ici c'était un pêle-mêle de toutes sortes d'arbres, montrant chacun son genre de feuillage, auquel se mêlaient mille et une lianes fleuries et capricieuses. Des oiseaux inconnus partaient de tous les côtés et nous éblouissaient des plus riches couleurs. A nos pieds la vallée s'élargissait de plus en plus et nos regards plongeaient sur l'océan de verdure qui en remplissait les profondeurs. Parfois du milieu des lianes et des autres arbres s'élevait à une hauteur énorme un arbre géant; une frêle liane l'avait suivi dans son essor; elle couronnait sa tête et retombait avec grâce. De temps en temps l'œil s'élançait dans une échappée de vue; on suivait du regard le vallon, dans un espace très-étendu et borné dans le lointain par des cimes azurées. Après avoir monté pendant plusieurs heures, nous aperçûmes deux hommes à cheval envoyés au devant de nous et un peu plus loin le comte Georgy. Il nous accompagna à l'établissement de M. Marsh et de là au cottage qui nous était destiné. Il y eut un moment où dans l'arc formé par la courbe de deux montagnes couvertes d'une verdure sombre nous vîmes se dessiner en gris sur la lumière du ciel, comme une décoration d'opéra, plusieurs pics très-allongés et très-aigus; c'étaient les tuyaux des orgues; un de ces pics, le plus élevé, d'une forme pyramidale et terminé en aiguille, ressemblait au clocher gothique d'une église colossale.

Le cottage est une maisonnette entourée d'une palissade, à l'extrémité d'une prairie, sur la lisière des forêts vierges. Les oiseaux-mouches entrent dans nos chambres par les fenêtres ouvertes, et pas un moustique ne vient troubler notre sommeil.

VIII.

Serra dos Orgâos, 11 février.

Nous sommes depuis deux jours plongés dans les merveilles de la plus riche et de la plus féconde nature, et cela sans les inconvénients de la chaleur extrême que nous éprouvions dans les vallées du Corcovado. Tous les jours, de trois à quatre heures, une pluie diluvienne balaie et rafraîchit l'air échauffé par le soleil de midi; quand elle a cessé, le ciel reparaît plus bleu; des senteurs délicieuses embaument l'atmosphère; les insectes redoublent leurs bruits et les oiseaux leurs chants; la verdure des forêts reprend une nouvelle vie; la création rayonne de puissance, et l'homme, qui se sent comme isolé dans ce monde peuplé de tant d'êtres inférieurs à lui et pourtant magnifiques, croit entendre comme un lointain écho du langage parlé dans le jardin d'Éden.

Je passe dans la forêt le plus de temps possible. Je m'y enfonce dans un sentier étroit, marchant sur

l'herbe touffue, sous des berceaux de bambous et de
lianes, entre des murailles de branches entrelacées,
sous un dais fleuri qui me cache le ciel; de grands
papillons, des oiseaux-mouches, des tangaras, des
colibris, sont les seuls habitants de cette solitude;
les troncs d'arbres renversés et rongés par le temps
servent de support à des végétations nouvelles, à de
gracieuses orchidées, que nourrit, sous ces voûtes
épaisses, l'humidité tiède de l'air. Je ne peux pas me
rassasier de contempler cette diversité de formes et
de couleurs; ces énormes feuilles luisantes à côté de
ces feuillages délicats comme des touffes de plumes;
ces fleurs violettes, blanches, bleues, jaunes, écarla-
tes; les trésors de nos serres étalés avec profusion;
tout cela dans cette atmosphère tranquille, sous cette
lumière voilée, accompagné d'un bruit éclatant d'insectes invisibles, ensemble grandiose et recueilli, où
la nature, immobile et pénétrante, remplit à la fois
les oreilles et les yeux de son spectacle et de ses mur-
mures.

Puis nous faisons avec le comte Georgy des caval-
cades dans les environs. Hier, sous la direction de
M. Marsh, nous sommes allés voir un de ses vassaux, un pionnier, comme disent les romans de
Cooper, et qui s'est établi sur ses terres sans beau-

coup de cérémonie. Un beau matin, M. Marsh, se mettant à la fenêtre de sa fazenda, aperçut une grande fumée au-dessus de sa forêt. Il crut d'abord que c'était un incendie de bois. Le vent ne le poussait pas de son côté; il se tint tranquille. La chose se prolongea un jour, deux jours, trois jours. Le quatrième, la curiosité le prit de savoir ce qui se passait. Il emmena plusieurs noirs, pour se frayer avec des haches un sentier à travers les lianes. Après un temps assez long et un rude travail, il arriva sur le terrain incendié, et il aperçut une maisonnette que l'on commençait à construire et un homme qui lui dit avec le plus grand sang-froid : « Je croyais que cette terre n'appartenait à personne, et je m'y suis établi. » M. Marsh le conduisit à sa fazenda, lui montra son titre de propriété, et, enchanté d'avoir sur son terrain un défricheur aussi entreprenant, lui permit de se loger à sa guise, sans lui imposer d'autre tribut, jusqu'à une certaine époque, que celui de quelques pièces de gibier. Nous vîmes avec un grand intérêt la maison du pionnier, sa femme, ses enfants. Dans les solitudes de l'Amérique, les occupations de l'agriculture prennent un caractère particulier de poésie. Elles intéressent l'imagination comme une aventure. L'isolement de chaque famille en fait une tribu et comme, à de telles distances, l'autorité du gouvernement ne se fait pas sentir, le maître de la maison rappelle facilement le patriarche.

Nous partons demain pour Novo-Friburgo. Nous avons assisté dans la serra dos Orgâos aux premières entreprises de l'homme civilisé sur la libre nature. Malgré l'abondance exubérante des richesses végétales, je me surprends, comme le vieux chasseur du roman américain, à m'affliger du gaspillage que j'en vois faire. Je n'aime pas à entendre dire qu'on a mis le feu à plusieurs lieues de forêts pour défricher quelques arpents de terre. Ce soir, nous désirions manger du choux palmiste à notre dîner ; on a fait abattre trois charmants palmiers pour choisir un chou. Dans la matinée, un de nous avait exprimé l'envie d'avoir la fleur d'un bel arbre qui se trouvait près de notre cottage ; M. Marsh a donné ses ordres, et, quelques minutes après, des nègres nous ont apporté l'arbre tout entier.

IX.

Novo-Friburgo, 14 février.

Nous sommes arrivés à la colonie suisse après un

voyage qui a failli, dès le début, entrer dans la sphère du roman d'une façon beaucoup trop dramatique ; nous nous sommes égarés dans les forêts.

Nous avions pourtant un guide, Antonio, et c'était un noir libre, dont la physionomie intelligente faisait contraste avec la laideur repoussante de son compagnon chargé de conduire la mule aux bagages. Notre itinéraire était tracé d'avance ; partis le matin à six heures, nous devions atteindre vers midi une fazenda où l'on nous donnerait à dîner, et le soir une habitation où nous pourrions passer la nuit. Nous n'avions donc avec nous aucunes provisions ; cependant un de nous avait un flacon de rhum, et il eut la malencontreuse générosité d'en faire goûter à nos deux noirs. Celui des bagages fit une grimace affreuse après en avoir bu quelques gorgées et cracha pendant un quart-d'heure, comme s'il avait avalé une poignée de sel. Antonio vida le flacon gravement, mais il en résulta que quand nous fûmes, deux heures après le départ, à la fazenda de Campo-Limpo, où nous devions nous arrêter quelques minutes pour laisser respirer nos mules, notre guide n'était plus avec nous. Nous l'attendîmes quelque temps, puis, espérant qu'il nous rejoindrait, nous partîmes sans lui. D'ailleurs, le sentier était parfaitement frayé et il n'y avait qu'à le suivre. Nous descendions presque toujours ; les palmiers et les cocotiers devenaient plus abondants à mesure que nous nous rapprochions du niveau de la mer ; nous trouvâmes même, dans une vallée , toute une forêt de palmiers et de fougères arborescentes , d'ou s'échappèrent avec de grands cris des nuées de perroquets. C'était une chose nouvelle pour nous que de voir et d'entendre en si grande quantité et livrés à la liberté de leur vol dans le plus haut des airs, ces oiseaux que l'Europe tient en cage ou attache à des perchoirs. En ce moment, un second sentier vint se nouer à celui que nous suivions ; lequel prendre ? On hésita quelque temps ; le noir des bagages fut consulté ; il fut d'avis d'entrer dans le nouveau chemin. On laissa la bride sur le cou d'une mule ; elle partit dans le sens du noir. Le sort était jeté ; nous suivîmes ; nous étions sur la mauvaise voie.

Bientôt de nouveaux sentiers se croisèrent sur nos pas ; nous continuâmes à laisser aller nos montures et notre noir. Pendant les premières heures, l'incertitude de notre position ne nous déplaisait pas ; nous comptions à la fois sur le hasard et sur l'instinct ; et puis cela ressemblait à une aventure. Cependant la route devenait détestable ; elle se rétrécissait de plus en plus, et il fallait de temps en temps couper des branches pour pouvoir passer ; de grosses roches l'obstruaient; et nous n'apercevions rien qui annonçât le voisinage des hommes. En outre, nos mules étaient fatiguées, et nous commencions à sentir les atteintes de la faim. En ce moment l'orage, que nous étions accoutumés à voir venir à la fin de chaque journée, éclata avec force sur nos têtes, et la pluie se mit à tomber à torrents. La nuit vint; notre noir s'écriait que nous étions perdus. Nous commencions à entrer dans la phase beaucoup trop pittoresque des voyages à la Robinson, quand un de nous aperçut dans l'ombre une vache blanche, puis une autre, couchées et ruminant sous les feuilles. Cette vue, qui nous annonçait le voisinage d'une habitation, nous rendit notre bonne humeur. Une grande clairière s'ouvrit devant nous ; quelques plants de café régulièrement alignés se firent voir à droite et à gauche ; notre noir nous montra du geste une chaumière :

« C'est la maison de don Pedro l'Espagnol, nous dit-il ; je la reconnais. Ce n'était pas là que nous devions aller ; mais il vous donnera l'hospitalité et il m'indiquera le bon chemin. »

Nous poussâmes nos mules dans la direction de la

maison. Le noir frappa à la porte. Une vieille femme vint nous ouvrir en grondant. J'entrai avec M. de Lagrené dans une salle faiblement éclairée par une mauvaise lampe, et où était accroupi un enfant difforme et à demi-nu qui mangeait à pleines mains de la farine de manioc.

« Que voulez-vous ? dit la vieille en très-pur castillan. Je ne peux pas vous recevoir. Le seigneur don Pedro n'est pas ici. Il est dans la forêt, bien loin, et ne reviendra que très-tard dans la nuit; nous n'avons rien à vous donner ; d'ailleurs, je ne puis rien faire quand don Pedro n'y est pas. »

Cette réponse inhumaine fut accueillie par un murmure général. Il faut que la faim et le désappointement eussent communiqué à nos physionomies une expression bien formidable ou bien touchante, car la vieille fit un signe à l'enfant, qui se rapprocha d'elle en boitant, après avoir avalé avec empressement une dernière poignée de farine de manioc.

« Messeigneurs, dit-elle, à une heure d'ici, il y a une grande fazenda. Estevao va vous y conduire et vous n'y manquerez de rien. »

Nous remontâmes sur nos mules et suivîmes l'enfant qui avait bridé un vieux cheval et avait sauté dessus. Il était huit heures du soir; nous n'avions rien mangé depuis six heures du matin. Nous avions un aspect très-singulier. Outre nos grands chapeaux, nos grandes bottes, nos manteaux et nos fusils, nous portions de longues tiges de palmiers nains que nous avions coupées sur la route pour nous en faire des cannes. Nous en avions enlevé les feuilles et nous tenions à la main ces longues perches pointues qui ressemblaient à des lances ; l'obscurité aidait encore à l'illusion ; nous aurions dû comprendre que l'on se souciât peu de nous offrir l'hospitalité.

La vieille ne nous avait pas trompés ; après une heure de marche, nous vîmes briller des lumières et nous arrivâmes à une palissade qui servait de clôture à une grande cour où l'on apercevait des bâtiments assez considérables. L'enfant appela ; un homme vint avec des nègres qui portaient des lanternes. Il y eut un instant de conversation entre le petit boiteux et cet homme qui refusa nettement de nous recevoir. Il fallut pour nous faire admettre que M. de Lagrené, s'approchant de la barrière, vînt décliner ses titres et qualités. Enfin les portes s'ouvrirent ; le maître de l'établissement nous conduisit à travers la cour dans le bâtiment où il pouvait nous loger. Je partageai avec Fernand de la Hante un cabinet déjà occupé par deux grands tas de pommes de terre. Mais la fatigue ne nous permettait pas de faire les difficiles, et, après avoir fait honneur à un souper dans lequel la farine de manioc remplaçait le pain assez peu avantageusement, nous nous jetâmes tout habillés sur une natte et ne tardâmes pas à nous endormir d'un profond sommeil.

Nous nous levâmes à cinq heures, pour visiter en détail la fazenda, avant de nous mettre en route. Elle contient une forge, un moulin à huile, un autre pour le manioc, un troisième pour le sucre. On nous montra quelques plants d'oliviers; mais c'est un essai, et on n'est pas encore sûr de la réussite. Outre le café, on cultive le thé et même le riz. Nous vîmes les feuilles du thé, les claies et les chaudières pour les dessécher; on nous en donna même une infusion à notre déjeuner; c'était détestable. Le thé du Brésil ne me semble pas près de faire tort au thé de la Chine.

Nous partîmes à sept heures. Notre hôte, qui nous avait hébergés de son mieux et si à propos, refusa noblement de rien accepter pour prix de son hospitalité, et eut encore la courtoisie de vouloir nous accompagner pendant quelques lieues. A notre grande surprise, ce fut Antonio qui nous amena nos mules. Il nous avait rejoints à la fazenda et y était arrivé peu de temps après nous. Par un singulier hasard, c'était bien celle où nous avions dû passer la nuit ; seulement nous avions pris le plus long pour nous y rendre. Il nous expliqua que l'eau-de-vie et la chaleur l'avaient rendu malade et qu'il s'était endormi dans un fourré. A son réveil, il avait couru après nous et s'était dirigé vers la Concepcâo, car tel était le nom de notre fazenda, dans l'espoir que son compagnon aurait réussi à nous y conduire.

Notre cavalcade arriva sur le bord du Rio Preto qu'elle traversa sur un pont de bois. C'était le premier cours d'eau un peu considérable que nous rencontrions dans notre voyage. Il avait la largeur de l'Indre ou de la Marne et coulait à l'ombre de l'épaisse forêt, dont les arbres baignaient leurs pieds dans l'eau ; des bambous y penchaient leur longue tige à une grande distance, et de gros troncs renversés et retenus encore par les racines s'opposaient à la rapidité du courant et créaient de bruyantes cataractes. Notre hôte nous dit adieu, après le passage du Rio Preto. Il nous annonça que nous rencontrerions bientôt une autre rivière, le Rio San-Sebastian, mais qu'il nous faudrait le passer à gué, ce qui nous serait probablement impossible à cause de la quantité d'eau jetée dans son cours par les pluies des jours précédents.

En effet, notre guide s'arrêta sur le bord du Rio San-Sebastian, avec tous les signes de l'hésitation; la rivière avait moins de largeur que le Rio Preto, mais le courant était rapide et l'eau semblait profonde. Pourtant on résolut de tenter le passage. Antonio entra le premier dans le gué; il s'enfonça jusqu'à la poitrine; on vit alors que l'on pouvait se lancer; nos mules étaient dans l'eau jusque par-dessus la selle; la violence du courant rendait l'entreprise hardie.

Nous eûmes encore trois gués à passer de la même façon; mais nous étions aguerris et l'eau n'était pas toujours aussi profonde. Le pays, d'ailleurs, était magnifique. Un instant surtout, nous venions d'arriver au sommet d'une haute montagne; il y avait au-dessous de nous un vallon circulaire environné de hauteurs boisées; on aurait dit un cirque immense; une architecture de feuilles et de fleurs; des gradins, des colonnes, des arcades de verdure; et en bas, tant était serré l'entrelacement des rameaux et des lianes, un tapis de velours.

Nous descendîmes par un sentier tortueux et escarpé, et d'où nous apercevions dans le lointain des plantations de caféiers en fleurs et les toits d'une fazenda. Le ciel s'était couvert; de grosses gouttes d'eau commençaient à tomber ; nous hâtâmes le pas de nos mules , et c'est à peine si quelques-uns d'entre nous détournèrent la tête pour admirer une chute d'eau formée par une large rivière tombant tout entière d'une hauteur de plus de mille pieds.

Nous fîmes notre entrée dans la fazenda au milieu du tonnerre et des éclairs. Le propriétaire nous reçut à merveille. Il nous parlait portugais , mais il comprenait notre français , et il avait sur sa table plusieurs livres écrits dans notre langue , les *Ruines* , de M. de Volney, et les œuvres philosophiques de M. Fréret. Il nous donna à souper de la viande bouillie et de la farine de manioc; puis j'allai trouver mon lit qui avait été fait sur un coffre à légumes d'où sortaient des légions de cancrelats. J'étais séparé par une faible cloison d'une espèce de dortoir où étaient couchés une demi-douzaine de négrillons avec leurs mères; leurs conversations , leurs toux et leurs querelles m'empêchèrent de dormir presque toute la nuit.

Le lendemain matin, comme nous cheminions en vue de la cascade, l'envie nous prit de la voir de plus près. Ce n'était pas chose facile : il fallut nous faire ouvrir un passage à coups de haches par des nègres. Bientôt il nous fut impossible de nous servir de nos mules; nous dûmes mettre pied à terre et gravir dans des fourrés presque impénétrables, nous accrochant aux branches, déchirant ños habits et nous égratignant le visage. Nous nous guidions sur le bruit de la cascade, et, à mesure que nous approchions, nous nous sentions imprégnés d'humidité. Enfin nous nous trouvâmes sur une roche, au bord du gouffre, à la moitié environ de la hauteur de la chute. Il n'y a rien dans les montagnes d'Europe qu'on puisse comparer à cette cascade, pour la longueur du jet, comme pour le volume d'eau. Nous réunissions à nous tous dans nos souvenirs bien des spectacles de ce genre : l'opinion unanime fut que nous n'avions rien vu d'aussi considérable. C'est une rivière d'une belle largeur et qui tombe tout d'une pièce, d'une élévation d'au moins quatre cents mètres, à travers la forêt, sur de grandes roches qui la brisent, et la réduisent en poussière. Un brouillard transparent étincelait, aux rayons du soleil, de toutes les teintes de l'arc-en-ciel et jetait en profusion toutes les magnificences et tous les éclats de la lumière dans les profondeurs de l'abîme que nous avions sous nos pieds.

Lorsque, reprenant la route de Novo-Friburgo, nous eûmes quitté l'épaisseur des bois et retrouvé le soleil, nous fîmes une halte, afin de sécher nos habits, qui étaient trempés d'eau, comme si nous avions essuyé une averse. Au reste, il était écrit que nous n'atteindrions jamais la fin d'une journée sans être inondés par les cataractes du ciel. Peu de temps après avoir franchi sur un pont une rivière plus large encore et plus ombragée et plus obstruée de grands troncs d'arbres que le Rio Preto, nous fûmes assaillis par un orage; les éclats de la foudre, qui semblait presque à chaque coup venir tomber à nos côtés, nous éblouissaient et effrayaient nos mules; enfin nous arrivâmes à Novo-Friburgo crottés, mouillés, déchirés et ayant plutôt l'air, selon l'expression d'un bel esprit de la colonie, de revenir de la Chine que d'y aller.

X.

Rio-Janeiro, 23 février.

La colonie suisse compte à peu près 4,500 habitants. On y trouve des Français, des Belges, des Allemands, des Anglais et même des Suisses. Si elle n'a pas encore réalisé les espérances qu'elle avait fait concevoir, cela a tenu aux mauvais éléments qui en ont formé la première population. Les émigrants de ce siècle-ci n'offrent pas toujours les conditions religieuses et morales que présentaient ceux du XVIᵉ siècle. On n'a qu'une idée, c'est de s'enrichir vite, et l'on manque en générel de la patience et de l'économie nécessaires aux opérations de l'agriculture, sans laquelle il n'y a pas de colonisation. On songe avant tout aux spéculations et au commerce, et c'est ce qui, même à présent, préoccupe trop les habitants de la Nouvelle-Fribourg. Elle est entrée pourtant dans une voie meilleure ; elle a perdu, par la désertion, la bande des paresseux et des indisciplinés, et, parmi les nouveaux colons, on remarque davantage les sentiments de famille, l'esprit de conduite et le goût du travail.

Cependant il n'y a à la Nouvelle-Fribourg qu'une image très-imparfaite de ce que pourront être un jour les centres de colonisation au Brésil. Ce n'est en ce moment ni un établissement modèle de culture par le travail libre, ni un foyer de moralisation chrétienne, et le clergé, comme presque tout le clergé brésilien, n'y est pas tout-à-fait au niveau de sa mission.

Nous descendîmes à l'hôtel Saluce, et le soir même de notre arrivée nous y assistâmes à un bal. La société de la colonie s'y trouvait rassemblée et y représentait plus ou moins heureusement les belles manières et les grandes toilettes d'une petite ville du vieux monde. Le bal finit pourtant d'une façon pittoresque. L'orchestre se bornait à un gros nègre qui râclait du violon ; un des danseurs lui demanda un air qu'il ne voulut pas jouer ; de là une altercation, puis une rixe, et les danseuses s'enfuirent.

Un jeune Belge, qui vit au milieu des défrichements des forêts vierges depuis plusieurs années, m'a donné des détails curieux sur l'existence des colons disséminés dans les solitudes. Chaque établissement forme comme une société à part. Cela ressemble aux agrégations féodales du moyen-âge, en ce que l'action de l'autorité centrale s'y fait très-peu sentir ; cela en diffère en ce que l'on n'y voit guère, à côté des murs du manoir, le clocher de l'église ou la croix du couvent. Puis les noirs sont des vassaux réduits à une terrible condition. Il se joue donc quelquefois, au fond de ces déserts, des drames étranges, et dans lesquels le crime ne peut avoir que Dieu pour juge. J'entendis plusieurs récits où il entrait sans doute quelque exagération, mais qui donnaient une triste idée de ces régions préparatoires où s'élaborent les origines de certaines civilisations.

Pendant notre voyage à Novo-Friburgo, la frégate l'*Africaine* avait amené à Rio le comte Ney en qualité de ministre de France. Je le connaissais depuis longtemps et j'eus grand plaisir à le voir. Je dînai chez lui avec Macdonald, le jour de mon arrivée. C'était le mardi-gras. Il n'y a pas de masques à Rio, mais l'usage est de se jeter de l'eau par les fenêtres, comme on se jette à Rome de la farine et des dragées. C'est une question de température.

Après le dîner, nous nous mîmes à regarder dans la rue qui, par extraordinaire, n'était pas très-large et où il se passait une scène très-animée. De toutes parts on criait, on riait, on jetait sur les passants des poupées d'étoupe, des verres d'eau, des carafes d'eau et jusqu'à des seaux d'eau. Tout-à-coup un œuf de cire vint se briser sur la poitrine de Macdonald et l'inonda d'eau parfumée; puis ce fut le tour de Ney et le mien, et une grêle de projectiles élégants et liquides vola dans la chambre, au bruit des éclats de rire de jeunes filles qui étaient sur un balcon en face avec leur père et leur jeune frère. Ney envoya chercher une provision d'œufs de cire; on lui en apporta de toutes les couleurs, et pendant la soirée ce fut un combat acharné entre les deux fenêtres des deux côtés de la rue.

Le lendemain il y eut une grande procession ; je la vis passer sur la place du palais ; l'empereur était au balcon, avec l'impératrice et la princesse Januaria. Les différents corps de métiers portaient sur des brancards des statues de saints ; ces statues étaient peintes, et parmi elles se trouvait un saint nègre. Arrivées sous le balcon, elles s'y arrêtaient un moment ; on tirait une ficelle et elles saluaient ; l'image de Notre Seigneur portant la croix n'était pas exempte de cette politesse un peu exagérée à l'endroit des puissances de ce monde, et, en vérité, quoiqu'on n'y mît certainement pas de mauvaise intention, on aurait pu l'en dispenser.

XI.

En mer, 28 février.

Nous avons quitté la rade de Rio-Janeiro le 23 février à 4 heures du matin ; le temps était beau, comme à notre arrivée, et la brise très-faible. Je m'étais levé pour jeter un dernier regard sur la baie et sur la ville ; je contemplais cette belle nature à laquelle ma pensée pouvait maintenant s'associer par des souvenirs; le lever du soleil derrière les montagnes; l'aspect frais et calme du matin ; les canots des bâtiments de guerre anglais et américains qui venaient remorquer la *Sirène* pour l'aider à franchir les passes malgré les courants ; et je songeais aux destinées de ce vaste Empire, à la faible population dispersée sur son immense surface et au rôle difficile du jeune gouvernement chargé de diriger ce colosse sur un terrain miné par l'esclavage.

L'esclavage, voilà le grand danger du Brésil. Tout le système de la production industrielle et agricole y repose sur cette institution qui n'a pas seulement le tort d'être odieuse et inhumaine, mais qui est encore une base près de s'écouler. En effet, ce qui était depuis longtemps condamné, grâce au christianisme, dans la région des idées, se voit à la veille de l'être dans la sphère des faits. L'esclavage n'est pas seulement au ban de la réprobation européenne, il va mourir partout où l'on vit de la civilisation de l'Europe. Ce sera une terrible crise pour un gouvernement qui compte au rang des esclaves plus du tiers de ses sujets.

Et cependant, non-seulement la puissance, mais encore la moralité et la civilisation du Brésil sont à

ce prix. Un grand Empire fondé sur l'esclavage, on
n'avait pas vu pareille chose, dans les pays civilisés,
depuis la chute du paganisme. Le servage lui-même
avait disparu de l'Europe catholique il y a six siècles.
On y avait vu des États maritimes avoir des esclaves;
mais ce n'était pas sur leur territoire proprement dit,
c'était dans quelques-unes de leurs colonies, et encore faut-il dire que dans ces États la décadence des
mœurs privées et de la puissance publique fut d'autant plus marquée que l'importance de ces colonies
était relativement plus considérable. Aujourd'hui
même on peut comparer, dans le nombre des sociétés modernes, celles qui sont basées sur l'esclavage
avec celles où il n'existe pas; on verra quelles sont
les plus éclairées, les plus honnêtes, je dirai même
les plus industrieuses et les plus riches.

C'est que c'est quelque chose dans la balance des
destinées d'un peuple que l'avilissement du travail,
la glorification de l'oisiveté, la dépravation des esprits, la dissolution des mœurs, toutes ces misères
et tous ces vices que l'esclavage n'a jamais cessé de
produire comme une conséquence et comme un
châtiment.

Sans prétendre méconnaître la diversité des causes
qui ont contribué à briser à la fin du XVIᵉ siècle

l'essor merveilleux du Portugal, il n'en est pas moins vrai que, du jour où il organisa l'esclavage, il fut en contradiction avec les principes qui lui avaient imprimé son élan et qui avaient fait sa grandeur; il fut en opposition avec l'esprit du christianisme; il fut même, pourquoi ne pas le dire, en désobéissance flagrante envers les prescriptions formelles des papes. C'est une idée fixe de plusieurs écrivains d'attribuer les revers subis depuis deux siècles par certains États catholiques au catholicisme lui-même. Si c'était là une manière raisonnable d'écrire l'histoire que d'assigner une seule cause et une cause de ce genre à une série de faits amenés par des causes diverses, on pourrait plutôt prétendre que c'est le contraire qui est vrai et que, quand ces États sont entrés dans la période des adversités, le sens catholique y avait baissé; car c'est un fait certain, et dont pourtant je me garderai bien d'exagérer la portée, qu'après la découverte des deux Indes les Portugais et les Espagnols méconnurent la volonté du Saint-Siége pour rétablir l'esclavage aboli par le christianisme.

C'est une chose remarquable à quel point la papauté fut constante à défendre cette cause de la fraternité humaine que tous les gouvernements colonisateurs de l'Europe, entraînés par l'exemple du

Portugal et de l'Espagne, avaient outrageusement abandonnée. Je pourrais citer bien des faits à l'appui de ce que j'avance ; j'en choisirai quelques-uns. Et d'abord, au début même des établissements portugais sur la côte de Guinée, en 1462, il y a les lettres de Pie II, à l'évêque de Ruvo, qui blâment énergiquement que l'on fasse les noirs esclaves. Il y a encore celles de Paul III adressées le 20 mai 1537 à l'archevêque de Tolède et celles d'Urbain VIII écrites le 22 avril au collecteur des droits de la chambre apostolique de Lisbonne, lesquelles tiennent dans le même sens le langage le plus ferme et le plus sévère. J'y ajouterai les lettres apostoliques de Benoît XIV aux évêques du Brésil en 1741 et enfin celles qui furent publiées à Rome le 3 novembre 1839 par Grégoire XVI contre la traite des nègres.

Il n'y a pas eu un siècle, depuis le funeste exemple donné par les Portugais, dans lequel la voix du chef de l'Église ne se soit élevée contre l'esclavage ; mais il a fallu du temps avant que les gouvernements aient songé à mettre cette doctrine en pratique.

Le gouvernement brésilien ne se dissimule pas la gravité de sa situation, et il s'occupe avec raison d'attirer le plus possible des émigrants d'Europe. Mais cela ne suffit pas. Il faudrait préparer les noirs à cette émancipation qui est inévitable, et pour cela leur donner des principes et surtout des exemples qu'ils trouvent rarement auprès de leurs maîtres. Le clergé n'est pas assez nombreux; il manque généralement de lumières; il a porté sa part, depuis deux siècles, des infortunes de la nation portugaise; et pourtant lui seul pourrait préparer les noirs à recevoir la liberté, sans danger pour la prospérité de l'Empire.

Le catholicisme a prouvé au Brésil comme au Paraguay, comme dans toute l'Amérique du Sud, ce qu'il était capable de faire pour civiliser les races sauvages. Les deux tiers de la population libre de l'Empire appartiennent à la race indigène ou proviennent de son croisement avec la race européenne. Sur cette portion qui comprend à peu près deux millions d'habitants, il y en a même trois cent mille, c'est-à-dire environ la sixième partie, dont le sang n'est pas mêlé. Tels sont dans la province de San-Pedro les Indiens des sept missions. Sans posséder une civilisation très-raffinée, ils connaissent et pratiquent les lois de notre morale; enfin ils sont bien éloignés des mœurs que les découvreurs du Brésil trouvèrent chez les Marcajas et les Topinamboux. Ce résultat est dû au zèle des missionnaires.

Le clergé catholique a en outre doté le Brésil d'excellentes institutions. Les maisons de miséricorde soignent gratuitement les pauvres malades et pourvoient à leur sépulture. L'ordre de saint Antoine réalise depuis longtemps, sous l'influence de la religion et sans l'intervention du gouvernement, le système des sociétés de secours mutuels. Il y a dans tout le Brésil une grande quantité de ces associations, et des propriétés, léguées ou données par des personnes pieuses, permettent de réduire à des sommes très-minimes le chiffre des cotisations de chaque membre.

Il y a de bons éléments. L'ancienne corruption et les révolutions récentes ont laissé debout de salutaires institutions. La forme subsiste, il faut y jeter l'esprit et la lumière. Il faut que cette jeune société rappelle dans son sein les sentiments, les idées de cette civilisation chrétienne dont elle a gardé, Dieu merci! les titres et les formules; et, quels que puissent être les événements, cette société sera digne de la noble terre où elle est destinée à se développer.

LIVRE TROISIÈME.

LE CAP DE BONNE-ESPÉRANCE.

I.

En mer, 22 mars.

Notre navigation a été heureuse, et pourtant nous voilà près de ce cap des Tempêtes dont le nom n'avait pas été imaginé par Barthélemy Diaz pour rassurer les navigateurs. Notre voyage est maintenant un voyage sérieux ; c'était même quelque chose, il n'y a guère plus d'un siècle, que d'avoir passé la ligne. « Pour ma part, dit Kolben dans son voyage au cap de Bonne-Espérance écrit en 1715, je passai la ligne en parfaite santé, grâce à Dieu, et sans catastrophe; seulement je perdis mes cheveux et je devins tout-à-fait chauve. » Nous en avons été quittes à meilleur marché.

Cependant la mer devient plus forte, les lames plus creuses et plus dures ; on sent le voisinage de l'Océan austral. Des satanites, des pétrels rasent le sommet des vagues ; de grands albatros se montrent près de la frégate ; on les pêche à la ligne comme des poissons.

Ce matin, vers six heures, on est venu annoncer au commandant qu'on avait aperçu la montagne de la Table. Je suis monté sur le pont : un brouillard épais avait déjà tout voilé. Vers neuf heures la brume s'éclaircit un peu, et nous vîmes, nageant au milieu d'une gaze de vapeurs, ce bloc colossal de granit et de schistes, semblable en effet à une table carrée que viendrait de quitter un des géants de la mythologie de l'Inde, ou ce terrible Génie des mers inconnues que Camoëns fit apparaître à Vasco de Gama ; à gauche, deux masses granitiques, que l'on nomme la Tête et la Croupe du Lion, figuraient parfaitement un lion couché. Nous allions en ce moment avec une vitesse de neuf milles à l'heure. Malheureusement la brise faiblit, et à onze heures nous avions du calme. On suivait de l'œil, sous le voile transparent, les formes du promontoire, pendant que d'énormes oiseaux de mer sillonnaient le brouillard. A une heure il vint une faible brise ; la brume se dissipa : nous nous trouvions à trois lieues environ de la terre ; mais nous faisions à peine un mille à l'heure, et parfois le vent manquait complétement. Les dessinateurs mirent cette lenteur à profit, et vingt crayons tracèrent sur vingt albums des croquis de la montagne, qui ne ressemble à aucune de celles qu'on a pu voir. Enfin, vers cinq heures, le brouillard nous environna de nouveau , et avec une telle épaisseur qu'il devint impossible de rien distinguer à six pieds de la frégate. On dut renoncer à s'approcher de la terre et même on s'en éloigna, pour ne pas courir le risque d'être jeté à la côte. En outre, au moment où la brume nous avait enveloppés, nous avions autour de nous trois bâtiments : d'abord la *Victorieuse*, puis un trois-mâts de commerce aux couleurs françaises et un brick de guerrre hollandais; il fallait ne pas cesser de leur faire savoir où nous étions, afin d'éviter un abordage. La *Sirène* devint alors le théâtre d'une scène qui aurait semblé un divertissement, si la position n'avait pas eu un côté sérieux. On alluma partout sur le pont , sur les mâts, sur les vergues, une quantité de lanternes; on tira des fusées, on brûla des feux de Bengale, et surtout on se mit à faire le plus de bruit possible, à grand renfort de cloches, de trompettes et de tambours. Ce tapage dure encore et probablement durera toute la nuit, et il ne manque pas de matelots pour dire que ce contre-temps, assez léger du reste, vient de ce qu'on est parti de Rio-Janeiro un vendredi.

II.

Cape-Town, 23 mars.

Lorsque le soleil, en s'élevant à l'horizon, a eu dissipé le brouillard, nous nous sommes trouvés à quelques lieues plus au nord que nous n'étions au moment où nous avions dû changer notre route. Un trois-mâts montrait ses voiles à un mille sur notre gauche, et la *Victorieuse* était hors de vue ; devant nous s'ouvrait la baie. Ce n'était plus la riante magnificence de celle de Rio-Janeiro. Les lignes droites de la Table faisaient contraste avec les pitons arrondis que nous venions de quitter et les escarpements dépouillés d'arbres, avec les pentes couvertes de végétation. L'aspect de la côte était généralement aride, mais on apercevait de temps en temps des maisons blanches et comme des oasis de verdure. Peu à peu nos yeux distinguèrent la ville. Nous fûmes frappés de son apparence de symétrie et de netteté. On aurait dit le plan en relief nouvellement peint d'une cité projetée. Les maisons de différentes couleurs, mais d'une architecture régulière et uniforme, avec des terrasses au lieu de toits et un seul étage, se montraient en bel ordre, parmi les arbres alignés, sur des rues tirées au cordeau. La montagne de la Table, également taillée à angles doits, s'étalait par derrière, plutôt comme un monument gigantesque que comme un soulèvement naturel de l'écorce du globe. La *Sirène* mouilla en rade à côté d'une frégate française, l'*Érigone*, qui revient de Chine et qui retourne en France. Elle a fait une terrible campagne; elle a été couchée sur la mer par un typhon : elle a été décimée par le choléra, les fièvres, la dyssenterie; elle a encore 70 malades à bord, et, si elle rencontrait une tempête sur sa route, elle n'aurait probablement pas assez de monde pour la manœuvre. Dieu nous garde d'une semblable fortune!

III.

Cape-Town, 26 mars.

Cape-Town est une ville toute moderne; les maisons basses auraient l'air de boîtes carrées, si un fronton découpé en festons arrondis, comme un dossier de fauteuil, et un perron flanqué d'un double

escalier, n'en relevaient la simplicité par des ornements dont le cachet est plutôt l'uniformité que le
bon goût. On y respire la propreté et l'aisance; des
lanternes au-dessus des portes, des stores aux fenêtres, d'élégants magasins, des chaussées bien pavées,
un double rang d'arbres dans chaque rue, tout annonce une civilisation soigneuse du bien-être ma-
tériel.

On se croirait dans une jolie ville d'Europe, si
l'on ne rencontrait dans les rues des Malais avec
leurs grands chapeaux pointus, ou bien des Cafres à
demi-nus et des Hottentots avec leurs vêtements de
peaux de mouton ; derrière une calèche de forme
anglaise se tiennent deux Indous, avec leurs tuniques flottantes et leurs turbans de mousseline; et un
phaëton, attelé de deux petits chevaux de Java, se
croise avec un lourd wagon que traînent, attelés deux
par deux, en longue file, seize et même quelquefois
vingt grands bœufs aux cornes démesurées.

Il y a peu d'hôtels à Cape-Town, et en ce moment
ils sont encombrés; mais c'est l'usage parmi les habitants, même dans la classe aisée, de prendre en pension les étrangers. Il en est ainsi depuis les premiers
temps de la colonie, et même sous la domination
hollandaise il aurait été impossible de trouver un

hôtel. Je suis du reste à merveille dans une famille anglaise, et je ne me plains que d'y voir la solidité des mets britanniques multipliée par la quantité de repas que l'on a coutume de faire ici. On prend du café à sept heures du matin ; on déjeune à neuf ; à deux heures après-midi on *tiffine;* on dîne à sept ; à neuf heures on prend le thé et à onze on apporte de l'eau chaude, du rhum, de la noix muscade et de la cannelle, et l'on fait du negus. Mes fenêtres donnent sur la mer, et il y a dans le salon un excellent piano qui est tout-à-fait à ma disposition, à la condition que je n'en jouerai pas le dimanche.

C'est un intérieur plein d'un charme correct et discret; une mère attentive aux soins du ménage ; trois fils et trois jeunes filles unis par une affection tendre; cette honorabilité de la bourgeoisie anglaise qui atteint naturellement à la distinction ; une piété plutôt disciplinée que fervente, mais occupée à maintenir la vie dans une direction honnête. Les Anglais du Cap sont généralement religieux, et la présence des missionnaires wesleyens y entretient la régularité du méthodisme.

Les environs les plus rapprochés de Cape-Town ont un caractère tout-à-fait étrange. C'est un ciel éclatant, une mer sombre, une terre rougeâtre ; des

arbres aux feuilles argentées et aux formes bizarres ;
de grands joncs, des bruyères, des plantes grasses ;
et, au milieu de cette nature qui a l'air d'appartenir
à un monde imaginaire, des jardins où l'art des Hollandais cultive les plus belles fleurs, et fait mûrir les
fruits de l'Europe avec ceux de l'Asie. Les animaux
qui peuplaient autrefois la contrée ont disparu ; il
faut aller très-loin à présent pour trouver des lions
ou des tigres ; mais, au commencement du siècle
dernier, dans une petite excursion que Kolben fit à
Waveren, il rencontra en se promenant six éléphants;
il dormit en plein air dans un cercle formé de grands
feux allumés pour éloigner les bêtes féroces, et il vit
rôder onze lions autour de son campement. Pour me
donner le spectacle de ces anciens habitants du pays,
j'ai dû aller voir la ménagerie de M. Villette, et encore n'y ai-je trouvé que deux lionceaux, des antilopes, une macaque et une autruche. Je suis allé
aussi avec le docteur Yvan chez un naturaliste allemand, M. Pappe, qui nous a montré des plantes curieuses, des insectes géants, d'énormes chauves-souris,
de rares espèces d'oiseaux ; l'Afrique méridionale
abonde en productions extraordinaires. En revenant
nous avons vu sur une colline, auprès de la mer,
des bouquets de verdure et de fleurs qui souriaient

agréablement au milieu de l'aridité du sol ; nous nous en sommes approchés ; sous les fleurs, il y avait des tombes ; c'était un cimetière malais.

IV.

On ne peut pas avoir été au Cap sans avoir visité Constance. Il n'y a pas d'officier ou d'aspirant de marine qui ne soit chargé d'y faire l'emplette de quelques bouteilles de ce vin que l'on ne connaît guère en Europe que de nom, comme l'ambroisie de Jupiter et le Johannisberg du prince Metternich. Nous avons donc fait comme tout le monde ; nous avons loué une voiture découverte, et, à l'ombre du grand chapeau de notre cocher malais, nous nous sommes dirigés vers les célèbres vignobles. La route était excellente ; la poussière rouge volait sous le trot de nos chevaux. Bientôt nous eûmes la mer à notre gauche ; puis nous entrâmes dans des bruyères en fleurs où se dressaient des tiges de protéacés aux feuilles couleur de plomb. Des bandes de petits oiseaux, d'un plumage varié, voltigeaient attirées par la liqueur sucrée des protéas mellifères. Le pic du

Diable et la montagne du Buisson s'élevaient à notre
droite, dominés par le sommet de la Table dont
nous faisions le tour. Une allée de grands arbres
nous conduisit au Grand-Constance, Groot-Constan-
cia, comme disait l'écriteau placé sur la porte. Le
Grand-Constance appartient à M. Cloëte. C'est une
véritable villa hollandaise. On y voit des jardins avec
des magots, des inscriptions, des grottes, des stalac-
tites et des tigres empaillés. Les vignobles ne présentent rien de particulier ; les ceps n'ont point d'écha-
las ; ils poussent sans supports comme dans le midi
de la France. Ce qu'il y a de plus beau ce sont les
caves où sont rangés les trésors de cette vinification
renommée, et où se pratique une hospitalité de grand
seigneur. On nous fit goûter à tous les vins, sans
avoir l'air de tenir le moins du monde à nous les voir
acheter. On alla jusqu'à nous servir un véritable tiffin, ou du moins des gâteaux, des fruits et du fromage, et je le remarquai d'autant plus que nous
avions fait notre excursion incognito, et sans M. de
Lagrené, ce qui enlevait à cette courtoisie tout caractère officiel. Nous fûmes l'objet des mêmes atten-
tions chez M. Van-Reynet et chez M. Collyns, où
nous dûmes en compensation admirer des statues
peintes et représentant au naturel des Cafres et des

Hottentots, dans leurs huttes, au milieu des ustensiles de leur vie domestique.

Les vins de Constance sont excellents, surtout, à
mon avis, le pontac noir, qui est le moins connu en
France. Il s'en fabrique fort peu, relativement à la
consommation qui s'en fait en Europe. Il faut donc
conclure de là qu'il s'en contrefait beaucoup.

Au reste ce sont les seuls bons vins du Cap ; les
autres sont médiocres. On a pourtant la prétention
d'y faire du vin de Champagne ; il est vrai qu'il ne
vaut rien, ce qui n'empêche pas qu'on en exporte
beaucoup, sous le nom d'Aï ou d'Épernay, dans l'Inde
et dans l'extrême Orient.

V.

Cape-Town, 31 mars.

J'ai dîné aujourd'hui avec M. et madame de Lagrené chez le gouverneur de la colonie sir Peregrine
Maitland. Il n'y avait que nous, la famille du gouverneur et ses aides-de-camp. Sir Peregrine Maitland
a déjà résidé au Canada et à Madras, et il en parle
d'une façon intéressante. Un de ses aides-de-camp, le

vicomte de Mandeville va partir pour une excursion, dans l'intérieur de l'Afrique ; il veut voir la nature sauvage, chasser le tigre et le rhinocéros, et aller chez les Cafres plus avant, si cela se peut, que ne vont les missionnaires. Ainsi est faite cette jeunesse anglaise. Il y a quelque temps, à Madras, de jeunes officiers causaient à table après une chasse. Ils se plaignaient de ce qu'il devenait plus difficile de trouver des éléphants et de ce que les tigres diminuaient dans les Jungles. « Allons chez les Cafres, dit un d'entre eux, nous y trouverons des lions. » Un mois après, deux de ces jeunes gens, munis d'un congé, débarquaient au Cap. Ils prenaient de grands chariots, des bœufs, une vingtaine de Hottentots et ils s'enfonçaient dans le désert. Ils y ont vécu pendant très-longtemps, allant toujours en avant, couchant dans leurs chariots, vivant de leur chasse, jusque vers le tropique du Capricorne. Il faut lire leurs aventures dans le récit qu'en a fait l'un d'eux, le major Harris, sous le titre de *Wild sports in Africa*. Il y a une témérité, une verve, une passion, qui font passer dans l'âme du lecteur l'enthousiasme de ces Nemrods de l'armée des Indes. On voit défiler les gazelles, les antilopes, les buffles, les rhinocéros, les éléphants, les lions, les tigres et tous les animaux du

désert africain. Un aide-de-camp du gouverneur con-
naissait le major Harris. On a parlé chasse. Il faut
aller très-loin maintenant pour trouver ces bêtes
sauvages qui venaient errer il y a un siècle à quelques lieues de la capitale. On a fait une remarque
singulière. Le tigre et le lion, même blessés par le
fusil d'un Européen, se jettent d'abord sur un indigène. On dirait que notre peau blanche et envelop-
pée d'habits ne les ragoûte pas ; ils préfèrent la chair
nue et la peau colorée des Africains. J'ignore si
cette remarque est suffisamment fondée ; mais à ce
compte un chasseur maladroit aurait autant de chances de pouvoir tirer impunément sur un lion, que
de Hottentots près de sa personne.

Je suis revenu chez moi au clair de lune. J'avais
entendu vanter la sérénité et la transparence des nuits
du Cap. On sait que l'astronome Herschell est venu
s'y établir pendant trois ans avec ses lunettes pour
ses observations. Il y avait tant de clarté dans le ciel
que je suis allé me promener sur une des hauteurs
qui forment la croupe du Lion. Tous les objets
avaient leur couleur naturelle, même dans le lointain, et les arbres au lieu d'estomper, comme d'habitude, une silhouette sombre sur un fond plus ou
moins gris de perle, montraient leurs feuilles toutes

vertes, même du côté de l'ombre ; les peintres de paysages seraient forcés ici de changer leur palette traditionnelle pour les clairs de lune ; ou plutôt ce n'en était pas un ; c'était un jour extraordinaire. Je voyais ainsi le panorama de la ville, la baie et les bâtiments semés sur la rade.

VI.

Cape-Town, 2 avril.

Je me suis trouvé hier soir par hasard en présence d'un curieux spectacle et dont on ne peut avoir la représentation qu'une fois dans l'année. J'avais remonté la petite rivière qui descend de la Table ; il y a là, dans un ravin, un petit bois de pins, des chênes et quelques bouquets de bananiers ; il y a même une chute d'eau, et, quoiqu'on n'ait pas manqué de l'utiliser pour faire tourner un moulin, le paysage a un caractère de solitude et de végétation libre qui repose les yeux de la symétrie des jardins. Quand je suis retourné à la ville, le soleil venait de se coucher ; un nuage léger se montrait aux flancs du Devil's Greep et de la Table, et une lumière rose marquait, comme une frange, les sinuosités de la ligne par laquelle il touchait aux montagnes. Je crus d'abord à une réfraction des clartés du couchant. Mais bientôt le ciel s'obscurcit, et la lueur, au lieu de diminuer d'intensité, devint plus éclatante; on aurait dit des fleuves de laves qui se précipitaient de deux volcans. Je demandai l'explication de ce phénomène à un passant. Il me répondit que tous les ans, à cette époque, on mettait le feu aux bruyères qui couvrent les montagnes. Cet usage remonte jusqu'au temps des Hottentots, qui savaient déjà se faire de la sorte un engrais de cendres pour leurs pâturages.

VII.

En rade de Cape-Town, 3 avril.

La colonie anglaise du cap de Bonne-Espérance est placée au sud du grand plateau africain comme notre Afrique l'est au nord, et elle est exposée aux incursions des Cafres, comme nous le sommes à celles des tribus de l'Atlas; seulement les Cafres sont à l'état sauvage; tandis que les Berbères sont musulmans, et nous sommes environnés de trois côtés par des populations ennemies, tandis que la colonie du Cap, grâce à cette disposition des grands continents qui se terminent en pointe dans les mers australes, a partout, excepté au nord, l'eau pour frontière. Baignée à la fois par l'océan Atlantique, par l'océan Austral et par la mer des Indes, elle présente sur chacun de ses rivages un aspect particulier; elle cultive la vigne dans la partie occidentale et méridionale, et, dans la partie orientale, elle élève des moutons; les vignobles sont entre les mains des colons hollandais; les émigrants anglais ont créé la production de la laine, qui est devenue en quelques années la principale richesse de la colonie.

L'établissement du cap de Bonne-Espérance était peu de chose sous la domination hollandaise. C'était surtout un point de relâche pour les bâtiments de la Compagnie des Indes-Orientales. Il n'a acquis une grande importance comme colonie que sous l'administration de l'Angleterre, et, ce qui le rend encore plus digne d'attention, c'est que la prospérité s'en est beaucoup accrue depuis l'abolition de l'esclavage.

Les Hottentots étaient pasteurs; les Hollandais eurent comme eux des troupeaux de bétail, qui étaient destinés à approvisionner les bâtiments de la Compagnie. Ils y joignirent dans le même but la culture du blé; puis celle de la vigne, qui leur fut apportée par des réfugiés français, après la révocation de l'édit de Nantes. On trouve, à quelques lieues de Cape-Town, un village, Fransche-Hoeck, entièrement peuplé des descendants de ces réfugiés; ils ont tout-à-fait oublié la langue de leurs ancêtres et ils prononcent leurs noms à la hollandaise.

La ville du Cap ne fut fondée qu'en 1652; et, dans les premières années du XVIIIᵉ siècle, le lieu occupé aujourd'hui par la maison et les vignobles de Fransche-Hoeck était parcouru par les lions et les éléphants. Les kraals des Hottentots étaient éparpillés dans les environs de Cape-Town; il y en avait même entre la ville, qui était très-petite alors, et la montagne de la Table, et les capitaines des navires leur achetaient un très-beau bœuf pour une livre de tabac, et un mouton pour une demi-livre. Quoique la Compagnie eût attiré des aventuriers de tous les pays et qu'elle les eût pourvus de femmes tirées des maisons de charité et des établissements d'orphelines, on comptait à peine vingt-cinq mille Européens dans la colonie au milieu du siècle dernier, et il n'y en avait que quarante mille en 1806, quand elle tomba définitivement aux mains de l'Angleterre; à ce moment, les recettes étaient loin de balancer les dépenses; elles égalaient à peine le chiffre du déficit que soldait chaque année la métropole. Il paraît en outre que cette population, sortie en grande partie de la terrible école des guerres de religion et imprégnée des sombres doctrines du calvinisme, n'avait pas adouci ses mœurs par son contact avec l'institution de l'esclavage. Un voyageur qui a visité le Cap à la fin du siècle dernier raconte qu'ils chassaient les indigènes comme des bêtes sauvages et lord Macartney, dans la première période de la domination anglaise, de 1795 à 1801, dut employer la force contre les Boers de Graf-Reynet, pour les faire renoncer à ces pratiques barbares. Le Morave Smith était venu s'établir en 1737 près de l'endroit où est maintenant Genadendal. Il s'était proposé de baptiser et d'instruire les Hottentots : il fut contraint de retourner en Europe quelques années après, par les contrariétés de toutes sortes qu'on lui fit éprouver. Trois autres Moraves vinrent en 1792 et ils furent aussi l'objet d'une opposition qui alla jusqu'à des voies de fait. Il fallut que le général Craig les prît sous sa protection en 1796.

On conçoit qu'avec de pareilles dispositions les Boers aient fort mal accueilli en 1833 l'émancipation des esclaves. Il y avait déjà longtemps que les missionnaires wesleyens poussaient à cette mesure imposée, comme on le sait, au gouvernement anglais, par la force de l'opinion religieuse. On donna aux colons du Cap une indemnité de 29,000,000 de francs pour vingt-neuf mille esclaves ; c'était 1,000 francs par esclave ; ils trouvèrent que cette indemnité était insuffisante et qu'on joignait l'ironie à la spoliation.

A cela se mêla un autre grief. Les missionnaires wesleyens établis dans le pays des Cafres s'étaient constitués leurs défenseurs contre les Boers, comme autrefois les Dominicains avaient soutenu contre les Espagnols la cause des populations américaines. Mais il y avait une différence entre les deux époques. L'abnégation passionnée et la charité désintéressée des missions catholiques avaient converti les Américains, dont les tribus étaient devenues tout-à-fait inoffensives, tandis que les Cafres, peu touchés par les sages raisonnements des wesleyens, commodément établis dans toutes les élégances de la vie civilisée, ne cessaient de tourmenter et d'inquiéter les colons par leurs brigandages.

On comprend donc le mécontentement des Boers, qui, accusant le gouvernement anglais non-seulement de les avoir dépouillés de leurs esclaves, mais encore de ne pas les protéger contre les Cafres, émigrèrent en masse dans le courant de 1837 et allèrent fonder une nouvelle colonie à Port-Natal. On a publié un recueil des pièces relatives à cette émigration. La marche des colons hollandais à travers le désert et leur guerre avec les Zoulous, l'assassinat de Retief, la prise de la capitale de Dingaan , y sont peints avec des couleurs tout-à-fait bibliques , qui conviennent du reste à la nature énergique, mais grossière, de ces populations, qui , comme les anciens puritains, savaient l'ancien Testament par cœur et ne lisaient guère l'Évangile. Ils s'érigèrent en république indépendante; mais le gouvernement anglais ne pouvait leur permettre de prendre une pareille attitude à quelques lieues de sa frontière. On envoya des troupes contre eux, et en même temps, par une modération habile, on leur fit offrir des conditions honorables. Ils reconnurent la souveraineté de l'Angleterre, et en retour on leur promit de protéger leur nouvel établissement contre les Cafres.

Tel fut le dénoûment de cette crise, qui , au lieu d'arrêter le développement de la colonie, en procura au contraire l'agrandissement. L'Angleterre méritait ce succès, car, malgré les griefs des Boers, c'était de son côté que se trouvait la cause de l'humanité et de la civilisation. En supposant qu'il y eût eu excès dans la protection accordée aux Cafres, cet excès provenait certainement d'une belle origine et s'alliait très-bien au sentiment qui avait dicté l'abolition de l'esclavage.

D'ailleurs, pendant que le gouvernement s'occupait d'améliorer la situation morale de la colonie, il ne négligeait rien de ce qui pouvait en augmenter la prospérité matérielle. Il attirait les travailleurs libres. Il obtenait du Parlement 1,250,000 francs, en 1819, pour organiser, sur une grande échelle, une émigration recrutée parmi les anciens soldats et les laborieux paysans de la Grande-Bretagne. C'étaient là d'excellents éléments de colonisation. Aussi en résulta-t-il une province nouvelle, le district d'Albany, où s'est ouverte tout d'un coup une immense source de richesse. La colonie qui n'exportait pas de laines sous le régime hollandais, en exportait 373,298 livres en 1836; en 1843, on en a tiré 1,754,757 livres, c'est-à-dire cinq fois davantage. La population s'est également accrue dans une proportion très-considérable. On peut dire qu'il y a un progrès marqué depuis l'émancipation des esclaves. La colonie du Cap est aujourd'hui un foyer de civilisation.

Cape-Town renferme près de vingt-cinq mille habitants, douze sociétés de bienfaisance, douze sociétés religieuses, protestantes et catholiques, une société d'agriculture, une société pour l'exploration de l'Afrique, cinq sociétés littéraires, une bibliothèque publique. Il s'imprime, dans les capitales des différents districts, une quantité de journaux, de revues, d'annuaires et de statistiques. Le gouvernement anglais y favorise également toutes les croyances chrétiennes ; il a levé la prohibition que les Hollandais avaient prononcée et maintenue contre le catholicisme ; aussi construit-on en ce moment une cathédrale catholique à Cape-Town et commence-t-on à voir se diriger vers le désert quelques-uns de nos missionnaires. L'Angleterre semble rassembler toutes les ressources de la civilisation pour prendre à revers l'Afrique que nous attaquons en face, et elle est certainement destinée à exercer une grande et salutaire influence sur ce mystérieux continent.

LIVRE QUATRIÈME.

L'ILE BOURBON.

I.

En mer, 24 avril.

Nous avions quitté la rade du Cap le 4 avril
à sept heures du matin, avec un très-beau temps;
mais dans la nuit le vent nous devint subitement
contraire, et depuis ce moment jusqu'à aujourd'hui
nous avons été forcés de courir au midi jusque
vers le 41ᵉ degré de latitude avant de pouvoir
franchir la muraille d'air qui s'opposait à notre passage, et cela nous a fait faire connaissance avec les
grandes lames de l'Océan austral. Nos marins se
bornent à dire qu'il vente grand frais et que la mer
est très-grosse; c'est avec ce peu de cérémonie que
l'on traite une tempête sur un journal de bord. En
général nous avons un ciel bleu; c'est alors un beau
spectacle de voir notre longue frégate se cabrer sur
les vagues et c'est une musique étrange d'entendre

ronfler le vent au travers des cordages et des mâts
dépouillés de leurs voiles, pendant que le bâtiment
craque de l'avant à l'arrière ; mais hier nous avons
eu une tempête classique, celle que Virgile appelle
atra tempestas, avec les nuages noirs et l'accompagnement obligé d'éclairs et de tonnerre ; seulement
les vagues étaient loin de s'élever en montagnes jusqu'au ciel, et de se creuser en abîmes jusqu'aux en-
fers ; mais, partout où la vue pouvait s'étendre, la mer
était blanche d'écume. Ce qui dépassait toutes les
descriptions de la poésie épique, c'était les éclats de
la foudre et l'épaisseur des nuages. A chaque instant
le ciel s'embrasait tout entier autour de nous ; les
éclairs nous enveloppaient ; le tonnerre grondait avec
une formidable majesté : il tomba même sur notre
mât de misaine et suivit la chaîne du paratonnerre
mais sans faire aucun mal. Tout cela s'éteignit dans
une pluie diluvienne, qui du reste nous a rendu le
service d'abattre le vent. Aujourd'hui nous avons
une brise favorable et, comme on dit à bord, nous
filons huit nœuds en bonne route.

II.

En mer, 30 avril.

Hier soir, nous avons aperçu la lueur du volcan de l'île Bourbon ; on la voyait briller, à l'horizon, comme le feu d'un phare. Ce matin nous distinguons parfaitement la terre, dont nous approchons rapidement. Dans une heure nous serons à Saint-Denis. On voit la ville comme une tache blanche, au pied d'un massif de montagnes, couvert de forêts et surmonté de pitons dénudés. L'île tout entière a l'air d'une haute montagne qui sort de l'Océan ; une chaîne très-élevée la traverse par le milieu ; à notre gauche une pente douce descend jusqu'au rivage ; à droite les grandes lignes de l'arête centrale, après s'être abaissées un peu, tombent à pic dans la mer. Il y a là comme un rempart de prismes basaltiques qui nous cache Saint-Paul et la côte occidentale, que l'on nomme la côte sous le vent, parce qu'elle est à l'abri des vents dominants qui viennent de l'est, de même que, par la raison contraire, la côte orientale est nommée la côte du vent. Saint-Denis est situé au nord de l'île entre ces deux divisions naturelles, qui

forment en même temps deux arrondissements admi-
nistratifs. Le volcan est au midi; il est tout-à-fait caché en ce moment par les mornes du grand plateau;
mais le piton des neiges se montre au-dessus de la
ville, à une hauteur de dix mille pieds. A mesure que
nous approchons, nos yeux voient sortir de l'ensemble
les détails du tableau. Du côté de l'est des champs de
cannes à sucre, verts comme des prairies, des maisons mêlées à des bouquets d'arbres, des routes serpentant sur les collines, remplissent le paysage, depuis la dernière pointe aperçue à l'horizon jusqu'à
Saint-Denis. Un grand ravin trace une ligne sombre
sur cette scène riante, avec ses escarpements de rochers couverts de bois; et on en voit déboucher, sur
une plage de sable, une rivière qui se jette dans la
mer; c'est le plus grand cours d'eau de l'île, la rivière
du Mât.

III.

Saint-Denis, 30 avril.

A midi je suis allé à terre; les lames étaient très-
dures; c'est l'ordinaire à Bourbon et encore étais-
je favorisé; il faisait un très-beau temps. L'embar-

cation sautait sur les vagues, qui nous couvraient à
chaque moment d'eau et d'écume et brisaient sur
le rivage avec une telle force que je ne comprenais
pas comment nous ferions pour aborder. Nous avons
été nous placer sous une plate-forme qui avançait sur
la mer et d'où pendaient des échelles de corde; j'ai
dû en saisir une et m'enlever dans les airs, tandis
que les lames dansaient sous mes pieds. Il faut ajouter, pour être vrai, qu'il y a des fauteuils pour hisser,
avec l'aide d'une grue, les dames et même les hommes qui ne craignent pas d'avouer qu'ils ont peur.
Le malheur de Bourbon est de ne pas avoir de rade
abritée; les navires n'y sont jamais en sécurité; car
non-seulement la mer y est très-forte, mais les tempêtes y sont souvent des ouragans. On avait essayé
dernièrement d'y construire une jetée artificielle; la
mer emporta, dans une tourmente, le môle et les
navires qui s'y étaient confiés.

La ville de Saint-Denis a un aspect original et
charmant; ce sont des cottages de toutes les formes
et de toutes les couleurs; des toits rouges, bruns ou
gris; des murs blancs, jaunes ou noirs; et, autour de
chaque maison, des jardins, où les palmiers, les
cocotiers, les bananiers, les manguiers, les philaos
et toutes sortes d'arbres bien verts réjouissent les

yeux par l'épaisseur de leur ombre et l'élégance variée de leurs formes. Les boutiques ne sont pas brillantes; on dirait qu'elles sont désorientées de ne plus se trouver dans ces rues bien droites où les maisons sont pressées les unes contre les autres. Ici c'est un pêle-mêle de jolies villas dans un bosquet de palmiers; les places même, et c'est une heureuse idée dans un pays de soleil, sont ombragées d'arbres. Puis il y a comme une circulation continuelle; on reconnaît, quoique sous les tropiques, cette activité française, qui ne saurait s'empêcher de communiquer une certaine agitation à tout ce qui l'approche. Ce sont des Malais, des Malabares, des Malgaches, des mulâtres avec leurs divers costumes, des mulâtresses avec leur mouchoir rouge sur les cheveux, leur démarche gracieuse et leurs pieds nus; des noirs portent en chantant un palanquin dans lequel est étendu un vieux créole, suivant une mode déjà un peu surannée sans doute dans la colonie, car on sourit en le regardant; puis ce sont des landaus, des calèches, des femmes vêtues avec l'élégance de Paris, des merveilleux pincés dans leurs redingotes noires, des tilburys, des gendarmes et des soldats français, de vrais fantassins de France, avec leurs pantalons garances et leurs képis.

Je suis logé à l'hôtel Joinville; j'y ai dîné à une

énorme table d'hôte, éclairée par des lampes suspendues au plafond et dans le style du siècle de Louis XV.
Elles ont dû certainement appartenir à M. Poivre, ce
fameux intendant qui a introduit à Bourbon la culture
des épices. En sortant de table, on va prendre du
café dans le jardin de l'hôtel, sur une terrasse,
où l'on respire la fraîcheur de la brise, en regardant, à travers les feuilles des cocotiers, l'océan
Indien.

IV.

Saint-Denis, **3 mai.**

Hier, le gouverneur a donné un grand bal, et nous
avons pu admirer ces créoles de Bourbon qui ont une
si grande réputation de beauté. Elles sont vraiment
charmantes; des tailles souples, des yeux veloutés, des
dents bien blanches, et souvent une perfection idéale
de formes; une extrême élégance de toilette; avec
cela, pour faire la part de la critique, une apparence
trop nonchalante et des physionomies souvent peu
expressives. Les officiers de marine et les jeunes mi-
litaires de la garnison formaient en grande partie le
personnel des danseurs. Les hommes en général cu-

touraient les tables de jeu, et s'y adonnaient avec cette passion qui forme un des traits du caractère créole.

V.

Saint-Denis, 5 mai.

Dans la soirée, je suis allé à l'Opéra. La salle était pleine; il est vrai qu'elle n'est pas très-grande; il n'y a que deux étages de loges; aux premières, s'épanouissent les beautés blanches dans le luxe de toilette le plus éblouissant; aux secondes, les mulâtresses, encore plus somptueusement parées et non moins belles. On donnait la *Norma;* j'ai déjà entendu cet opéra à Madrid, à Vienne, à La Haye, à Bruxelles, à Paris et à Rio-Janeiro. Les œuvres d'art aujourd'hui, comme autrefois Cook ou Lapeyrouse, font le tour du monde.

VI.

Salazie, 9 mai.

J'accompagne avec quelques personnes de la légation monsieur et madame de Lagrené dans une excursion sur la côte du vént. Nous sommes partis le 7 à quatre heures du matin, afin de pouvoir arriver de bonne heure à l'habitation de M. Protais, qui nous avait invités à venir visiter ses environs. La route, qui longeait la mer, était excellente ; nos voitures, attelées de petits chevaux javanais, trottaient sur un macadam irréprochable. Nous avions à notre droite des champs de cannes à sucre, des bouquets de cocotiers, des habitations nombreuses, et dans le lointain les montagnes boisées et semées de temps en temps de jolies maisons. Nous traversâmes la rivière des Pluies, peu large en ce moment, parce que nous sommes dans la saison sèche, mais courant au milieu d'un vaste lit de galets et de roches arrondies, qui témoignent de l'abondance et de l'impétuosité de ses eaux pendant la saison pluvieuse. Tout sur notre chemin était riche, propre, pittoresque. C'était l'apparence civilisée de nos plus belles provinces de France et cette agriculture soignée qui ne perd pas un pouce de terrain. Bourbon a fait de très-grands progrès depuis une vingtaine d'années, c'est-à-dire depuis que l'on y a donné plus d'importance à la culture de la canne à sucre. Avant cette époque l'île ne produisait guère que du café et des épices. Aujourd'hui les plantations de café se voient particulièrement dans la partie sous le vent, et la partie du vent est couverte de champs de cannes. Un élégant déjeuner nous attendait chez M. Protais. Nous y fîmes connaissance avec des fruits que nous n'avions pas encore vus. Les fruits de Bourbon sont excellents. Les oranges y sont exquises, et on y peut joindre les pêches et les fraises d'Europe aux ananas, aux mangues, aux pommes-cannelles, aux bananes, aux sapotilles et aux avocats. Après le déjeuner, on nous mena voir la sucrerie de la Nouvelle-Espérance. Les propriétaires de cet établissement ne s'occupent que de la fabrication du sucre. Dans les habitudes de la colonie chaque planteur de cannes fait lui-même son sucre, comme en France chaque vigneron fait lui-même son vin. Il s'agit de substituer à ce système celui de la division du travail, dans de grandes usines, où seraient appliquées les découvertes modernes. La Nouvelle-Espérance est montée dans ce genre; et, quoique ses appareils ne puissent pas être comparés à ceux que l'on emploie dans nos raffineries de Lille ou de Paris, elle a cependant l'avantage de fabriquer mieux et à meilleur marché que les sucreries ordinaires. Il est logique, d'ailleurs, de chercher à perfectionner les machines, au moment où l'on va supprimer les esclaves et où probablement les bras vont manquer. Sous ce rapport, l'établissement est très-intéressant. On y fait en outre une importante expérience, c'est celle du travail libre, avec des *engagés* de Madagascar. A notre retour, nous trouvâmes un dîner somptueux. Tous les voyageurs vantent la magnificence des créoles de Bourbon; il n'y a rien à rabattre de leurs éloges. Une nombreuse société se trouvait réunie. On dînait dans une galerie ouverte, qui, dans les usages de l'Inde, est placée comme un péristyle devant les habitations et que l'on nomme varande. La brise de mer circulait au milieu des convives, et les bougies des lustres étaient entourées de verrines pour ne pas être éteintes par les courants d'air. Les mets les plus délicats, les vins les plus recherchés, une profusion de fleurs et de fruits, une argenterie datant du grand siècle, toutes les somptuosités, toutes les élégances, et, à côté de l'éclat des lumières, la vue des arbres du jardin et des flots de la mer éclairés par la lune, formaient un ensemble digne des contes de fées. La soirée se passa pour les uns à fumer des chirutos de Manille sous les jambosiers en fleurs; pour les autres à écouter de la musique, à jouer au whist ou à walser; pour tous à se louer des charmes de ce caractère des créoles français, caractère singulier, dans lequel les plus aimables qualités se mêlent aux défauts produits par le contact de l'esclavage.

VII.

Salazie est un établissement d'eaux thermales qui vient d'être fondé près du morne des Salazes, dans le centre de l'île. On nous avait beaucoup recommandé cette excursion. Peu après avoir quitté l'habitation de M. Protais, nous dûmes abandonner le chemin de ceinture, que nous avions suivi jusqu'alors et laisser nos voitures pour monter à cheval. Nous reprenions nos habitudes du Brésil et nous retrouvions, dans un espace plus restreint, des beautés naturelles d'un genre presque aussi grandiose. La rivière du Mât roulait au fond d'un ravin bordé de montagnes disposées par étages, les plus basses couvertes de végétation, les plus hautes nues et décharnées ; elle se frayait un passage à travers un double mur de basalte , par un défilé sombre dans lequel notre chemin nous fit pénétrer avec elle. Cela me rappelait les bords de l'Ebre à Reynosa, dans la province de Santander ; seulement ici les pans de rochers , quoique tout-à-fait perpendiculaires , sont habillés de verdure depuis le bas jusqu'au haut, et parfois de fraîches et vives cascades tombent de leurs sommets en rubans d'argent ou en pluie de poussière. Nous cheminâmes quelque temps dans ce passage étroit ; puis le terrain s'élargit, des cultures soignées, des plantations de mûriers, se présentèrent à notre vue. On a essayé d'établir dans ces montagnes une magnanerie. Nous passâmes près de la *Mare aux Poules d'Eau.* C'est un étang solitaire, dans un lieu très-sauvage et très-calme , et entouré de rochers escarpés dont les sommets sont couverts d'arbres touffus et d'où tombe une infinité de petites cascades qu'une jeune et jolie créole comparait plaisamment à des mèches de cheveux blancs s'échappant sous une perruque. Il était près de quatre heures quand nous aperçûmes Salazie. Notre chemin , réduit aux proportions d'un étroit sentier, rampait sur le versant d'une montagne tapissée d'arbres ; nos regards plongeaient dans une vallée circulaire, qu'environnaient les masses basaltiques du grand plateau ; on voyait, par dessus les cimes couronnées de bois, le morne des Salazes et le piton des neiges ; le torrent coulait au fond parmi des blocs de rochers, et, au milieu de la verdure qui couvrait les pentes, on

distinguait çà et là les maisonnettes de l'établissement thermal. Nous nous y sommes installés pour
passer la nuit. On a mis nos chevaux et nos mules
dans une rotonde qui sert de salle de bal dans les
grands jours. Tout cela est encore un peu primitif. Il
y a pourtant une salle de billard dans une petite
maison de bois auprès du torrent. Quant à l'eau des
sources, on la voit pétiller sur la mousse sous un léger nuage de fumée ; elle est chaude et elle a le goût
d'encre des eaux ferrugineuses ; découverte depuis
peu de temps, elle verra bientôt accourir sur ses
bords les élégants et les élégantes de la colonie qui
lui demanderont tout ce que demandent à Spa ou à
Baden-Baden les élégantes et les élégants de Londres
ou de Paris.

VIII.

Saint-Denis, 13 mai.

Nous sommes revenus de Salazie par le chemin
que nous avions suivi pour y aller. Nous avons retrouvé nos voitures et repris la grande route qui nous
a conduits à Sainte-Rose, d'où nous devions aller
voir l'éruption du volcan et ce qu'on appelle le pays

brûlé. Nous avons pu admirer le volcan, le soir
même de notre arrivée dans l'habitation de madame
Lenoir. Nous avons vu, à une assez grande distance, le ciel éclairé comme par une aurore boréale
et, sur le sommet du piton de la fournaise, une
nappe de lave incandescente ; des jets de feu s'élançaient par intervalles et allaient se perdre dans l'im-
mensité de la nuit. Le lendemain, nous nous sommes
rendus à cheval au pays brûlé. On nomme ainsi la
partie de l'île que parcourt habituellement la lave
dans les éruptions. Nous avons d'abord traversé des
bois touffus, puis nous nous sommes trouvés sur une
hauteur, d'où il nous a fallu descendre par une rampe
escarpée que l'on appelle la rampe du Bois-Blanc.
Nous avions en ce moment une vue pleine de con-
trastes. Derrière nous une épaisse forêt et toutes les
richesses de la végétation, et devant nous une vaste
plaine de laves noires, brunes ou grises, selon que le
refroidissement les avait durcies, à des dates plus ou
moins récentes, dans leur trajet vers la mer ; à notre
gauche s'étendait l'Océan, et à notre droite s'élevaient plusieurs gradins de montagnes et le volcan,
d'où sortait un fleuve de matières en fusion que nous
voyions à une demi-lieue de nous s'avancer avec lenteur, au milieu de nuages de fumée, en consumant

les bruyères et les bois qu'il rencontrait sur son chemin. Quand l'éruption dure longtemps, la lave coule
jusqu'à la mer où elle s'enfonce en sifflant et en faisant jaillir à la fois l'écume et la vapeur.

IX.

Saint-Paul, 14 mai.

Nous nous sommes embarqués ce matin dans le bateau qui fait le service de la poste entre Saint-Denis
et la Possession. Le vent était contraire, il pleuvait. À
peine avions-nous quitté l'embarcadère que la brise
fraîchit et que la mer devint très-forte. Nos douze rameurs noirs nous poussaient vigoureusement à travers les lames qui semblaient à chaque instant devoir
passer par-dessus notre frêle embarcation et la sub-
merger. Les roches escarpées qui forment à cet endroit la côte étaient plus pittoresques que rassu-
rantes. Quand nous fûmes arrivés à ce qu'on appelle
le Gouffre, le vent et la mer devinrent encore plus
mauvais, et nous restâmes quelque temps sans pouvoir avancer malgré les efforts de nos noirs. A quelque distance de là, sur les galets d'une petite anse
nommée la Ravine-à-Malheur, nous vîmes une embar-

cation qui venait de faire naufrage. Les hommes étaient tout mouillés du bain qu'ils avaient pris, et ils s'occupaient à tirer sur le rivage leur bateau défoncé par les rochers. Dans ce moment nous passions au milieu de brisans sur lesquels la mer écumait; nous les longions de très-près et deux fois nous touchâmes. Enfin, après avoir doublé le cap de la Possession, nous aperçûmes la terre basse de la Pointe des Galets; la pluie venait de cesser, le soleil se montrait; nos nègres chantaient un chœur plein d'énergie sauvage et mélancolique, et bientôt notre bateau atteignit le rivage en même temps qu'une autre embarcation partie de Saint-Denis deux heures avant nous; nous avions pourtant mis plus de quatre heures à faire une traversée qu'on accomplit d'ordinaire en une heure et demie.

Un des principaux habitants de Saint-Paul, M. de Laprade nous attendait avec des voitures. Il nous mena sur les hauteurs qui dominent la ville; nous avions sous les yeux, entre la Pointe des Galets et la Pointe Saint-Gilles, une baie en forme de croissant, dans laquelle étaient mouillés plusieurs navires, et la ville de Saint-Paul dont chaque maison, comme à Saint-Denis, est au milieu d'un jardin; puis, au pied des montagnes et suivant les contours de la baie, une vallée traversée par des canaux qui coulent à pleins bords et semée de gigantesques cocotiers qui secouent leurs gracieux panaches sur des champs de riz et de cannes. Nous allâmes aussi voir le Bernica, dont il est parlé dans l'*Indiana* de George Sand. Après avoir suivi à pied un petit sentier, le long d'un ruisseau, nous entrâmes dans un étroit passage entre deux rochers qui surplombaient au-dessus de nos têtes à une très-grande élévation. Le sentier était humide, et on manquait à chaque instant de glisser dans l'eau. Il se terminait au bord d'un lac resserré entre de hautes murailles basaltiques, et dans lequel on entendait tomber, au milieu du silence de cette solitude, plusieurs petites cascades suintant des rochers; l'espace devant nous se rétrécissait dans un lointain obscur entre les roches, et la vue s'y perdait dans les ténèbres sur le cristal mystérieux des eaux calmes et profondes; tandis que, derrière nous, quelques palmiers se détachaient sur les clartés du soleil couchant.

X.

La côte sous le vent a un caractère particulier. On y trouve des habitations plus considérables, des varandes construites en pierre, et même un château, le château du Gault, le seul de toute la colonie. On y est aussi plus attaché aux vieilles idées ; l'abolition de l'esclavage y rencontre plus d'opposition. La nature y est moins riante, mais elle est plus constamment grandiose. Nous avons passé par la Grande-Ravine, lieu sauvage et stérile, environné de roches dépouillées et qui ferait une merveilleuse décoration pour la scène diabolique de la fonte des balles dans le *Freyschutz* de Weber. Enfin, après avoir traversé à gué les cinq bras de la rivière de Saint-Étienne, nous sommes arrivés à Saint-Pierre, d'où nous sommes allés au château du Gault. C'est une grande maison à deux étages, avec une varande à chaque étage, et toute construite en pierres de taille, chose rare à Bourbon. La situation est sévère, dans une plaine sans arbres, au milieu de rizières, avec la mer d'un côté, et de l'autre la montagne. Nous sommes revenus à la Possession par le chemin qui nous avait amenés à Saint-Pierre ; mais là, au lieu de nous remettre en bateau, nous avons pris des chevaux et nous avons gagné Saint-Denis par la ravine de la Grande-Chaloupe. C'est une route peu fréquentée, mais qui offre de beaux points de vue. Il y a surtout un magnifique panorama du haut de la montagne qui domine Saint-Denis.

XI.

Saint-Denis, 20 mai.

Nous partons demain ; nous avons fait hier soir nos adieux à nos amis de la colonie dans le bal donné par la ville de Saint-Denis. On cherche à se rendre compte de nos impressions. On semble craindre que nous n'emportions une opinion défavorable. On se tromperait fort : les créoles de Bourbon ont d'excellentes qualités; ils sont sociables et intelligents ; l'île Bourbon est une île charmante ; elle réunit à une belle nature un climat très-sain, et, depuis l'accroissement que l'on y a donné à la culture de la canne à sucre, elle jouit d'une grande prospérité; son malheur est de n'avoir pas de port. Il y a plu-

sieurs projets ; il y a eu plusieurs tentatives ; espé-
rons qu'un jour viendra où un bon projet aboutira à
une tentative plus heureuse que la précédente. L'île
Bourbon est placée sur la route de notre commerce
avec l'Inde et la Chine ; elle forme par elle-même
dans ce commerce une échelle importante ; elle donne
à la France pour plus de 15 millions de produits, et
elle lui prend pour plus de 10 millions de marchandises ; 150 bâtiments français, d'un fort tonnage, viennent mouiller dans ses eaux. Les recettes de son budget colonial montent à plus de 2,000,000 de francs,
comme celles d'un petit État d'Allemagne ; elle paie
elle-même toutes ses dépenses intérieures, et c'est à
peine si elle coûte à la métropole 700,000 francs
pour les dépenses de souveraineté et de protection ;
tout cela est certainement digne d'attention et d'intérêt. Sa population libre s'élève à près de 50,000 habitants, et sa population totale à environ 110,000.
Elle pourra tirer aisément de l'Inde et de la Chine
des travailleurs libres ; elle a déjà dû le faire depuis
la suppression de la traite, et elle s'en est bien trou-
vée ; il y a tout lieu de croire qu'elle surmontera facilement la crise nécessaire, inévitable de l'émancipation. Ce qui serait à désirer, ce serait qu'un petit
bateau à vapeur la fît communiquer régulièrement

avec Aden ou avec Suez. Elle se trouverait alors à vingt jours de France, au lieu d'en être, comme aujourd'hui, à plus de trois mois. C'est ce que je lui souhaite en échange de l'aimable hospitalité qu'elle nous a donnée.

LIVRE CINQUIÈME.

MALACCA, SINGAPORE, MANILLE.

I.

En mer, 12 juin.

Nous avons quitté Bourbon le 21 mai; depuis ce jour, nous avons la mousson dans toute sa force. C'est un vent de sud-ouest qui nous pousse vigoureusement vers le détroit de Malacca. La mer est clapoteuse, ce qui nous force à avoir nos sabords fermés. L'air est constamment chargé d'humidité, et il tombe presque tous les jours des déluges de pluie. Nous nous sommes trouvés une fois entre plusieurs trombes : les vagues, attirées par les nuages, les attiraient à leur tour et s'unissaient à eux par des colonnes d'eau ; il n'y avait pas de danger pour des bâtiments comme les nôtres; mais le spectacle était imposant. C'est dans une trombe que fut englouti, avec sa caravelle, le hardi Portugais qui avait découvert le cap des Tempêtes, Barthélemy Diaz.

Peu de jours après notre départ, on cria : « Un homme à la mer! » C'était le chef des gabiers de beaupré, le vieux Kérouel, celui qui représentait si majestueusement le père la Ligne, le jour du baptême. On se hâta de mettre en panne et de descendre une embarcation. Cependant Kérouel était déjà à un demi-quart de lieue en arrière : je l'aperçus tournant le dos à la lame et se maintenant sur l'eau. On lui avait jeté des bouées de sauvetage ; il ne cherchait point à les atteindre. La *Victorieuse* et le *Messager*, à la vue de notre signal, s'étaient arrêtés comme nous ; mais ils se trouvaient à une grande distance. Le malheureux était isolé au milieu des vagues qui sautaient et écumaient autour de lui. Il faut rendre justice à notre équipage : le canot fut promptement descendu et garni de ses hommes, qui ramèrent avec énergie. Un quart d'heure après, le vieux Kérouel était sauvé. C'est la troisième fois qu'il tombe à la mer. Un jour, sur le *Montebello*, une lame énorme, balayant le pont dans une tempête, l'entraîna, lui douzième, et il fut le seul sauvé.

———

II.

En mer, 23 juin.

Le 14 nous avons vu les montagnes de Sumatra.
Depuis ce jour, à chaque instant, on signale une
nouvelle terre, et toutes portent des noms étranges,
Poulo Pera, Poulo Penang, Poulo Jarra, Dinding,
Sambilang : nous entrons dans ce monde fantastique de la Malaisie où l'on trouve encore, comme
dans les contes arabes, l'éclat du luxe et le rayon-
nement des arts à côté de l'anthropophagie, et des
civilisations telles que les décrivait Sindbad le marin. Voici d'abord les montagnes d'Achem, dont le
sultan avait encore, à la fin du siècle dernier,
900 éléphants, 500 eunuques et 300 femmes; ses
éléphants saluaient à merveille, et parmi ses femmes
on comptait vingt filles de rois... malais probablement; l'anarchie dévore maintenant son royaume;
ses grands vassaux veulent être indépendants; on
s'égorge au pied de ces cimes bleuâtres, pendant que
nous filons tranquillement nos six nœuds à l'heure.
Sumatra est la patrie des éléphants, des tigres, des
hippopotames, des boas constrictors, des serpents

et des crocodiles; on y trouve des fleurs qui ont trois pieds de diamètre; il s'y rencontre des hommes aussi petits que des nains, et d'autres qui ressemblent à des singes. Trois volcans y vomissent continuellement la flamme, et à côté des cocotiers et des bananiers s'élève l'upas, le terrible arbre à poison des légendes orientales. Sumatra a trois cents lieues de long: à l'exception de quelques Hollandais qui y achètent du poivre et du gingembre à cent cinquante lieues de nous, on n'y voit que des Malais, et, parmi ces Malais, presque tous sont pirates; beaucoup sont anthropophages. Nous avons depuis quelques jours à notre droite les Syaks et les Battaks. Les Syaks sont pirates, et plus d'un bâtiment de commerce, dans les parages où nous nous trouvons, a reçu leur visite. Ils pillent les marchandises et réduisent en esclavage l'équipage et les passagers. Les Battaks sont civilisés; ils ont des littérateurs, des musiciens, des poëtes; ils ont des tribunaux et une justice; ils sont anthropophages par respect pour leurs institutions. Leurs lois condamnent à être mangés vivants les criminels et les prisonniers de guerre: un voyageur statisticien a calculé qu'en temps de paix il peut en être mangé par an une centaine. Cela fait à peu près deux par semaine.

À Bornéo, chez les Dayaks, un jeune homme ne
peut se marier sans avoir coupé un certain nombre
de têtes; l'homme le plus estimé est celui qui peut
en montrer davantage ; et l'on ne saurait prétendre à
une certaine considération si l'on n'a quarante ou
cinquante crânes dans sa maison. Aussi s'en pro-
cure-t-on de toutes les manières, et par l'assassinat
plus souvent que par une lutte ouverte. Il y a des
gens chevaleresques qui s'associent avec les pirates
en stipulant que dans les prises les crânes seront
pour eux et le reste du butin pour les autres.

Voilà ce que racontent les voyageurs les plus ré-
cents et les plus accrédités, Crawfurt, Rienzi, Dal-
toni. Quand ils parlent de Sumatra et de Bornéo, on
croirait lire les récits fabuleux des conteurs arabes.
Et certainement les Arabes qui, pendant tout le
moyen-âge, avaient le monopole du commerce avec
ces contrées étranges, ont dû jeter dans leurs contes
un reflet de l'impression qu'elles leur avaient cau-
sée.

Au reste, le ciel du détroit semble s'harmoniser
avec ces horreurs. Il ne se passe guère de jour que nous
n'ayons un orage. On dirait une initiation, au milieu
du tonnerre et des éclairs, à cette nature pleine de
mystères. Jamais l'eau de la mer ne s'est montrée

aussi phosphorescente. Quand la frégate court avec rapidité, au bruit d'une forte brise, par une nuit sans lune et par un temps couvert, il semble que le ciel ait quitté les sphères supérieures pour s'étaler sous nos pieds, et nous faire comme une parodie des splendeurs de la voie lactée.

III.

En vue de Malacca, 30 juin.

Ce matin nous avons commencé à voir le cap Rochado et le mont Ophir, et ce soir, à six heures, la brise nous ayant manqué, la *Sirène* a jeté l'ancre à trois lieues de Malacca. Demain matin on s'approchera de la terre ; le commandant doit y faire acheter des provisions, et nous pourrons passer vingt-quatre heures dans cette ville qui a joué autrefois un si grand rôle dans l'histoire commerciale de l'extrême Orient.

Malacca et Calicut étaient au moyen-âge les deux grands entrepôts du commerce des Arabes avec l'Inde, la Malaisie et la Chine. Les Arabes jouaient alors dans les mers orientales le rôle qu'y jouent les

Anglais aujourd'hui. Ils y avaient converti à l'isla-
misme une grande partie des populations qui habi-
tent les côtes et les îles, et leurs négociants y étaient
établis comme ils auraient pu l'être au Caire ou à
Tunis. L'arrivée des Portugais leur porta un coup
terrible. Ils en comprirent dès le premier moment
toute la gravité. Ce furent eux qui excitèrent le Zamorin de Calicut contre Vasco de Gama et qui les
poussèrent à violer le traité conclu avec le Portugal.
Ils croyaient que l'on aurait bon marché de ces aventuriers, qui venaient de si loin et en si petit nombre. Le Zamorin fut vaincu dans la lutte, et les Mores, forcés de céder l'Hindostan à la suprématie des
nouveaux venus, se retirèrent à Malacca, sur les limites de la mer des Indes et de la mer de Chine,
dans un dernier boulevard. Cependant à la nouvelle
de cet échec, porté à son commerce et à sa puissance, l'Islam s'était ému. Le soudan d'Égypte
voyait avec inquiétude cette croisade d'un nouveau
genre, et qui atteignait, aux sources mêmes, la prospérité du Caire et d'Alexandrie. Il fit construire une
flotte, et, ce qui est fâcheux à dire, les Vénitiens,
dont les intérêts commerciaux étaient alors liés à
ceux de l'Égypte, lui fournirent des matériaux. La
flotte du soudan se réunit à celle du roi de Cambaye;

mais l'invincible valeur des Portugais les détruisit toutes les deux. On croit lire l'Arioste quand on lit l'histoire de cette lutte extraordinaire. Quelques centaines de soldats, commandés par les Gama, les Almeyda et les Albuquerque, ont changé les destinées du monde et ont fait passer aux mains des nations chrétiennes les richesses qui alimentaient la puissance du mahométisme. Les Portugais poursuivirent les Mores partout avec une activité héroïque, et ils comprirent dès l'origine l'importance commerciale des points qui, maintenant encore, sont les clefs du commerce de l'extrême Orient. Arrivés pour la première fois devant Calicut en 1498, ils dominaient en 1511 sur le littoral de l'Inde occidentale, et ils résolurent de s'emparer de Malacca. Les Mores y avaient concentré leurs derniers efforts et leur dernière espérance; le roi de Pahang et la plupart des princes musulmans de la Malaisie leur avaient envoyé des secours considérables. Les Portugais rencontrèrent une résistance opiniâtre, et leur victoire fut baignée dans des torrents de sang. Peu après ils poussaient jusqu'à la Chine et obtenaient de l'empereur la permission de s'établir à Macao.

Ce qui rend le succès des Portugais véritablement admirable, c'est qu'ils n'eurent pas toujours à lutter contre des ennemis moins bien armés qu'eux ; la flotte du soudan avait de l'artillerie ; puis, après la chute de l'empire des Mamelucks, ils eurent à combattre les Turcs qui, à cette époque, faisaient trembler l'Europe. Quand Soliman-le-Grand eut conquis l'Égypte, il voulut aussi rendre au commerce du Caire et d'Alexandrie son ancienne splendeur. Soliman-Pacha partit de Suez en 1538 avec soixante-seize bâtiments et alla mettre le siége devant la ville de Diu, que pressait également du côté de la terre Koja Giaffar, général du roi de Cambaye. Il fut forcé de se retirer honteusement et fut étranglé à son retour pour prix de sa défaite. C'était comme un présage de la bataille de Lépante, qui eut lieu trente-trois ans après. Diu fut assiégé deux fois, et chaque fois victorieusement défendu par une poignée d'hommes, commandés par deux héros, Silveira et Mascarenhas et animés par un prêtre, del Casal, qui se tenait au milieu d'eux le crucifix à la main. Quand, un siècle après, les Hollandais s'emparèrent de Malacca, ce ne fut pas la bravoure qui fit défaut aux Portugais ; ce fut la vertu. Un gouverneur corrompu livra la ville ; les soldats trahis s'obstinèrent à se battre et se firent presque tous tuer.

Malacca a été cédé à l'Angleterre, en 1825, par un

traité d'échange ; il forme avec les îles de Poulo Penang et de Singapore ce qu'on nomme le gouvernement des détroits. Par ce traité, les Hollandais se sont réservé les possessions qui dominent le détroit de la Sonde ; les Anglais celles qui les rendent maîtres du détroit de Malacca ; ces deux détroits sont les canaux de la navigation entre le monde occidental et l'Indo-Chine. Le détroit de Malacca a pour l'Angleterre l'avantage d'unir immédiatement le golfe du Bengale à la mer de Chine.

IV.

En vue de Malacca, 30 juin.

Hier, à cinq heures du matin, on a senti venir la brise de terre ; on a levé l'ancre et la *Sirène* s'est dirigée vers Malacca en courant des bordées. Le temps était charmant, quoiqu'un peu brumeux. On apercevait les maisons rouges de la ville, au milieu d'une bande verte de cocotiers ; sur une colline, derrière les maisons, s'élevaient quelques fortifications et un mât de signaux ; au-delà l'œil se perdait dans une immense plaine, toute couverte d'arbres, jusqu'aux montagnes dont les lignes bleues ondulaient dans le fond, et sur lesquels courait un léger brouillard ; le mont Ophir était noyé dans la brume. A neuf heures, la frégate laissa tomber son ancre. Elle se trouva tout-à-coup entourée de pirogues malaises qui apportaient des cocos, des bananes et de petites perruches dans des cages de joncs.

Dès que le canot major eut été mis à la mer, je m'y jetai pour aller voir cette terre tant désirée. Le peu de profondeur de l'eau avait forcé la frégate à mouiller assez loin. Nous avions une bonne lieue à faire. A peine avions-nous parcouru le tiers du chemin, qu'un orage nous arriva. On força de rames, mais on s'aperçut que l'eau devenait moins profonde, et presque aussitôt l'embarcation toucha le fond. Le vent fraîchissait ; les lames nous couvraient d'eau ; heureusement des pirogues malaises se trouvaient dans nos environs. J'en appelai une ; La Hante et Macdonald, et un ou deux autres impatients en firent autant, et nous arrivâmes à terre moitié en bateau et moitié sur les épaules des Malais.

Une fois sur le rivage, nous nous trouvons dans un monde qui n'a rien d'européen ; partout où peut s'étendre notre vue nous n'apercevons que des visages jaunes, ou de couleur chocolat, des robes, des turbans, ou de larges chapeaux de bambou, de petites maisons perchées sur de grands pieux, des toits aux bords retroussés à la mode chinoise. Cependant près de nous quelques maisons basses ont des varandes comme à Bourbon ; mais sous ces varandes se tiennent des Hindous, avec de longues robes, un bonnet sur leur tête rasée, le teint olivâtre et la barbe au menton. Je parle à un de ces Hindous ; il me répond en mauvais anglais ; je lui demande s'il y a des hôtels à Malacca ; il me répond qu'il va me faire conduire à l'hôtel ; il fait signe à un Malais que je suis tranquillement.

J'arrive à quelques pas de là sur une place près d'une petite rivière qui jette dans la mer une eau jaunâtre et où sont mouillées quelques proas malaises et une barque chinoise ; mon Malais me mène à une maison qui a une physionomie un peu plus européenne que les autres. J'entre, je monte un escalier ; je trouve un Hindou qui ne me comprend pas et me fait signe de parler à un gentleman en habit noir qui s'avance vers moi avec la plus grande politesse. Je lui demande en anglais si je peux avoir une chambre ; il me regarde d'un air étonné ; je réitère ma question, croyant ne pas être compris. Il me répond en fort bon français que je ne trouverai pas de chambre à louer à Malacca. Je lui dis que l'on m'avait amené

dans sa maison, comme dans un hôtel. Il m'apprend
que cette maison est l'hôtel du gouverneur et qu'il
est le secrétaire du gouverneur. Alors moi de me con-
fondre en excuses, qu'il accueille de très-bonne
grâce. Il fait plus; il ordonne à un domestique en
robe et en turban de me conduire dans une maison où
il pense que je pourrai me loger. Je rencontre, chemin faisant, Xavier Raymond qui avait déjà parcouru
une partie de la ville sans pouvoir trouver un gîte ni
un déjeuner. Il se joint à moi; nous entrons dans la
maison indiquée; on refuse de nous y recevoir, sous
prétexte qu'il s'y trouve des femmes, et en effet nous
voyons deux pudiques musulmanes, l'une de 70 ans
et l'autre au moins de 40 qui se sauvent à notre aspect
en se cachant le visage. Impossible de trouver dans
toute la ville un café, une taverne, une auberge, une
boarding house, ou une casa de huespedes. — « Que
voulez-vous? me dit un marchand, à qui je manifes-
tais mon étonnement, il ne vient jamais ici d'étrangers. » Le fait est qu'il y vient fort peu de bâtiments
de commerce, encore moins de bâtiments de guerre
et que les officiers ou les subrécargues de ces bâtiments font comme nous avons été forcés de faire; ils
dînent et couchent à bord.

La ville de Malacca présente un aspect tout-à-fait

original. On n'y voit guère d'Européens; il y en a
fort peu, un faible reste des dominations hollandaise
et portugaise, et le hasard a fait que, pendant la
journée que j'y ai passée, je n'en ai vu que trois, le
secrétaire du gouverneur et deux jeunes officiers en
habits rouges. Les troupes de la garnison sont des
Indiens, des Cipayes, qui ne parlent même pas anglais, et encore sont-elles très-peu nombreuses. Le
temps n'est plus où Malacca était attaqué tous les
ans par le sultan d'Achem. Les Portugais y avaient
alors une citadelle qui a été détruite; ils y avaient
aussi une église qui est tombée en ruines; on l'a
remplacée par une petite chapelle dont l'architecture
n'a aucun caractère. La ville est presque exclusivement malaise et chinoise.

Quand j'eus passé le pont de bois qui traverse la
rivière, je me trouvai dans une rue, où je fus saisi
tout d'abord d'une odeur désagréable, et où se pressait une populace vêtue d'habillements sales, mais
pittoresques. Ici des Malais à la poitrine nue, à la
tête couverte d'un mouchoir, aux lèvres rouges de
bétel, avec leur kriss à la ceinture, et de larges pantalons de coton rose ou vert pomme; là des Hindous
avec leurs turbans et leurs tuniques flottantes, et, ce
qui nous frappait plus que tout, des Chinois avec

leur tête rasée; leur longue queue, leur face jaune,
le sourire sur les lèvres et l'éventail à la main. Les
maisons malaises sont sur de grands pieux de bambous; elles ont l'air d'être sur des échasses; on y
monte avec des échelles; ce sont les plus misérables:
les plus civilisées sont les maisons chinoises. Il y en
a qui probablement ne seraient pas trop dédaignées
dans les villes du céleste Empire. Les boutiques ont
des auvents au-dessus des portes et des écriteaux en
grands caractères. Nous entrons dans quelques-unes;
nous y trouvons invariablement une peinture représentant un gros personnage à moustaches et devant
lequel brûlent une petite bougie et un bâton de mauvais encens. Ce parfum très-peu agréable est accompagné d'une odeur exhalée par une espèce de fruit,
le durian, très-commun et très-estimé ici et qui a
exactement le goût d'un fromage de Hollande.

La mosquée musulmane, à l'usage des Malais, est
d'une grande simplicité et n'offre rien de remarquable; il n'en est pas de même de la pagode chinoise;
elle est très-coquettement peinte et décorée avec une
certaine recherche; elle s'élève au milieu d'une cour;
deux lions de forme fantastique ouvrent de gros yeux
et montrent d'énormes dents au haut de l'escalier et

dans l'intérieur une quantité d'images y attendent les hommages.

Nous allons aussi voir le bazar, c'est une rue étroite, et bordée de boutiques; on y vend depuis des durians et des poissons jusqu'à de l'eau de Cologne de Jean-Marie Farina, dans des boîtes françaises. Nous sommes poursuivis par des marchands de cannes en jonc et d'armes malaises. C'est la seule production locale que l'on puisse acheter. Nous faisons donc une provision de joncs blancs, jaunes ou bruns, de kriss, de kampilans, de fers de lance, de sarbacanes en bambous et même de flèches empoisonnées. Les Malais qui nous vendent toutes ces choses probablement plus cher que nous ne les achèterions à Paris, ont les dents noires comme du charbon et distillent sans cesse le jus couleur de sang des feuilles du bétel.

On est frappé de ne voir aucune femme dans la ville; pourtant les rues sont encombrées d'une population nombreuse qui nous regarde avec curiosité, mais sans être incommode. En revanche il y a des nuées d'enfants; on en voit jouer aux billes, absolument comme les enfants d'Europe, sauf que leurs billes, au lieu d'être de pierre ou d'agate, sont des noyaux de fruits. Nous apercevons devant une maison plusieurs tables couvertes de poissons, de volailles, de gâteaux et de confitures. De gros Chinois mangent et boivent ; d'autres prennent leur part et l'emportent. C'est un repas d'enterrement. Le cimetière chinois de Malacca a une telle réputation que tous les Chinois du détroit, quand leur fortune est faite, viennent y finir leur jours, afin de pouvoir s'y faire enterrer.

Après une promenade sur la colline où s'élève le mât des signaux et d'où l'on domine les plaines boisées qui s'étendent jusqu'aux montagnes, je reviens avec Macdonald, souper et coucher à bord de la frégate, l'imagination remplie de ces figures étranges ou sauvages, et de cette première apparition d'un monde tout-à-fait en dehors de nos civilisations européennes. Tel est l'effet que produit aujourd'hui ce célèbre Malacca. Il est vrai qu'il a perdu toute son importance commerciale depuis la fondation des établissements de Singapore et de Poulo Penang. On ne le garde guère que pour ne pas abandonner à un ennemi un poste important sur le détroit. En outre, comme il a été autrefois le siège de l'empire malais, il donne à ses possesseurs un grand prestige moral, non-seulement sur les États malais de la péninsule, mais encore sur ceux de Sumatra ; puis il approvisionne Singapore de volailles, de bestiaux, de fruits et de légumes, et il sert de port de rafraîchissement aux vaisseaux de guerre anglais.

V.

Singapore, 8 juillet.

Le 4 juillet, nous sommes arrivés en vue de Singapore. Nous avions autour de nous une infinité d'îles, les unes plates, les autres montagneuses, toutes couvertes de la plus magnifique végétation. La rade de Singapore était pleine de bâtiments. Il y en avait de tous les pays, et, à côté des pavillons d'Europe, on voyait flotter les banderolles de la Cochinchine et de Siam. Des jonques chinoises étaient mêlées aux proas des Moluques. C'était un spectacle curieux et animé que celui de ces navires qui réunissaient toutes les formes inventées par l'art de la navigation, et dont les équipages appartenaient à tant de races diverses.

L'île présentait une surface peu accidentée, mais un aspect riant et fertile. Une colline parsemée de maisons de campagne s'élevait derrière la ville, qui semblait très-grande et très-bien bâtie. De belles fo-

rêts se développaient à l'horizon. Une corvette française, la *Sabine*, était en rade. Le commandant
M. Guerin vint à bord de la *Sirène*, et nous apprit
qu'un steamer anglais, dont nous voyions s'élever
la fumée près de nous, allait conduire en Angleterre
sir Henry Pottinger, le négociateur du traité de Nankin. M. de Lagrené ne pouvait pas le laisser partir
sans avoir cherché à le voir. Il m'emmena avec lui à
bord du steamer, et sir Henry Pottinger eut la courtoisie de retarder son départ de quelques heures.

Dès que cette visite fut terminée, je me jetai dans
une embarcation et je me fis conduire vers la ville.
Je passai devant une batterie de canons établie sur
un promontoire, et j'entrai dans une rivière bordée
de beaux quais, avec des grues armées de poulies et
des escaliers, et sillonnée de bateaux qui venaient
apporter, devant la porte des magasins bâtis sur la
rive, des marchandises venues de tous les points du
globe. Une foule immense se pressait sur les quais ;
il y avait de tous les costumes et de toutes les nations : l'Européen, l'Indien, le Boughi, le Javanais,
le Chinois, le Cochinchinois, le Siamois, le Tonqui-
nois, s'agitaient, couraient, gesticulaient, criaient ;
c'était comme une émulation de travail et d'activité ;

on aurait dit cette Salente dont il est parlé dans Télémaque.

On me débarqua sur le môle, auprès d'un pont de bois ; des porte-faix malais s'emparèrent de mes bagages et on me mena dans un hôtel, tout percé de larges fenêtres avec des jalousies vertes, à travers lesquelles la brise circulait à l'aise, tandis que la vue s'étendait sur la rade couverte de vaisseaux. Il y avait là un mélange des costumes et de la nature de l'Orient, avec les recherches de la civilisation occidentale, lequel révélait tout d'abord le génie anglais.

Je trouvai à l'hôtel Marey-Monge qui m'y avait devancé. Il était en pays de connaissance ; il est déjà venu ici une fois à bord de l'*Érigone*. Je me lançai avec lui dans la ville marchande. Il y a des rues européennes, des rues indiennes et des rues chinoises. On y voit de larges entrepôts, de riches magasins, des boutiques où le même marchand, qu'il soit coiffé du turban de l'Inde ou affublé de la longue queue chinoise, vend à la fois des bottes et des armes, des paletots, des éventails, du savon de Windsor, des cigares, des peintures sur papier de riz, des crêpes de Chine, des coffrets de laque, des étuis de bois de sandal, des fromages de Chester, des porcelaines et du vin de Champagne. Marey me conduisit chez le fameux Whampoa, dont l'établissement a l'air d'une exposition de produits de l'industrie. J'y achetai, entre autres choses, des fourreaux d'éventails qui viennent du nord de la Chine. Nous allâmes aussi dans la ville chinoise. La pagode y est très-élégante; elle est construite sur le bord de la mer, et on y voit une profusion de dragons et de magots, un bariolage de couleurs, un éclat de vernis, un dévergondage de porcelaines qui donnent une haute idée de la richesse des émigrés du céleste Empire. Dans la ville anglaise, les rues sont larges; les maisons, bâties en briques, sont entourées de jardins, et les varandes, ornées de colonnes, ont l'air de portiques.

A mon retour à l'hôtel, j'appris que le consul des États-Unis, M. Ballestier, qui avait offert sa maison à M. et à madame de Lagrené, avait eu l'aimable idée de me comprendre dans son invitation. Un palanquin m'attendait à la porte. Un palanquin à Singapore est une boîte longue et étroite, avec des persiennes et des rideaux, mais portée sur quatre roues et attelée d'un cheval. Un saïce indien court en avant comme font les zagals d'Espagne, et excite l'animal du geste et de la voix. Je sortis de la ville ; je traversai des champs plantés de muscadiers, de cotonniers et de cannes à sucre, et j'arrivai près du village de Campon-Glan à la villa du consul américain.

C'est une charmante habitation; une grande varande, quatre jolis salons en enfilade, une riche bibliothèque, un piano, de la musique, voilà pour la maison où j'ai une chambre bien aérée, avec la vue du jardin. Les domestiques sont des Hindous et de jeunes Chinois. Quant à nos hôtes, il est impossible d'avoir un caractère plus bienveillant et plus facile que M. et madame Ballestier. M. Ballestier, établi depuis longtemps dans l'île, où il a fait de grandes plantations de cannes à sucre, joint à un esprit distingué une connaissance parfaite du mouvement commercial dont Singapore est le centre, et qui met en relation d'échanges les deux hémisphères, depuis les États-Unis et l'Angleterre, jusqu'à l'Océanie et la Chine.

VI.

Singapore, 15 juillet.

Le climat de Singapore est très-agréable; l'année n'y est pas divisée en saison sèche et en saison pluvieuse, mais tous les jours une pluie d'une ou deux heures vient arroser la terre et rafraîchir l'air, qui est d'ailleurs tempéré par la brise marine. On y vient de Calcutta et de Madras pour s'y remettre des maladies causées par le climat de l'Inde. Les fruits y sont excellents; les ananas, les oranges, les bananes, les mangoustans ne sont nulle part aussi savoureux que dans le détroit de Malacca. Les trois quarts de l'île sont encore en forêts vierges; mais les environs de la ville sont très-bien cultivés et couverts de fermes et de maisons de campagne. Les routes, bordées d'arbres, traversent des champs de cannes à sucre ou des plantations de gambiers ou de poivriers. Ce sont les Chinois et les Hindous que l'on emploie à l'agriculture. Les Chinois sont renommés pour le jardinage. Ils viennent généralement du Fo-Kien; ils arrivent pauvres et misérables, au point souvent de ne pouvoir pas payer leur passage. On leur en fait l'avance en échange d'un engagement d'un an. Cette avance ne dépasse guère dix dollars; on y ajoute cinq dollars à la fin de l'année. On les nourrit avec du poisson et du riz, ce qui peut bien coûter un dollar et demi par mois; le travail d'un Chinois, dans cette catégorie, revient à trente-trois dollars, ou environ cent quatre-vingt-dix francs. Ceux qui n'ont pas besoin de s'engager pour payer leur passage, reçoivent

trente-neuf dollars et se nourrissent eux-mêmes.
On a calculé que le prix moyen du travail esclave
est de cinquante-quatre dollars par an ; il y a donc
une économie de quinze dollars (environ quatre-vingt-
cinq francs) par an dans le travail libre tel qu'il est
constitué à Singapore.

Nous sommes allés faire une promenade sur la rivière de Rangoun. Elle s'enfonce dans les bois ; les
bords en sont très-bas et elle déborde sous les arbres. Les mangliers allongent leurs grosses racines
sur l'eau que leur feuillage couvre d'une ombre
épaisse. Notre barque glissait doucement dans cette
solitude au milieu d'un silence qui n'était interrompu
que par le gazouillement des oiseaux et par le cri
des singes que nous voyions à notre approche sauter
dans les branches.

Le point culminant de l'île est le Bouké-Tima.
C'est un mamelon peu élevé et dont l'ascension n'est
pas difficile. Nous y avons déjeuné sous une sorte de
hangar couvert en chaume, et d'où nous avions la
vue de toute l'île, qui a une forme elliptique et environ cinq lieues de large sur dix de longueur. On
apercevait, à l'extrémité du grand massif de forêts,
la ville de Singapore et son oasis de plaines culti-
vées, la rade, les bâtiments, le groupe des petites

îles, puis d'un côté, séparée seulement par un étroit canal, la presqu'île de Malacca, et de l'autre, dans le lointain, les hautes montagnes de Sumatra.

Singapore, située au centre de la Malaisie, offrirait à un naturaliste ou à un peintre de grandes facilités pour étudier ces races de l'archipel indien, qui mêlent d'une façon si émouvante la barbarie à la civilisation, et dont les costumes, les mœurs, les habitations, ont un caractère si original. Je regrette que les gouvernements de l'Europe ne prélèvent pas sur leurs budgets annuels quelques milliers de francs pour envoyer des paysagistes de talent dans les différentes zônes des régions tropicales et initier la peinture moderne à ces merveilles d'une nature qui n'a pas encore trouvé d'interprètes. Singapore ne présenterait pas de scènes grandioses, mais on y verrait groupés, dans des proportions moyennes, des personnages très-pittoresques, au milieu d'une végétation et d'une architecture qui sont parfois ensemble dans un singulier rapport d'harmonie. J'aimais à me diriger quelquefois du côté de la ville malaise. Elle est située à l'embouchure d'une rivière, sur un terrain en partie inondé à marée haute. Les maisons, construites en bois, ont l'air de grandes corbeilles posées sur de longs pieux de bambous ; les canards, les poules et les animaux de basse-cour ont leur domicile sous cet abri rustique, à moins que les pieux ne trempent dans l'eau, et alors c'est le bateau qui les remplace, avec ses accessoires de navigation et de pêche; de gracieux bouquets d'arbres à l'épais feuillage, ombragent la maison perchée elle-même sur des tiges d'arbres et recouverte d'un toit de feuilles.

A côté des Chinois aux yeux obliques et des Malais à la démarche vive et souvent farouche, on remarque le type calme et plein de noblesse des Hindous. Ils vivent à Singapore comme ils vivraient dans l'Inde et ils y suivent les pratiques de leurs castes avec la plus scrupuleuse exactitude. Ils y ont apporté leurs divertissements nationaux, et hier soir M. Ballestier nous a donné dans son jardin, le spectacle d'un drame représenté par des coolis malabares. Une illumination brillante éclairait le gazon qui servait de théâtre. Un rideau suspendu entre deux piquets tenait lieu de coulisse et cachait les acteurs pendant leurs travestissements. Il n'y avait que des hommes dans la troupe et les plus jeunes jouaient les rôles de femmes. La musique était bruyante, mais les costumes étaient magnifiques. Il y avait des bonnets qui avient bien deux pieds de hauteur et des robes chargées des plus brillants oripeaux. On débuta par une

parade qui fut exécutée par des équilibristes et des
joueurs de bâton. Puis la pièce commença ; c'était un
sujet du genre tragique : un rajah et sa femme se dé-
solaient de ne point avoir d'enfants ; un fakir leur
promettait un fils, mais à la condition que le jour de
la naissance ils lui donneraient ce qu'il leur de-
manderait. Le rajah lui en faisait le serment et lui
remettait un anneau comme gage de sa foi. A l'acte
suivant le fils venait au monde, et d'une façon assez
naïve, car on entendait crier derrière le rideau la
femme du rajah. On apportait le nouveau-né, et le
père s'abandonnait à sa joie avec ses courtisans, lorsque le fakir, faisant son entrée, rendait au rajah son
anneau et lui demandait en échange sa femme et son
fils. C'était alors un grand désespoir avec accompagnement de cymbales et de hautbois. Tout cela
était psalmodié sur un ton assez monotone, avec des
balancements de corps et des trépignements de pieds ;
on aurait dit un mélange du chant et de la danse ; de
temps en temps il y avait comme des chœurs dans
lesquels tous les acteurs récitaient et trépignaient à
la fois, et les cymbales et les hautbois ne cessaient de
marquer le rhythme et de soutenir les voix par une
musique continuelle. Après la tragédie vint une pièce
bouffonne dont le principal personnage contrefaisait

un dandy, avec un grand chapeau blanc, une veste blanche, un parapluie et des souliers vernis; il faisait allumer son cigare par son groom, et au lieu d'argent, lui donnait une poignée de main.

VII.

Singapore, 16 juillet.

On ne peut avoir séjourné quelque temps à Singapore sans avoir été voir des fumeurs d'opium. Je m'y laissai donc entraîner un soir. Les maisons anglaises, qui longent la pelouse, sur le bord de la mer, jetaient la lueur des bougies et des lampes par les fenêtres ouvertes; la ville européenne prenait le thé après la promenade; le dernier boggy et le dernier palanquin étaient rentrés; la pelouse était déserte; je traversai la rivière et j'allai dans la ville indienne. Les rues en étaient vivantes et animées; des lanternes de diverses couleurs égayaient la nuit; des Hindous et des Malais, accroupis sous les arcades, fumaient leurs narghilés; des escamoteurs et des sorciers prédisaient l'avenir, faisaient des tours de muscade, et montraient des poules savantes et des coqs affublés d'une

patte de canard ; il y avait partout des groupes attentifs ou bruyants et, dans quelques boutiques éclairées, des Chinois animés par la soif du gain travaillaient comme au milieu du jour. Nous arrivâmes
dans la rue où sont les *opium shops;* ce sont les débits d'eau-de-vie de l'Indo-Chine. Nous entrâmes
dans un de ces bouges, comme les voyageurs en
France, qui, après avoir lu les *Mystères de Paris*, se
croient obligés de visiter les tapis francs de la Cité.
Le marchand d'opium, qui était un Chinois, était assis devant une table. Il avait devant lui un pot rempli
d'une pâte brunâtre, des balances, une machine à
compter, des pipes dont le tuyau ressemblait à une
flûte, et dont la cheminée, d'une forme particulière,
était presqu'au milieu du tuyau ; et tous les ustensiles, les ciseaux, les longues aiguilles, la petite
lampe, qui servent à disposer et à allumer l'opium.
Notre guide nous introduisit dans la salle où étaient
les fumeurs. Elle était entourée de couchettes en bois,
dans le genre de celles que l'on voit dans un corps de
garde. Il s'y trouvait déjà quelques Chinois. La fumée qui s'échappait de leurs pipes répandait une
odeur insupportable. Les uns se relevaient de temps
en temps pour aspirer une nouvelle bouffée ; d'autres, accroupis et les mains croisées autour des ge-

noux, nous envoyaient des regards stupides ; il y en
avait un qui était étendu, raide comme un cadavre,
avec de grands yeux blancs ouverts ; un autre était
pelotonné sur lui-même, rouge et défiguré, semblable à un mannequin de carnaval, qu'on aurait jeté
au rebut dans un coin, le lendemain du mardi gras.

Le spectacle était hideux, l'odeur nauséabonde ;
rien ne donnait l'idée de ces rêves paradisiaques qui
transportent l'esprit, sur des ailes d'azur, dans des
régions de délices ; je me hâtai de sortir de ces re-
paires infects, où toute une population de travailleurs, vient, avec l'autorisation du gouvernement, en-
gloutir ses forces et sa raison dans un honteux naufrage, mais qui, après tout, ne sont guère plus désas-
treux que ces cabarets, où à chaque coin de rue,
dans nos villes d'Europe, l'eau-de-vie empoisonne et
assassine impunément, en payant patente.

VIII.

En mer, 17 juillet.

Il y a vingt-cinq ans, en 1819, Singapore était
comme les petites îles du détroit, un nid de pirates.

Quelques cabanes malaises s'élevaient au bord de la mer, sur la lisière de la forêt habitée par les singes et par les tigres. Sir Stamford Raffles, qui cherchait pour l'Angleterre, après la restitution de Java à la Hollande, un poste avancé dans les mers de Chine, comprit avec une rare justesse de coup d'œil l'importance de cette position. L'île fut achetée au sultan de Johore et on résolut d'y appliquer les principes les plus avancés de l'économie politique. On l'érigea en port franc ; on y attira les étrangers par un régime de liberté et de tolérance combiné avec une justice ferme et rigoureuse, et la population qui était à peine de cent cinquante habitants en 1809, s'éleva en 1824 à dix mille, en 1832 à vingt mille, et elle est de soixante-dix mille aujourd'hui. On ne saurait trouver dans l'histoire d'aucune colonie l'exemple d'un accroissement aussi rapide.

Et pourtant l'agriculture n'y est pas encore très-développée. On commence à peine à s'en occuper et ce sera bientôt une nouvelle source de richesse. L'industrie manufacturière n'existe pas et il est probable qu'elle n'existera jamais. Ce qui fait la prospérité de Singapore, c'est le commerce de transit. La ville est un vaste entrepôt. Plus de trois mille bâtiments de Chine, de Cochinchine, de Siam et de l'archipel malais y apportent chaque année le nankin, la soie, la laque, le nacre, le camphre, les épices, les métaux, le café, le sucre, et y prennent en échange les produits manufacturés de l'Europe et l'opium de l'Inde. C'est une réunion de magasins, où les marchandises d'une moitié du monde attendent les acheteurs de l'autre moitié, et, comme elles ne paient aucun droit ni d'entrée, ni de sortie, ni de tonnage, ni d'ancrage, et que les affaires se traitent sur une échelle considérable, il en résulte que les marchands peuvent à la fois réaliser de gros bénéfices et vendre à des prix peu élevés.

La garnison se compose de cent cinquante Cipayes. Les frais d'administration sont très-peu de chose; et ils sont payés par quelques taxes légères sur la consommation de l'opium, la fabrication de liqueurs fermentées, les jeux, la poste et par une sorte d'impôt foncier nommé *quit rent*.

La tolérance religieuse est complète à Singapore. On y voit, à côté des chapelles protestantes, une église catholique, une mosquée musulmane, un temple hindou et une pagode chinoise. Les missionnaires catholiques y sont protégés et ils y ont un établissement. L'abbé Beurel et l'abbé Fabre qui le dirigent sont de saints prêtres et des hommes très-distingués. C'est un séminaire où l'on élève de jeunes Chinois, qui sont destinés à répandre en Chine la foi qu'ils ont reçue. Nous y avons assisté à une messe suivie d'une cérémonie très-intéressante; la messe était chantée par ces séminaristes à la tête rasée, à la longue queue et aux pommettes saillantes, et on leur a fait subir en latin une sorte d'examen théologique auquel ils ont fort bien répondu.

IX.

Manille, 29 juillet.

La *Sirène* a mouillé le 26 devant Manille. Le soleil venait de se coucher; cependant nous avons pu admirer en arrivant les montagnes qui encadrent l'entrée de la baie, l'île placée comme un bouquet de verdure au milieu du passage et le large bassin de cinquante lieues de tour au fond duquel se dessinent les coupoles et les clochers des églises et des couvents de la ville.

Le lendemain j'allai à terre de bonne heure. M. de Lagrené m'avait chargé de faire une visite au général Claveria qui vient d'arriver d'Espagne en qualité de capitaine-général. Je débarquai sur le môle, dans ce qu'on appelle la ville de guerre. Je trouvai une ville tout-à-fait européenne, avec des fortifications, des remparts, des ponts-levis, des rues larges, macadamisées et bordées de trottoirs, de vastes édifices publics, une douane, des casernes, des couvents, des hôpitaux, des colléges, grands bâtiments à pans carrés et à toits plats, sans ornements d'architecture; des maisons en pierres de taille avec une galerie fermée de chassis à petites vitres d'écaille au premier étage et des églises dans le style espagnol du XVIIᵉ siècle et qui me rappelèrent un peu celles de Madrid. Le palais du capitaine-général est sur une belle place, en face de l'hôtel-de-ville. C'est un édifice d'une grande étendue mais lourd et massif. Il y avait sur la place des officiers en uniforme; je trouvai parmi eux une ancienne connaissance, le capitaine Lémery que j'avais vu autrefois dans l'état-major du brave et infortuné Diego Léon. Le général Claveria me fit le plus gracieux accueil. Il me dit que, quoique M. de Lagrené n'eût pas de position officielle aux Philippines, il croirait cependant remplir les intentions du gouvernement de la reine, en rendant honneur au ministre d'une nation amie et qu'il voulait le recevoir avec le cérémonial usité à l'arrivée des capitaines-généraux. En effet, il donna immédiatement ses ordres, et peu de temps après mon retour à bord de la frégate, nous vîmes approcher une grande barque avec un dais magnifique et une vingtaine de rameurs, c'était la falua du gouverneur qui venait se mettre aux ordres de M. de Lagrené. Un aide-de-camp du capitaine-général, le capitaine du port et un des colonels de la garnison étaient chargés de lui porter les compliments du général Claveria et de lui annoncer que, selon l'usage traditionnel, la municipalité le logerait et le traiterait pendant les premières vingt-quatre heures de son séjour.

Le lendemain à sept heures du matin, nous nous assîmes sous le dais de la falua que les rameurs entraînèrent rapidement vers la ville. Une foule immense était réunie au débarcadère; les navires étaient pavoisés; les canons tonnaient, les cloches sonnaient à toute volée. Nous montâmes dans les voitures du capitaine-général qu'escortait un détachement de cavalerie. C'est avec ce cérémonial qu'on nous mena dans la maison préparée pour M. de Lagrené et où nous attendait un splendide banquet qui fit le plus grand honneur aux traditions hospitalières de la municipalité de Manille.

X.

Manille, 1er août.

L'ancien capitaine-général des Philippins, le général Alcala, n'est pas encore parti, et, par un hasard singulier, il se rencontre que je l'ai connu en 1839, dans les provinces basques, au quartier-général d'Espartero. Je me suis trouvé à côté de lui, il y a deux jours, à un grand dîner chez le général Claveria. Nous nous sommes rappelé nos anciennes relations, et nous avons eu du plaisir à parler à Manille de nos amis d'Espagne. Il y avait à ce dîner une excellente musique militaire, et je remarquai que tous les musiciens étaient des Tagals : on appelle ainsi les indigènes; ils forment une variété de la race malaise. Après le dîner, on alla se promener en voiture découverte sur le glacis. C'est une esplanade qui longe la baie et où il n'y a pas un arbre. On n'y va que le soir pour respirer la brise de mer. J'étais en birlocho, espèce de phaëton du pays, avec l'aide-de-camp du général Claveria, qui me mettait au courant de la société de Manille. Les voitures étaient nombreuses, et en général attelées à la Daumont : on y voyait de très-jolies femmes, et, au milieu du luxe des toilettes, on remarquait la mantille nationale et l'éventail; de fringants officiers de cavalerie paradaient aux portières. Au retour de la promenade, nous eûmes une soirée dans les salons du capitaine-général : on causait comme dans une *tertullia*, avec cette *franqueza* et ce *picante sal* qui ne se trouvent qu'en Espagne. Le craquement des éventails allait son train, et l'on buvait de l'eau fraîche avec des azucarillos, en écoutant la musique qui jouait sous les fenêtres.

Quand on veut de la couleur locale, il faut quitter la ville de guerre par le pont de Binondo et entrer dans la ville marchande. Le Passig, qui sépare les deux villes, est une jolie rivière qui se jette dans la baie. Elle est bordée de maisons avec des jardins où l'on voit souvent une charmante espèce d'arbres aux feuilles jaunes, et il y a près de la rive des cabanes de bambous qui servent à prendre des bains. Chaque maison a son jardin, ses arbres jaunes et sa cabane; puis ce sont les pirogues tagales avec leurs balanciers, les gondoles avec leurs tentes, les bancas avec leurs courtes rames, semblables à des nageoires; les radeaux de pêcheurs avec leurs longs filets; et, sur la chaussée du pont, les Chinois avec leurs parasols, les Ilocos avec leurs manteaux de paille en forme de ruches, et les Tagals avec leurs chemises de toile de bananier par-dessus leurs pantalons et leurs souliers à grandes boucles. Une fois arrivé dans la ville marchande, qui a du reste cent quarante mille habitants, tandis que la ville militaire n'en a que dix mille, on trouve le mouvement d'un port de mer uni à la diversité des costumes et des races de l'archipel indien. Des canaux sillonnent la ville et y font circuler la navigation. Les habitations malaises s'y mêlent aux maisons des négociants anglais ou américains, et un faubourg chinois s'étend sur le bord de la rivière. Les Chinois sont nombreux à Manille, on en compte environ soixante-dix mille; ils y sont même un danger, et deux fois ils se sont insurgés contre le gouvernement. La première fois ils avaient formé le complot d'assassiner les Espagnols et de livrer l'île au pouvoir de leur empereur. Le complot fut révélé au curé de Quiapo par une femme Tagale mariée à un des conjurés. Les deux révoltes furent comprimées, et depuis longtemps cette population est tranquille; mais on a vu ce qu'elle peut faire, excitée et disciplinée par ses sociétés secrètes.

Les couvents sont dans la ville militaire. J'en ai visité deux, un couvent d'Augustins et un de Récollets. L'église des Récollets est très-riche, et les moi-

nes ont, de leurs fenêtres, un très-beau panorama de
la ville et de la baie. Ce sont les moines qui ont converti les indigènes de l'île Luçon. On trouve encore
sur la côte orientale et dans les montagnes de l'intérieur quelques peuplades sauvages, et même anthropophages, qui mènent dans les forêts une existence
errante et indépendante. Une de ces peuplades, les
Négritos, appartient à cette race de nègres nains, qui
correspondent sous l'équateur aux Lapons du pôle.
Mais la grande masse de la poplation indigène a été
convertie au catholicisme. On compte environ deux
millions de Tagals ou de métis soumis à l'Espagne
et catholiques. Le clergé se recrute depuis longtemps
parmi les indigènes, et il y a dans l'île plus de deux
mille curés de race tagale. Ce résultat a été obtenu
sans cruautés, sans mauvais traitements, par la seule
force de la persuasion et par l'action pénétrante de
la charité. On peut dire que c'est le catholicisme
qui a conquis l'île Luçon à l'Espagne, et que c'est
encore lui qui la lui conserve. Il n'y a pas de colonie
où la race vaincue se soit unie à ses envahisseurs par
des liens aussi étroits. Dans les deux révoltes des Chinois, les Tagals firent cause commune avec les Espagnols, et en 1762, quand les Anglais s'emparèrent
de la ville de Manille, toute la population de l'île,

formée en guérillas et commandée par un chanoine, resta fidèle à l'Espagne et finit par bloquer étroitement dans la forteresse la garnison anglaise, qui allait capituler quand arriva la nouvelle de la paix de 1764. Le gouvernement espagnol nomma le chanoine Anda capitaine-général, et c'est un des meilleurs qu'aient eus les Philippines. Le dimanche les Tagals remplissent les églises du Binondo, et c'est une chose curieuse de les voir mêler à tous les signes d'une piété sincère les anciennes habitudes de leur vie sauvage : ainsi les femmes, agenouillées sur les dalles, mâchent leur bétel comme des Dayaks et prient avec des lèvres qui semblent distiller du sang.

XI.

Manille, 5 août.

Je suis allé voir, il y a quelques jours, le général Alcala, dans la maison qu'il habite sur les bords du Passig. Le jardin descend jusqu'à la rivière : il est ombragé de pamplemousses et d'un arbre charmant que l'on nomme yang yang, et dont les fleurs répandent au loin une odeur délicieuse. Une cabane, plantée dans l'eau sur des piquets de bambous, permet-

tait de prendre des bains à l'abri du soleil et des caïmans; car il y a des caïmans dans le Passig; il y en a
même beaucoup et d'énormes; et ils dévorent, selon
l'occasion, les chiens, les chevaux et les hommes. Je
ne fus donc pas fâché de pouvoir me baigner derrière
cette barrière. Cela me rappela la baie de Rio-Janeiro,
où j'allai nager un jour avec quelques officiers de la
Sirène. Nous avions autour de nous quatre embarcations à la mer; les matelots faisaient grand bruit
avec leurs rames, et quand un de nous s'éloignait un
peu, on lui criait de prendre garde aux requins.
Quelque plaisir qu'il y ait à nager dans une mer
bleue et fraîche, quand il y a dans l'air 35 degrés de
chaleur, c'est là une émotion qui en gâte un peu le
charme.

Le Passig n'a pas un cours bien long, mais c'est
une très-jolie rivière. Nous l'avons remontée tout entière en quelques heures, jusqu'au lac Bahi, dans de
longues pirogues où l'on était commodément couché
sur des nattes, avec un petit toit de bambous au-dessus de la tête et de grands balanciers à droite et à
gauche pour nous empêcher de chavirer. C'était une
navigation très-pittoresque. Une infinité de barques
dans le genre des nôtres sillonnaient l'eau dans tous
les sens. Les bords étaient ombragés de touffes d'ar-

bres et de temps en temps une maison malaise se
montrait au milieu des palmiers, perchée sur ses
échasses. Nous avons déjeuné dans le bourg de Passig, chez l'alcade qui est un Tagal. Après le déjeuner
nous sommes montés sur une hauteur d'où l'on avait
une vue assez étendue. Le bourg, qui n'est habité
que par des pêcheurs, est situé à l'endroit où la rivière de San-Mateo se jette dans la rivière de Passig.
Une petite église était près de nous. Un de mes compagnons de voyage voulut s'asseoir sur une pierre; un
énorme lézard s'échappa d'un trou qu'elle couvrait
très-imparfaitement; dans ce trou était un crâne; les
voyages donnent de terribles goûts de collection;
mon compagnon de voyage songea que c'était un
crâne de Tagal et il l'emporta caché dans son mouchoir de poche. Nous revînmes chez l'alcade où nous
entendîmes chanter des airs du pays. La plupart
étaient d'origine espagnole, mais il y en avait un,
le comintan, qui avait un caractère à part. Au reste,
j'ai vu danser le comintan à Manille. Ce sont des pas
assez semblables à ceux que nous avons vu faire
chez M. Ballestier aux coolis malabares. Je ne serais
pas surpris que le comintan ne fût une importation
de l'Inde. Quelle que soit son origine, l'air est charmant, et d'une expression mélancolique.

En face de Passig et sur le bord de l'eau s'élève une petite pagode construite en l'honneur de saint Nicolas. Il court à ce sujet parmi les habitants à la tête rasée du faubourg de Binondo une légende singulière. Un Chinois naviguait dans une pirogue qui chavira dans la rivière. Un caïman allait le dévorer, lorsque cet adorateur du dieu Fo, par une inspiration étrange, s'avisa, tout en nageant de son mieux, de demander la protection de saint Nicolas. Aussitôt le monstre couvert d'écailles fut changé en rocher et le nageur sauta dessus en faisant le vœu d'y ériger une pagode au saint qui l'avait sauvé. Le vœu fut accompli et chaque année, à la Saint-Nicolas, les Chinois viennent en foule, sur leurs barques, tirer des pétards, brûler de l'encens, frapper sur leurs tam-tams, souffler dans leurs flûtes et brûler leurs papiers dorés en invoquant le saint, comme ils feraient d'un boudha quelconque. Le lac a une trentaine de lieues d'étendue; les rives en sont découpées en plusieurs presqu'îles et d'abord assez basses; du côté de Manille elles s'élèvent dans le fond en montagnes couvertes de bois. C'est sur une de ces presqu'îles qu'un de nos compatriotes, M. de la Gironière avait formé l'établissement de Iala Iala dont il est question dans plusieurs relations de voyages et dans les *Mille et un Fantômes* d'Alexandre Dumas. Nous aperçûmes les cimes des rochers où il faisait ses chasses aventureuses. Nous ne fîmes qu'une courte promenade sur le lac, puis le courant rapide de la rivière nous ramena promptement vers Manille.

On y jouait ce soir-là sur le théâtre un drame de Gil, il Mercader Flamenco. Gil appartient à cette jeune école qui a renouvelé la littérature espagnole en la retrempant dans la sève nationale. J'avais vu à Madrid plusieurs de ses pièces et elles m'avaient beaucoup intéressé. J'allai donc au théâtre : c'est une maison de bois, une cabane de bambous, qui a l'air au dehors d'une grande chaumière. Mais au dedans la salle ne manque pas d'élégance. Les acteurs sont Tagals et ils ne me rappelèrent pas précisément Roméo ou Guzman ; mais en vérité ils ne jouèrent pas trop mal et j'étais stupéfait de voir des Malais exprimer ainsi les sentiments et les pensées de notre civilisation européenne dans cette belle langue de Lope de Véga et de Calderón.

Nous avons assisté aujourd'hui à un spectacle éminemment malais et qu'on trouve dans tout l'archipel Indien, un combat de coqs. Il avait lieu dans une espèce de cirque ; nous étions dans une loge ; le cor-

régidor y assistait; une foule nombreuse de créoles
et d'indigènes se pressait sur les gradins; on faisait
des paris, comme à nos courses de chevaux, et l'émotion des spectateurs se manifestait, surtout chez les
Tagals, par les cris et les gestes les plus passionnés.
Les coqs étaient vraiment très-braves; dès que les
deux antagonistes s'apercevaient, avant même d'être
à terre et lorsqu'ils étaient encore aux mains de leurs
maîtres, ils agitaient leurs têtes et roulaient leurs
yeux d'une façon tout-à-fait martiale; on leur atta-
chait à chacun une petite lame d'acier à la patte et
ils s'élançaient l'un contre l'autre avec tant de fureur
que plus d'une fois l'un des combattants fut tué presque du premier coup, semblable à un duelliste qui
s'enferre dans l'épée de son adversaire. Nous vîmes
ce qu'on appelle la carambole; c'est un combat de
quatre contre quatre; il y avait quatre coqs jaunes
et quatre coqs blancs; quand un des blancs avait
jeté un jaune sur la poussière, il allait se réunir à
un des coqs de sa couleur et ils se mettaient deux
contre un; quelquefois on ranimait les blessés en leur
versant dans le gosier du vin chaud aromatisé. La
passion du propriétaire des coqs égalait celle des pa-
rieurs et des spectateurs et par moment, à la vue de
ces physionomies ardentes, on aurait pu se figurer

que cette population allait tout d'un coup renaître à la vie sauvage.

XII.

Quand on a passé l'isthme de Suez, on trouve déjà les Chinois partout, à Bourbon, à Maurice, dans l'Inde, dans l'archipel Indien, dans la Malaisie, aux Philippines, et partout ils conservent indélébiles, malgré les croisements, malgré les distances, le type physique de leur race et le caractère moral de leur nation. Emmenez vingt Chinois dans le bois de Boulogne ou dans Hyde-Park; mariez-les à des Françaises ou à des Anglaises; il y aura dans un siècle, aux environs de Paris ou de Londres, un village chinois, tout aussi chinois par ses maisons, par ses pagodes, par la physionomie, par le genre de vie, par le costume de ses habitants, que Nankin ou Pékin. Le type chinois se transmet de génération en génération, malgré le mélange du sang, avec une persistance extraordinaire et les mœurs ou les usages, conservés par une inaltérable tradition, ne se modifient nullement par le contact avec les usages et les mœurs des autres peuples. Joignez à ce fait l'incroyable fécondité de l'espèce, son aptitude à vivre et à se développer sur toutes les terres et dans tous les climats et vous arriverez à cette pensée plus ou moins grotesque que dans quelques siècles la terre sera inondée de Chinois. Et cette pensée pourrait bien devenir une réalité. Leur invasion se fera pacifiquement et sous la bannière du travail. L'esclavage va périr; quand il n'y aura plus d'esclaves, il n'y aura plus de noirs hors d'Afrique; les Chinois les remplaceront. Ils arriveront avec leur soif du gain, leur ardeur au travail, leur force musculaire, leur savoir-faire, leur habileté, leur adresse; mais aussi avec leur passion pour les sociétés secrètes et leur disposition à s'isoler et à former un État dans l'État. Ce sera quelque chose d'étrange et de considérable, mais je le crois fortement, les Chinois sont destinés à combler dans le monde intertropical le vide qu'y fera l'abolition de l'esclavage; on aura besoin d'eux; on les appellera et ils viendront. Maintenant quelle couche de civilisation apporteront-ils avec eux; c'est effrayant d'y songer, s'ils restent ce qu'ils sont et s'ils ne se laissent pas pénétrer par les influences occidentales. Le Chinois, tel que nous l'avons vu, à Manille, à Singapore, à Malacca, est laborieux, intelligent, gai, bon vivant, gros rieur, poli et même complimenteur; mais à côté de cela il est faux, hypocrite, menteur, voleur, égoïste, passionné pour le jeu, pour l'opium, pour les jouissances sensuelles, peu accessible à la pitié, vindicatif, et toujours prêt à ourdir, à l'ombre des sociétés secrètes, quelque complot ténébreux et sanglant. Il est vrai que l'émigration est défendue par l'autorité chinoise et que les émigrants sont loin d'appartenir à la portion la plus élevée et la plus pure de la population du céleste Empire; nous verrons bientôt cette source mystérieuse qui tient en réserve pour les savanes de l'Amérique un flot de travailleurs libres, futurs cultivateurs, sinon conquérants, du Nouveau-Monde.

III.

En mer, 3 août.

Nous avons quitté Manille le 6 août. Le falua du capitaine-général nous a reconduits à bord de la Sirène, et le bruit du canon a accompagné notre départ comme il avait salué notre arrivée. Une courte traversée nous sépare maintenant de la Chine, et, si les typhons ne viennent pas chavirer notre frégate, comme ils ont fait dernièrement de l'*Érigone,* nous

serons dans trois ou quatre jours à Macao. J'emporte
de Manille un souvenir très-intéressant; l'Espagne
s'y retrouve dans les proportions de son ancienne
grandeur; elle y a gardé son caractère catholique;
elle y a fondé une belle colonie en civilisant les indigènes au lieu de les faire esclaves; elle n'a jamais
eu d'esclaves dans les Philippines.

Cet archipel fut découvert par Magalhaês (Magel-
lan) en 1519. Ce fut le premier voyage dans lequel
des navires partis d'un port d'Europe y revinrent
après avoir fait le tour du globe, et donnèrent ainsi
à la science une démonstration pratique de la ron-
deur de la terre. Magalhaês était un Portugais au
service d'Espagne. Fidèle à l'esprit de sa nation, il allait à la découverte, comme à la croisade. Il convertit
le rajah qui régnait dans l'île de Zebu et il fut tué
dans l'île de Mactan en essayant d'amener par des
moyens peu évangéliques les indigènes au christianisme. Il avait donné à l'archipel le nom d'îles de
Saint-Lazare. Elles furent nommées Philippines
plusieurs années après en honneur de Philippe II.
Les Espagnols n'y firent guère d'établissement qu'en
1571. Ce fut d'abord une forteresse bâtie par Legapsi
à l'endroit où est maintenant la ville forte de Manille. Il fallut soutenir une lutte acharnée contre les

rajahs de l'île. Les Tagals formaient une population nombreuse et qui provenait elle-même d'une race conquérante. Les aborigènes appartenaient à cette race noire dont on a trouvé des débris dans plusieurs îles de l'Océanie et de la mer des Indes, et même sur le continent asiatique. Les Oetas ou Négritos que l'on voit encore dans les forêts de l'intérieur sont un reste de ces premiers habitants. La science ethnologique s'occupe de sonder le mystère de ces races nègres qui paraissent avoir été dépossédées jadis par les races cuivrées, comme celles-ci le sont aujourd'hui à leur tour par les races blanches. Pendant assez longtemps l'établissement des Espagnols dans l'île de Luçon se réduisit à la ville de Manille. Leurs soldats avaient vaincu les Tagals; ce furent leurs moines qui les conquirent; et presque partout sur ce vaste territoire de cent soixante-quinze lieues de long et de soixante-quinze lieues de large, les indigènes se rangèrent sous la loi du missionnaire, avant de reconnaître l'autorité de l'alcade.

Jusqu'en 1845 le commerce des Philippines était réservé à l'Espagne. C'est à cette époque seulement que le port a été ouvert à tous les pavillons et que les étrangers ont pu s'établir dans la ville. On voit maintenant un grand nombre de négociants anglais

ou américains dans le Binondo. Le commerce de Manille n'est point, comme celui de Singapore, un
commerce presque exclusivement de transit : l'île a
des produits naturels, comme le riz, le sucre et le
café, et des produits manufacturés, comme les cigares, qui donnent lieu à des transactions considérables. Ses revenus ne paient pas seulement les dépenses de protection et d'administration qui montent
à un chiffre très-élevé ; il y a encore un excédant de
plusieurs millions qui figure d'une façon notable, au
chapitre des recettes, dans le budget de la métropole. Il n'y a que trois colonies au monde qui donnent un pareil résultat ; deux sont à l'Espagne, les
Philippines et la Havane, et la troisième, Java, est à
Hollande.

LIVRE SIXIÈME.

MACAO.

I.

En rade de Macao, 14 août.

Hier, de grand matin, je fus réveillé par ces paroles, qui me furent jetées avec une certaine emphase :
« La Chine, monsieur, on voit la Chine ! ! ! »

Je fis un bond comme si l'on m'eût parlé d'un pays fantastique. J'avais vu des Chinois à Malacca, à Singapore, à Manille ; il me semblait qu'entre cela et voir la Chine il y avait un abîme que je m'émerveillais d'avoir franchi. Je fus en un moment de la cabine sur le pont et du pont sur la dunette. L'air était frais ; un vent vigoureux enflait les voiles et la frégate légèrement inclinée fendait les vagues avec une vitesse de près de dix nœuds. De trois côtés, à droite, à gauche, en face, on voyait des îles encore trop éloignées pour qu'on pût en distinguer autre chose que les silhouettes grisâtres. Plusieurs barques penchées par la force du vent se détachaient sur la mer qu'argentait le soleil. C'étaient des barques chinoises; on distinguait leurs voiles de joncs, tressées comme des nattes, et formées de plusieurs bandes qu'on déplie et qu'on replie selon le temps, comme un éventail.

J'en vis une s'approcher de nous; elle venait du côté du vent avec une grande rapidité et une grande hardiesse; son arrière était très-élevé et très-large et surmonté d'un mât de pavillon qui laissait flotter une longue banderolle; ses deux mâts s'inclinaient sous la brise qui gonflait pesamment deux nattes déployées dans toute leur étendue avec une vraie témérité; huit ou dix hommes étaient sur le pont; leur costume se composait d'un pantalon serré sur les hanches et d'un large chapeau de feuilles de bambou; la barque n'était pas peinte et la couleur du bois, d'un brun doré et brillant, la même couleur partout, s'harmonisait avec le jaune mat de la voilure et les tons olivâtres des chairs de l'équipage.

C'était un bateau de pilote; la mer est peu profonde à l'embouchure de la rivière de Canton; c'est une grande baie, semée d'une infinité d'îles et tapissée d'une vase qui donne quelquefois à l'eau une teinte jaunâtre. La frégate mit en panne ; les Chinois s'emparèrent d'une corde qu'on leur jeta ; mais, comme ils venaient du côté du vent, malgré la viva-cité avec laquelle ils abattirent leurs voiles, ils furent lancés violemment contre la muraille du navire, pen-dant que la houle, qui était très-forte, les soulevait et les pressait sous nos canons. Ce furent alors des cris étourdissants, des craquements de bois, des paroles tumultueuses..... puis dans le même moment un homme, leste comme un singe, tomba au milieu de nous ; c'était le pilote qui avait adroitement saisi un bout de cordage ; quant à l'embarcation elle en fut quitte pour son mât de pavillon cassé et quelques planches brisées dans les hauteurs ambitieuses de son arrière ; nous la prîmes à la remorque et conti-nuâmes notre route.

Le Chinois s'avança vers le capitaine d'un air calme et délibéré, après avoir jeté sur la frégate un regard de connaisseur. Sa tête était rasée avec soin, sauf la longue tresse noire qui lui tombait jusqu'aux jarrets ; il portait une jaquette de coton d'une cou-leur foncée, mais lustrée comme du taffetas gommé et un large pantalon de la même étoffe et de la même couleur. Sa physionomie me semblait avoir une tout autre expression que celle des Chinois de

l'Océanie. On voyait qu'il se sentait chez lui, près
des os de ses pères, à l'ombre d'une civilisation de
trois mille ans et en vue d'une terre habitée par
trois millions de ses compatriotes. A l'aide de quelques mots de mauvais anglais et de gestes très-ex-
pressifs, il demanda au capitaine quarante piastres
pour mener la frégate dans la rade de Macao. Le
capitaine lui répondit, en lui montrant deux fois ses
dix doigts, qu'il lui en donnerait vingt. Le marché
fut conclu à trente; le capitaine était surfait de moitié; il est vrai que c'était un loyal Breton aux prises
avec un Chinois, et cela dans les environs des îles
Ladrones.

Cependant nous nous étions rapprochés de terre;
nous avions à notre droite des îles montagneuses.
Nous pouvions en apercevoir les cimes élevées et les
larges ondulations. On n'y voyait d'autre végétation
qu'une herbe d'un vert jaunâtre. Le terrain était un
granit rouge dont la couleur s'alliait chaudement à la
verdure dorée qui en veloutait la surface sans en al-
térer le dessin. C'était déjà cette nature de montagnes
que représentent les écrans de laque et les assiettes
de porcelaine, et dont les formes étranges ont fait
entrer dans la géographie chinoise des dénominations
telles que le nez de l'éléphant ou les cinq têtes de

chevaux, de grands rochers bizarres et découpant sur le ciel des figures de fantômes pétrifiés.

Nous arrivâmes dans la rade de Macao. On n'y voyait, à cause de la saison qui commençait à être mauvaise, qu'un seul bâtiment de guerre, une frégate, la *Cléopâtre*, qui nous y attendait.

Macao se présentait très-gracieusement au pied d'un amphithéâtre de montagnes, les unes gris de perle dans le fond du tableau, les autres brunes avec des plaques de verdure à droite et à gauche de la ville, dont les maisons blanches avaient l'air de tremper dans la mer. On voyait sur la surface de l'eau une grande quantité de barques, de jonques, de fast-boats, de goëlettes qui s'inclinaient et bondissaient sur les vagues, ouvrant à la brise, celles-ci leurs voiles européennes, celles-là leurs nattes en éventail.

Cette journée, la première que nous ayons passée dans le céleste Empire, s'est terminée tristement. Un de nos matelots, malade depuis plusieurs mois, était mort le matin, au moment où la cime des montagnes commençait à poindre sur l'horizon. C'était un jeune Breton ; il avait quitté Brest plein de force et d'ardeur, et il venait de mourir, au terme du voyage. Je vis du haut du pont son corps passer par un sabord, avec un boulet aux pieds ; on le coucha dans un canot commandé par un élève et dix avirons, avec leur bruit cadencé et mélancolique, l'entraînèrent, dans la vague obscurité de la nuit, du côté de la pleine mer.

II.

Macao, 16 août.

Hier, à midi, trois embarcations se détachèrent de la *Cléopâtre ;* trois autres quittèrent la *Victorieuse,* et toutes vinrent se ranger auprès de la *Sirène* qui en avait également trois toutes préparées. M. de Lagrené descendit avec sa famille et avec moi dans le canot de l'amiral Cécille ; les autres personnes de la légation prirent place dans la baleinière du commandant Charner et dans celle de M. Rigaud de Genouilly, les officiers des deux frégates et de la corvette, désignés pour faire partie du cortége, entrèrent dans leurs canots, et trois détachements de marins occupèrent les trois autres embarcations.

Au moment où nous quittions la *Sirène*, la frégate lança un éclair de feu et un nuage de fumée, et exécuta avec précision sa salve de dix-sept coups de canon. La *Cléopâtre* en fit autant, puis la *Victorieuse*, puis enfin l'artillerie des forts qui rendit le salut. Cependant notre flottille s'avançait en sautant sur les vagues, car il y avait beaucoup de houle ; le ciel était radieux ; on avait mis les tentes ; l'air était imprégné de lumière et de chaleur.

Bientôt nous pûmes distinguer la ville, ses forts, ses couvents, ses églises ; il y avait sur le bord de la mer, en demi-cercle, comme une guirlande de maisons blanches, roses, bleues, jaunes, qui semblaient les plus charmantes du monde ; c'était le fameux quai de la Praya-Grande ; derrière ce quai, la ville s'élevait en amphithéâtre, varandahs sur varandahs, églises sur églises, jardins sur jardins ; à droite et à gauche, deux montagnes se dressaient à une grande hauteur et montraient un mélange de rochers, de verdure, de murs crénelés et de toits en terrasses. Une quantité de barques étaient rangées le long de la plage. Nous remarquâmes surtout les tankas. Ce sont des bateaux en forme de berceaux d'enfants et conduits par des femmes. Ils jouent dans les villes chinoises, traversées par des canaux ou baignées par des bras de mer, le rôle des gondoles à Venise.

Nous arrivâmes au débarcadère. Il y avait une foule considérable ; mais, à l'exception de quelques

rares Européens en veste blanche, elle était toute
composée de Chinois; les uns presque nus, les autres
avec des casaques et des pantalons bleus, plusieurs
avec de longues robes, des parasols et des éventails ;
ceux-ci tête nue, ceux-là portant un chapeau large
comme un parapluie, quelques-uns, les élégants, un
petit chapeau pointu comme le toit d'une tourelle ;
tous ornés de la longue queue, que plusieurs avaient
roulée autour de la tête, et nous regardant de leurs
yeux en coulisse avec une bienveillante curiosité. Il
y avait encore quelques Parsis dont les mîtres brunes dominaient la foule, et dont les majestueuses
figures, les grands yeux noirs, les longs vêtements
blancs et les babouches noires ajoutaient à la variété
de cette réunion de costumes.

Parmi les curieux, on nous fit remarquer plusieurs
émissaires de Ki-yng, chargés expressément d'obser-
ver si le ministre des Falansis, à son débarquement,
poserait d'abord le pied gauche ou le pied droit sur
le rivage.

Le soir nous dînâmes chez le consul de France,
M. de Bécourt ; il a dans son jardin une terrasse
d'où l'on aperçoit la ville chinoise et le port intérieur, avec les barques et les jonques de commerce
et de guerre ; des milliers de lumières brillaient sur

ces jonques et sur ces barques, et se réfléchissaient sur l'eau, mêlant leurs clartés rougeâtres aux rayons qui tombaient du ciel ; on entendait incessamment le bruit des gongs ; cette scène éclatante et animée avait pour fond de tableau une haute montagne dont la masse sombre s'illuminait çà et là d'une lueur jaillissant de la porte d'une cabane ou du feu d'une fusée lancée par un enfant.

III.

Macao, 25 août.

Notre maison est située dans le haut de la ville, et dans une rue parallèle à la Praya-Grande ; c'est une des plus jolies de Macao et elle serait jolie partout ; il y a surtout une varande, d'où l'on domine la Praya et la rade ; on voit l'île de Taïpa et la pleine mer et c'est à chaque moment le spectacle le plus varié de barques et de tankas et surtout de bateaux de pêche qui sillonnent dans tous les sens le canal entre les deux îles. Au reste le Macao que nous habitons est fort peu Chinois ; du moins notre maison nos meubles, notre genre de vie, la partie de la ville que nous pouvons apercevoir, tout cela est on

ne peut pas plus européen ; cependant on sent qu'au
milieu même de ces formes extérieures l'air en quelque sorte est saturé de Chine et à tous les instants
elle vient matériellement nous envahir jusque dans
l'intimité de nos pensées et de nos occupations. Je
ne parle pas de ces domestiques à longue queue qui
circulent sans cesse dans les appartements et qui
donnent au service intérieur une physionomie singulière ; mais c'est le bruit d'un gong qui se fait entendre dans la rue et un mandarin que nous apercevons
dans sa chaise à porteurs, se rendant, avec sa suite,
à la pagode des rochers ; ou bien c'est une musique
criarde et nasillarde qui jette à travers nos fenêtres le
son des hautbois et cornemuses, avec force coups de
tam-tams et de toutes sortes d'instruments de percus-
sion, et nous voyons la cérémonie d'un enterrement
et la procession des bonzes, des parents, des viandes
et des pâtisseries moulées, taillées, enluminées, de
toutes les formes et de toutes les couleurs, qui va
en grande pompe vers la sépulture des aïeux.

Nous possédons à Macao tous les éléments
d'une société très-civilisée. On commence, avant
d'avoir voyagé, par croire qu'il n'y a de société qu'à
Paris ; puis après, on décide qu'il n'y en a qu'en
Europe ; la vérité est qu'il y en a partout, même

en Chine. Nous avons des Américains, des Anglais, des Portugais. Les Anglais sont en petit nombre à cause de leur établissement de Hong-Kong; mais il y a en ce moment le général Aguilar et sa femme; il y a madame Stuarts, une spirituelle et élégante malade, dont le salon coquettement meublé et la causerie universelle seraient une bonne fortune en tout pays. Parmi les Américains il faut nommer d'abord le ministre plénipotentiaire M. Cushing et le premier secrétaire M. Webster, qui porte avec distinction un nom illustre dans l'histoire de son pays; puis leur hôte actuel M. Nye et la belle et intelligente madame King qui est une zélée méthodiste et qui a essuyé, dit-on, le feu d'une batterie Japonaise dans une tentative de débarquement pour évangéliser en compagnie de deux hardis missionnaires.

Nous avons déjà fait quelques visites portugaises. D'abord, le lendemain de notre arrivée, une visite officielle au gouverneur, tous ensemble, chacun dans une chaise, portée par quatre Chinois, ce qui était une véritable procession. A Paris un secrétaire de l'ambassade d'Angleterre ou d'Autriche a, si cela lui convient, un petit coupé dans sa remise et deux chevaux dans son écurie; à Macao, on doit avoir une chaise au bas de son escalier et quatre Chinois

dans le vestibule. Cela produit d'abord un étrange
effet de se voir porté par des hommes. On croit in-
sulter à la dignité humaine, ou jouer un rôle dans
une comédie de Molière. Puis on se dit « c'est l'u-
sage; » et il fait trop chaud pour aller à pied. Ce
sont d'ailleurs des chaises très-commodes, sauf un
certain balancement quand on va au trot; il y a des
rideaux de soie et des persiennes; on est très-bien
assis, et lorsqu'on a quatre bons Chinois, deux qui
portent et deux qui suivent en relais, on peut faire
facilement ses deux lieues à l'heure. Nous sommes
allés encore chez les Bareto qui ont un jardin ravissant, avec des fleurs curieuses et un vrai palais
au bord de la mer; puis, au milieu de la ville, chez
les Païva dont les immenses salons sont éventés par
de grands pankas suspendus au plafond comme dans
l'Inde et enfin, de l'autre côté de la presqu'île et près
de la ville Chinoise, chez les Marques dont le jardin
est fameux, dans le monde voyageur, par les rochers connus sous le nom de grotte de Camoëns, et
où l'on prétend que l'illustre poëte a travaillé à ses
Lusiades.

Nous avons dîné dernièrement avec la légation
des États-Unis chez un Américain M. Nye, dont la
maison est un vrai musé de curiosités et de magni-

ficences chinoises et japonaises. Le ministre des États-Unis est un homme qui réunit des connaissances positives à une vive imagination. Nous savions qu'il nous précédait en Chine. Il se trouvait, peu de temps avant notre départ de France, à bord de ce steamer américain qui brûla, vers le milieu de l'année 1843, dans la rade de Gibraltar. Il n'eut que le temps de sauver ses papiers les plus précieux. Le steamer s'enfonça sous les eaux, ne laissant à la surface que des cendres et de la fumée et une pointe de mât que l'on y doit voir encore. M. Cushing continua sa route par les paquebots anglais d'Alexandrie et de la mer Rouge.

Il était venu à Macao avec le désir d'aller à Pékin et il avait même étudié le tartare mandchoux. Il eut à ce sujet une assez longue correspondance avec les autorités de Canton qui, après avoir discuté pendant deux mois, finirent par lui annoncer qu'elles en avaient référé à l'Empereur et que le Fils du Ciel avait donné à Ki-yng des pouvoirs suffisants pour traiter à Macao. Au reste, à part l'intérêt pittoresque, il n'y avait vraiment aucune utilité à se rendre à Pékin. Il y a plus : c'eût été compromettre le succès de la négociation que d'insister sur ce point d'une importance évidemment secondaire.

Ki-yng et ceux de ses compatriotes qui partagent ses idées favorables aux étrangers, redoutent beaucoup, dans les circonstances actuelles, le voyage d'une ambassade européenne à Pékin. Le temps n'est plus où les jonques qui portaient sur le grand canal les ambassadeurs anglais et hollandais, faisaient flotter au haut de leurs mâts des banderolles avec l'inscription suivante : « Envoyés étrangers venus des extrémités du monde pour rendre hommage au Fils du Ciel. » Les canons de la Grande-Bretagne ont, dans la dernière guerre, fait capituler cet orgueil. Le principe de l'égalité dans les relations internationales est acquis désormais aux peuples d'origine européenne. Mais on cherche, autant que possible, à ne pas en étaler les conséquences d'une façon trop éclatante devant les populations. Il y a un parti nombreux, influent, qui n'a été amené à se taire un instant que par la nécessité, lorque les frégates anglaises étaient à Nankin et l'Empire aux abois, et qui se relèverait à la faveur du préjugé national, si l'Europe affichait trop ouvertement son succès. Ki-yng et ses amis dépensent toute leur adresse à voiler les changements qu'ils sont forcés d'accepter et à les concilier, en sauvant certaines apparences, avec l'esprit d'immutabilité qui caractérise la civilisation chinoise, afin de pouvoir les faire sanctionner par le tribunal des rites, ce gardien sévère des traditions. Leur position est délicate; c'est un jeu dans lequel ils jouent leur fortune et peut-être leur tête; il ne serait pas généreux de compliquer leurs difficultés et cela ne serait même pas habile, puisque ce serait tirer nous-mêmes sur les seuls hommes dont l'esprit puisse comprendre et admettre des relations amicales entre la Chine et le reste du monde.

A la fin du dîner M. Cushing se leva; les cris de hear! hear! se firent entendre; je m'attendais à un toast, nous eûmes un vrai discours. Le ministre des États-Unis n'est pas seulement un économiste et un littérateur; c'est encore un membre du congrès et un orateur. Il parla de la vieille alliance entre les États-Unis et la France, il dit qu'il était heureux de retrouver nos deux drapeaux unis pour la cause sainte de la civilisation : « Je voudrais pouvoir espé- » rer, ajouta-t-il, que le monde ne verra plus de » guerres entre Chrétiens et que, si le canon gronde, » ce sera pour le triomphe des idés occidentales contre » la barbarie. En Chine, nous sommes à la croisade. » Nous ne sommes plus Anglais, Américains, Fran- » çais; nous sommes les hommes de l'Ouest *the*

» *men of West.* Dans ce champ des traités qui
» nous est ouvert, ce que chacun moissonnera doit
» profiter à tous; nous sommes tous solidaires; je
» propose un toast au succès de la négociation de
» M. de Lagrené. »

Voilà sur quel diapason l'on est monté ici; on
a l'air de marcher ensemble à l'achèvement d'une
œuvre commune et d'une œuvre civilisatrice; les
Anglais ont été les premiers à nous témoigner cet
esprit de confraternité, et on a remis à M. de Lagrené, dès son arrivée, de la part de sir John Da-
vis le gouverneur d'Hong-Kong, tous les documents
relatifs à la négociation du traité de Nankin.

IV.

Macao, 27 août.

Macao est situé sur une pointe de terre qui sort,
dans la direction du sud-ouest, de la base méridionale d'une grande île, l'île de Hiang-chan, la plus
considérable de l'archipel placé à l'embouchure de
la rivière de Canton. Ce promontoire, qui ne tient
à l'île que par un isthme étroit, a environ une demi-
lieue de large et trois lieues de long. Du côté du

sud et de l'est, il est battu par les flots de la mer de Chine et il offre une rade sans abri contre les typhons; mais du côté du nord qui fait face au rivage de Hiang-chan, il forme comme une jetée naturelle et concourt, avec les montagnes de l'île de Tuy Lien et de l'île Verte, à protéger une sorte de bassin tranquille que l'on nomme le port intérieur. Ce port, interdit aux navires européens, fourmille de jonques chinoises et cochinchinoises. Au milieu de l'isthme, il y a une muraille et une porte, avec un corps-de-garde chinois, pour marquer la ligne que les Européens ne doivent pas franchir; ce qui n'empêche pas les Macaïstes de pousser sans cesse leurs promenades dans l'île de Hiang-chan au-delà de cette limite, sans qu'on leur refuse le passage.

La ville est construite à peu près au milieu de cette langue de terre entre deux montagnes et sur les deux versants d'une côte assez élevée. Au sommet des montagnes on voit des forts et des couvents. Sur la rive qui descend du côté de la pleine mer sont bâties en amphithéâtre la plupart des maisons de la ville européenne, qui étend aussi comme deux longs réseaux sur le versant opposé; la ville chinoise qui s'y trouve comme enclavée, aboutit au port intérieur. Il y a un grand nombre de Chinois

dans la ville européenne; pas un Européen n'habite
la ville chinoise; il ne serait même pas prudent de
s'y aventurer seul le soir, sous peine d'être dévalisé.

La rue que nous habitons est dans la partie haute
de Macao et suit, entre les deux rivages, une direction à peu près parallèle à la Praya-Grande. Elle
mène d'un côté au consulat de France, puis, se diri-
gant vers le port intérieur, à la pagode des rochers
et à l'extrémité du promontoire; de l'autre côté elle
conduit aux missions étrangères et à la place du Sénat.
Nous sommes à peu près au milieu de la rue; c'est
en quelque sorte la rue Vivienne ou la rue de la
Paix du Macao européen; c'est là que sont les tailleurs, les cordonniers, les bijoutiers, les orfèvres et
surtout les boutiques élégantes où se vendent les
porcelaines et les objets de laque ou d'ivoire; seulement ces boutiques sont chinoises et ne vendent rien
qui vienne d'Europe; les marchandises européennes
se trouvent sur la Praya dans un magasin anglais
où, comme chez les Parsis de Singapore, on peut
acheter à la fois des bottes et du vin de Champagne.
Nous sommes naturellement plus attirés par nos Chinois. Que d'heures et de piastres on serait tenté de
jeter devant le comptoir de ces marchands à la
tête rasée, au regard caressant et dont la bouche

souriante aspire avec tant de béatitude la fumée
de ces longues et minces pipes de bambou! Ici
ce sont de grands vases, d'une pâte exquise et
portant, sur leurs flancs de porcelaine, en rouge, en
vert, en bleu, en jaune, des poëmes et des drames,
où la vérité de l'invention le dispute à la richesse des
couleurs; là ce sont des tables, des coffrets, des paravents de laque, noir et or, dont le noir brille comme
une glace, dont l'or souple et délié se roule ou s'allonge en millions de figures microscopiques; chez
celui-ci des boîtes, des statuettes, des bas-reliefs,
des éventails, en ivoire, en écaille, en bois de bambou, en bois de sandal et qui semblent sculptés par
des ongles de fourmis; chez cet autre des coupes et
des théières d'argent d'une merveilleuse ciselure et
qui représentent des batailles, des scènes bouffonnes
ou fantastiques. C'est aussi dans cette rue que demeure le peintre Lam-Koua. C'est le peintre officiel
de la diplomatie chinoise et européenne. Quand sir
Henry Pottinger et Ki-yng ont échangé leurs portraits, c'est son pinceau qui a fixé leurs traits sur la
toile. Je dis sur la toile, car il a pris des leçons d'un
artiste anglais et il sait peindre à l'huile, sans perdre
rien pourtant de son style chinois. Il m'a vendu une
copie du portrait de Ki-yng; c'est un échantillon

curieux de la nouvelle école de peinture en Chine.
J'avoue cependant que je préfère ses enluminures à la
vieille manière, sur papier de coton ou sur papier de
riz; ses oiseaux, ses fleurs, ses mandarins, ses grandes dames, ses batelières, ses impératrices, ses empereurs, ses fumeurs, ses guerriers, ses musiciennes,
et toutes ces pages incorrectes et bizarres qui ont
plus de vérité dans leur extravagance traditionnelle
que les tableaux les plus savants.

Ce qui me surprend ici tous les jours, c'est à quel
point les Chinois et les Chinoises de la réalité ressemblent aux Chinois et aux Chinoises des paravents,
et les paysages dont je cueille les feuilles et dont je
touche les pierres aux paysages des assiettes et des
vases de porcelaine. Les figures des assiettes et des
paravents sont certainement exagérées dans le maté-
riel des lignes et de la couleur, mais elles expriment
davantage l'esprit et la vie de cette civilisation et de
cette nature étrange que ne le ferait peut-être une
sobre exactitude.

La maison des missions est une succursale de nos
missions étrangères de la rue du Bac. On y trouve
une colonie de prêtres français qui joignent aux vertus apostoliques une connaissance approfondie de
l'Empire chinois. Dans le siége en règle qu'ils livrent

soüs le drapeau du christianisme, ils sont là comme
au pied de la brèche; à chaque instant un d'eux pénètre dans la place, ou un autre en revient; on res-
sent l'émotion de la lutte, en même temps qu'on se
réconcilie avec la nature humaine en voyant tant de
dévouement et d'abnégation unis à tant de pureté et
de douceur.

A partir des missions, la rue tourne sur la gauche
et conduit à l'entrée d'une grande place à laquelle
le palais du Sénat permet d'avoir certaines préten-
tions architecturales; si l'on continue dans cette direction, en longeant le Sénat, on tombe dans la ville
chinoise; mais si, prenant sur la droite, on traverse
la place, on rencontre un de ces réseaux de la ville
européenne qui s'étendent de la Praya jusqu'au port
intérieur. Il y a là une rue assez pittoresque parce
qu'elle domine la ville chinoise dont on aperçoit les
toits aux bords recourbés et les banderolles flottantes.
On ne tarde pas à arriver au haut de la colline de
San-Antonio et à la maison de M. Marques, dont le
jardin renferme la grotte de Camoëns.

Ce jardin à la fois curieux et charmant, n'offre pas
moins d'intérêt par lui-même que par les souvenirs
du grand poëte. Les allées sont revêtues d'une espèce de ciment à la mode chinoise; on s'y promène

à l'ombre des plus grands arbres, au milieu des fleurs les plus éclatantes de la zône intertropicale et cela sur une roche de granit, avec la mer à ses pieds. On conçoit que Camoëns ait aimé à écrire dans ce beau lieu le poëme des navigations hardies et aventureuses de ses compatriotes. On conserve religieusement le rocher près duquel il venait s'asseoir. N'est-ce pas là une harmonie merveilleuse dans l'histoire du Portugal et bien digne de la grandeur sans égale de son époque maritime, que son épopée nationale ait été composée en Chine par un des premiers navigateurs qui aient doublé le cap des Tempêtes?

Près de la maison Marques, au bas de la colline, sur la frontière de la ville chinoise et sur le bord de l'eau, est la maison des Lazaristes, qui rivalisent avec nos prêtres des missions étrangères en zèle pour la cause de la civilisation chrétienne; et il y a pour le cœur comme pour les yeux plus d'une sorte de poésie dans le calme de cette demeure, avec son petit jardin, sa porte ouverte sur la mer et son escalier que lave l'écume des flots.

La ville chinoise se présente de ce côté sous son aspect le plus misérable. Ce sont des cabanes de bambous sur le rivage, ou sur l'eau des barques habitées par une population bruyante et presque nue; puis on entre dans un labyrinthe de ruelles étroites, bordées de maisons basses, sombres et où sont entassées de longues figures, maigres, jaunes, hébétées, que l'étrangeté des traits particuliers à leur race rend effrayantes à voir.

Car je ne sais si cela tient à un caractère supérieur que dix-huit siècles de christianisme auraient imprimé aux races européennes, mais l'excessive maigreur chez elles a sa beauté ; le regard s'agrandit, le front semble plus large et l'on gagne dans un idéal plein de grandeur morale ou intellectuelle ce que l'on perd en élégance de forme ou en pureté de contours. L'embonpoint est nécessaire à un visage chinois ; c'est alors que le regard a de la finesse, le sourire de la grâce, l'expression générale un air de bonhommie sensuelle et intelligente. Si le visage est décharné, les pommettes naturellement exagérées rapetissent encore le front qui est toujours un peu étroit ; les yeux se brident au lieu de s'ouvrir ; il n'est pas jusqu'aux brins longs et rares de la moustache et jusqu'à cette petite barbe en pointe qui n'allongent encore ces têtes chauves sans front, ces visages pâles sans yeux et ne leur donnent une apparence de spectres.

Ce n'est donc pas sans raison que la peinture chinoise affectionne les ventres rebondis et les faces épanouies. Les artistes ont partout la conscience du beau relatif à leur civilisation et à leur race. C'est ainsi que l'art grec a reproduit la chair et les muscles de l'homme tel que le faisait le gymnase antique; l'art chrétien les formes grêles et élancées de l'apôtre ou du martyr; l'art chinois le ventre des lettrés.

La maison du mandarin qui administre la ville est isolée et spacieuse, mais très-simple; elle n'a qu'un seul étage et ressemble parfaitement aux maisons que l'on voit sur les plateaux de laque. Deux mâts plantés devant la porte et surmontés de longues banderolles, sont les signes distinctifs de l'autorité, et il y a toujours là, pour en attester l'exercice, trois ou quatre pauvres diables agenouillés près du mur et la tête piteusement passée dans une lourde table de bois que l'on nomme la cangue.

Le quartier brillant et animé de la ville chinoise est le bazar. Ce sont des rues étroites et bordées de boutiques où passe continuellement une foule affairée. Ici un porte-faix avec une perche sur l'épaule, et, à chaque bout de la perche, un fardeau suspendu; là une jeune batelière qui passe rapidement, la tête encapuchonnée sous son mouchoir de soie, avec sa longue veste et son large pantalon de coton bleu, et ses jolis pieds nus que la mode n'a pas daigné mutiler; plus loin une vieille femme aux pieds aristocratiques, c'est-à-dire semblables à un sabot de cheval chaussé dans un soulier; elle marche en boitant avec son parasol à demi-ouvert sur sa tête que surmonte un édifice d'épais cheveux gris; ou bien c'est un jeune dandy avec sa robe bleue, sa montre à la ceinture, sa calotte de crin noir sur la tête, ses souliers de soie retroussés à large semelle blanche, l'air oisif et satisfait, le nez en l'air et l'éventail à la main; ou un grave bourgeois à barbe grise, avec une face de béatitude tranquille, commodément assis dans sa chaise que deux vigoureux porteurs entraînent le plus vite qu'ils peuvent en criant pour se faire place et en bousculant tout ce qui ne se range pas assez promptement sur leur passage. Ce sont encore deux ouvriers à demi-nus qui se sont pris de querelle et qui se battent, après avoir noué leurs queues autour de leurs têtes pour ne pas donner de prise à leur ennemi; ou bien des accusés qu'un garde de police mène devant le mandarin en les tenant par la queue; il n'y a pas à craindre qu'ils s'échappent; un Chinois pris par la queue est à la discrétion de la main qui l'a saisi.

La première fois que j'ai vu la grande rue du bazar, j'ai cru voir une décoration d'Opéra. Je n'avais rencontré nulle part cette étrangeté de couleurs unie à cette bizarrerie de formes. C'est à droite et à gauche une enfilade de colonnettes de bois peintes en rouge et soutenant des auvents sculptés; puis devant chaque marchand un pilier en saillie et chargé de haut en bas, comme un bâton d'encre de Chine, d'inscriptions en grands caractères; de temps en temps de grosses lanternes couvertes de figures grotesques et des deux côtés les boutiques qui s'ouvrent, sans fenêtres et sans vitres, dans toute leur largeur, et laissent voir leur étalage de marchandises et les détails de leur ameublement. Il y a ordinairement un comptoir, derrière lequel le marchand, ses grosses besicles sur le nez, promène avec réflexion le pinceau sur son registre ou cherche, avec de grands gestes et en modulant de son mieux la musique monotone de ses paroles, à fasciner la fantaisie de son acheteur. Dans le fond est un autel, avec un magot de bois peint et doré, et de petits cierges qui brûlent, et près de la porte quelques amis assis sur des fauteuils de bambous devisent des affaires et des événements du jour, en aspirant de temps en temps des bouffées de fumée à travers le long tuyau de leurs pipes.

Les marchandises sont étalées dans le plus bel ordre et même avec l'appareil coquet de nos boutiques parisiennes. Cependant les objets d'art et de prix se vendent surtout dans la rue que nous habitons. Ce qui caractérise le bazar, c'est qu'on y trouve toute chose, et toute chose faite exclusivement pour la Chine et sans le moindre souci de l'Europe, depuis le magasin d'étoffes jusqu'au magasin de comestibles. Cela permet d'y surprendre le secret des habitudes journalières et intimes de la vie chinoise, mais seulement dans une sphère peu élevée, car les habitants chinois de Macao n'ont en général que de médiocres fortunes, et la qualité des marchandises y est proportionnée comme partout à la richesse des consommateurs.

Il y a même dans quelques petites rues des boutiques à bon marché où l'on vend un peu de tout, comme dans nos boutiques à quatre sous des foires de villages ; ce sont des pipes, des cannes, des tabatières, des machines à compter, des bâtonnets pour manger, des parasols, des boussoles, des éventails, des ceintures, des miroirs, des peintures grossières et mille objets divers. Il y a aussi des marchands de bric-à-brac chez qui l'on trouve de vieilles divinités en bois peint, couvertes de poussière et mangées des vers, assises sur des fauteuils ou à cheval sur des oiseaux ; j'ai vu un jour, dans une de ces boutiques bien sombre et bien sale, un vieux Chinois, le maître du logis, qui tenait sur ses genoux un petit enfant. Le seul rayon de lumière qui pût passer à travers cette obscurité et cette poussière allait frapper en plein la figure du vieillard, qui remuait la tête, comme un magot de porcelaine, tirait la langue et clignait des yeux pour amuser le marmot qui riait.

Au coin des rues, dans les carrefours, des barbiers, des cuisiniers, des marchands de légumes étalent leurs boutiques en plein vent. Le barbier rase la tête de son client avec un large rasoir triangulaire. Le cuisinier vend du bouillon, du riz, des gâteaux sous son parasol de papier huilé. Le marchand de légumes, outre des choux, des ignames, des citrouilles et des melons, a des racines de nénuphar, des châtaignes d'eau, de jeunes pousses de bambou et des germes de haricots verts. La marée se débite sous un hangar. On y voit des polypes, des grenouilles, des tortues, des moules, des vers de rivière, des poissons de toutes les formes et de toutes les couleurs, quelques-uns qui ont de grandes barbes à la façon des écrevisses, et d'autres qui ont des becs aplatis comme les canards. Il n'est pas rare de rencontrer, portés

dans des cages à claire-voie, des chiens et des chats
destinés à satisfaire la gastronomie des petits marchands du bazar; tandis que des rats desséchés se
montrent à côté de morceaux de buffle et de porc sur
l'étal des bouchers.

Toute cette population chinoise de Macao, celle-là
même qui est répandue dans la ville européenne, est
administrée par le mandarin. C'est lui seul qui est
chargé de la police. Le gouverneur portugais n'a
d'autorité que sur ses compatriotes. Les Portugais
ont la permission de bâtir des maisons, de faire le
commerce, et de se gouverner entre eux à leur mode;
mais ils n'ont pas la souveraineté, et ils payent chaque année le loyer de leur résidence.

V.

Macao, 30 août.

Je suis allé voir il y a deux jours le cimetière des
Parsis, qui est sur le bord de la mer, à l'orient de
Macao, entre la ville et la porte que les Européens ne
doivent pas franchir. Il avait fait dans la matinée un
orage digne des tropiques. Toutes les barques avaient
plié leurs voiles et avaient cherché un abri. La pluie

était tombée, comme dans nos forêts du Brésil, pendant une heure et avait mêlé son bruit de cataracte en colère aux éclats étourdissants du tonnerre des tropiques ; puis le ciel avait été balayé par la brise, et une lumière joyeuse s'était remise à briller dans l'air lavé et rafraîchi. Je sortis, je descendis sur la Praya par une petite ruelle pavée de larges dalles et je suivis le bord de l'eau. La mer était encore émue ; les goëlettes, les barques et les tankas mouillées près du quai sautaient sur les lames, et de temps en temps une vague éperdue franchissait le talus et jetait son écume à mes pieds.

J'arrivai à l'extrémité de la Praya, au tournant du fort, et je me mis à gravir la montagne. J'avais à mes pieds d'énormes blocs de granit entassés les uns sur les autres et dont la première couche trempait dans la mer. Les vagues en cet endroit sont toujours agitées, mais l'orage du matin et un vent violent venant du large avaient soulevé une forte houle qui se brisait sur les roches avec un bruit semblable à des coups de canon. C'était la bataille de l'Océan et du granit, ces deux vieux ennemis. Les lames s'avançaient comme des masses luisantes et s'élevaient très-haut, rebondissant d'obstacle en obstacle, jusqu'à ce que repoussées par la pierre, déchirées par les poin-

tes et divisées à l'infini, on les vît retomber en poussière humide que le soleil colorait des teintes de l'arc-
en-ciel.

Je m'arrêtais souvent pour jouir de la vue qui naturellement devenait plus étendue à mesure que je
m'élevais davantage. Le soleil faisait éclore de toutes
parts sur la mer des voiles qui se fiaient au beau
temps ; les barques et les fast-boats retournaient à la
pêche ou au cabotage et réparaient les heures
perdues.

Bientôt la route cessa de monter et suivit horizon-
talement le flanc de la montagne ; elle tourna brus-
quement à gauche et je me trouvai dans le cimetière
des Parsis. J'avais derrière moi un ravin qui allait
s'abaissant peu à peu du côté de la ville ; devant moi
une sorte de fer à cheval formé par les courbes des
montagnes ; un sentier descendant vers une source
d'eau douce, voisine de la mer, dans un fond abrité
par quelques arbres ; à droite et à gauche les pentes
de l'hémicycle, taillées comme les gradins d'un amphithéâtre, et sur ces gradins des tombes en granit
gris.

Cette solitude des tombeaux, ce vallon tranquille
et frais, cette source ombragée, puis, dans un radieux lointain, semblables à une vision de la vie

aperçue du séjour paisible des morts, les batelets qui glissent sur les vagues, les voiles qui se gonflent au vent, les pêcheurs qui jettent leurs filets, ce navire qui vogue vers un autre monde, cet autre qui en vient et, à l'horizon, unis et confondus dans une même teinte, la mer et le ciel ; tel est le spectacle qui s'offre aux regards des Parsis, chaque fois qu'ils viennent s'asseoir près des tombes de leurs pères.

Le soir commençait à venir ; je retournai vers la ville par la route qui serpente dans le ravin ; le paysage était riant ; des maisons de briques bleuâtres s'élevaient de temps en temps, dans des bouquets d'arbres, au milieu des jardins où les Chinois, ces merveilleux horticulteurs, font mûrir les fruits savoureux du letchi et de l'oranger, en compagnie des ignames et des patates, ou font éclore les fleurs qui parent les salons des élégants de Macao.

VI.

Macao, 3 septembre.

Il y a déjà huit jours que l'*Archimède* est arrivé ; il nous a amené le second secrétaire de l'ambassade Bernard d'Harcourt, et un attaché M. de Charlus, ainsi que les quatre délégués du commerce, MM. Hedde, Rondot, Renard et Hausman.

Le 28 août, un grand bruit de gongs et de tam-tams s'est fait entendre, et deux chaises se sont arrêtées devant notre maison, c'était les mandarins de Casa-Branca et de Macao qui venaient apporter une lettre de Ki-yng. Ils furent reçus par M. de Charlus. Ils étaient vêtus de robes bleues et coiffés d'un petit chapeau pointu, en paille, avec une houppe rouge au sommet. On leur offrit du vin de Champagne, qu'ils parurent boire avec plaisir; leur visite fut courte et se borna à la remise de la lettre et à quelques compliments.

Quelques jours après, deux autres personnages chinois étaient à notre porte, en chaise, et faisaient remettre à M. de Lagrené leurs cartes de visite. C'était de petites bandes de papier rouge, avec les caractères de chaque nom tracés en noir du haut en bas. Les noms étaient ceux de Pan-se-Tchen et de Tsaô.

Pan-se-Tchen est un des plus riches sujets du céleste Empire. Son père était un marchand; il appartenait à cette corporation des Hongs, qui avait le monopole du commerce avec les Barbares et qui vient d'être abolie par le traité de Nankin. On dit Pan-se-

Tchen un épicurien magnifique. Il aime les Européens et il a été adjoint au commissaire impérial dans les dernières négociations. Il est bouton rouge, c'est-à-dire mandarin d'une des plus hautes classes, et cependant il ne passe point pour un bien grand lettré. Il faut donc qu'il y ait en Chine comme ailleurs des accommodements avec la sévérité des examens. Il est fort versé dans les affaires de finances, et il s'est fait une réputation de générosité en distribuant dans une famine, au peuple de Canton, du riz pour un million de francs.

Tsaô est un académicien, un Han-lin, que son talent de rédaction a fait placer auprès de Ki-yng. Il a figuré aussi parmi les négociateurs du traité américain, et passe pour avoir une haute idée de la littérature chinoise, dont il est un des représentants, et assez peu de considération pour la civilisation des Barbares, qu'il ne connaît pas.

M. de Lagrené, après avoir reçu les cartes de visite, pria M. Callery d'introduire ces messieurs, et nous vîmes bientôt entrer deux Chinois, qui firent toutes sortes de saluts dès le seuil de la porte, en s'avançant avec une démarche vive et une physionomie prodigue de sourires, selon les règles de la civilité de leur pays.

Pan-se-Tchen est jeune encore; il a le regard in-telligent, mais noyé dans une langueur voluptueuse, la bouche gracieuse, la main petite et d'un remar-quable embonpoint; c'est donc un beau Chinois. Il était coiffé d'un petit chapeau pointu, de paille très-fine, surmonté d'un bouton de corail et orné d'une plume de paon s'en allant en arrière. La plume de paon est ici une décoration, comme chez nous la croix d'honneur; les boutons sont le signe du rang hiérarchique, comme dans notre armée les épaulettes.

Il portait une robe de soie de couleur gris de perle et qui aurait fait envie à la plus difficile parmi nos élé-gantes, avec une ceinture attachée par une agrafe relevée d'une pierre de jade vert tendre, et à cette ceinture, plusieurs petits fourreaux de soie brodés de perles, celui-ci pour sa montre, celui-là pour son éventail, un autre pour ses bâtonnets d'ivoire.

Tsaô a l'air d'un singe agacé qui fait la grimace. Il est petit, maigre, marqué de la petite vérole, avec le regard d'une chauve-souris qui se trouve devant une lumière; il emmielle ses phrases, tout en tordant sa bouche, sous ses moustaches grêles, comme si elle distillait du vinaigre; il prend des poses; il fait des gestes et a l'air d'écouter le son de sa voix avec une grande satisfaction.

Pan-se-Tchen causa quelque temps avec gaîté et un désir très-civilisé d'être poli et agréable; il nous dit que le commissaire impérial allait être occupé jusqu'à la fin du mois à des examens de lettrés et à des cérémonies religieuses auxquelles il doit présider en qualité de vice-roi des deux Kouangs; puis il se retira avec son collègue après nous avoir fait de rechef maintes salutations à la mode chinoise, c'est-à-dire en rapprochant ses mains fermées et en les secouant, en même temps que sa tête, du haut en bas, tandis qu'il répétait à diverses reprises et affectueusement : Tsin-Tsin.

Je les accompagnai tous les deux jusqu'à leurs chaises, qui étaient larges et élégamment décorées; les gens de la suite étaient nombreux ; ils étaient en robes à peu près blanches; il y en avait même quelques-uns qui avaient des chaises, mais c'était de petites boîtes en chassis et en toile, portées seulement par deux Chinois, et dans lesquelles chacun de ces clercs subalternes avait l'air d'un gros perroquet dans un étroit sabot de voyage.

Pan-se-Tchen, qui était venu de Canton, quitta Macao le lendemain matin ; mais avant son départ, il envoya en cadeau à madame de Lagrené une vingtaine de petit pots remplis d'un thé précieux et divers ouvrages de soie brodés par ses femmes, et représentant avec un éclat de couleurs extraordinaire et un grand talent d'imitation des oiseaux et des fleurs.

VII.

Macao, 15 septembre.

Une des plus agréables promenades aux environs de Macao est la pagode des rochers; je viens d'y passer plusieurs heures; on y trouve un échantillon de l'architecture sacrée en Chine, lequel a excité souvent l'admiration des voyageurs européens et n'est nullement dédaigné par les fins connaisseurs du céleste Empire. Le but que se propose l'esthétique chinoise y est heureusement atteint, en ce sens que les œuvres de l'art y sont intimement combinées avec les accidents naturels, et que les rochers, les arbres, les portiques, les frises et les toits sculptés ne semblent faire qu'un tout dans une même construction.

On peut dire certainement qu'il y a une architecture chinoise, comme il y a une architecture hindoue, une architecture grecque, une architecture gothique. Cette architecture ne produit pas des monuments aussi gigantesques, aussi grandioses que les autres ont pu le faire ; mais cela tient à une cause générale qui me semble avoir influé sur l'état de tous les arts en Chine.

Ce qui domine dans la société chinoise, c'est l'organisation ; ce que l'on s'y propose par-dessus tout, c'est l'utile ; ce que l'on y repousse autant que possible, c'est le changement. Cette rigueur d'organisation fait que chacun, artiste ou non, est entraîné d'abord vers les examens, et par les examens vers les places. Cette préoccupation exclusive de l'utile fait qu'au delà d'une certaine limite on n'admet plus les arts ; ils sont une distraction, un ornement, un moyen d'expression, rien de plus ; et les historiens ont flétri la mémoire du très-petit nombre de princes qui ont dépensé à construire leurs palais des sommes considérables ; enfin cette horreur du changement fait qu'en peinture, en musique, en architecture, en toute chose, on tend à conserver respectueusement les formules d'une antiquité très-reculée, et qu'au lieu d'avoir du génie, on fait ce que l'on peut pour n'avoir que du talent.

Puis, pour me borner à l'architecture, il y avait chez les Hindous la puissance théocratique des Brames ; chez les Grecs l'amour enthousiaste de l'idéal ; chez les Occidentaux du moyen-âge, les élancements d'une foi ardente; tandis qu'en Chine, ou du moins dans la Chine lettrée, il n'y a pas de caste ni aristocratique ni théocratique, et l'imagination, toujours réglée, limitée, calculatrice, même dans le champ de l'expansion religieuse, se joue plutôt dans la fantaisie qu'elle ne s'élève vers l'infini.

Il ne faut pas croire pourtant que la doctrine de Confucius, comme on le dit quelquefois, soit l'athéisme, ou même la simple théorie d'un déisme sans culte. D'abord Confucius n'a pas précisément inventé une doctrine; il a surtout compilé et commenté les anciens livres, les traditions des Chinois, dans un temps où de grossières superstitions en défiguraient le sens par des interprétations mensongères. Ensuite les Kings, ou livres canoniques, comme on a nommé ses ouvrages, admettent un Être suprême, Seigneur du ciel, principe de toutes choses, et entre ce Dieu et l'homme, des divinités secondaires qui veillent sur la terre, sur les astres, sur les eaux, sur les familles, sur les villes de l'Empire; ils règlent les cérémonies du culte qui doit être adressé à ce dieu, des hommages qui doivent être rendus à ces divinités; il y a même tout un livre consacré à la musique et qui fixe symboliquement les différentes évolutions et les différentes poses que doivent exécuter les chanteurs et les

joueurs d'instruments dans les cérémonies des sacrifices.

Tout se tient avec une merveilleuse harmonie dans
la doctrine des Kings. Le dieu du ciel est le père du
monde; l'Empereur est le père de l'Empire, et l'a-
mour filial est la suprême vertu; de là le respect que
le Chinois a pour son père, les hommages qu'il rend
à l'Empereur, le culte qu'il doit à Dieu; de là
aussi son attachement pour les coutumes des ancêtres.

Puis, comme tous les grades et par conséquent
toutes les places, depuis le plus bas degré jusqu'au
plus élevé, se donnent à l'examen et que l'examen
roule principalement sur les Kings, il en résulte que
ceux-là ont en main les affaires et l'influence, qui
comprennent et observent le mieux le texte déposi-
taire de la tradition religieuse.

Il ne faut donc pas dire que les lettrés reconnaissent peut-être un Dieu, mais ne lui donnent pas de
prêtre; il faut dire plutôt que chaque lettré est prêtre lui-même, soit comme chef de famille, chez lui,
soit comme magistrat, dans les fêtes publiques; soit
comme Empereur dans certaines jours solennels, au
nom de la nation.

A côté de la religion des Kings, que l'on peut appeler la religion officielle, il y a pour la foule le culte du dieu Fô. Cette religion a été en Chine une importation étrangère. Elle y est venue du Thibet dans le premier siècle de notre ère. C'est le Boudhisme, cette secte, fondée dans l'Inde par Sakiamouni, et qui après en avoir été chassée par les Brames, est encore aujourd'hui la religion du Thibet et de la Tartarie. On dit que ce fut un empereur chinois, l'empereur Ming-Ty, qui, sur la foi d'un songe, envoya chercher dans les régions méridionales de l'Himalaya, situées à l'occident de son Empire, l'idole du dieu Fô. Les bonzes avaient un grand esprit de prosélytisme et une facilité complaisante à adopter les dieux et les pratiques des cultes étrangers; ils ne tardèrent pas à couvrir l'Empire de leurs pagodes; l'invasion des Tartares leur amena de nouveaux sectateurs.

Les Tartares sont boudhistes, cependant l'Empereur, tout en adorant le dieu Fô dans son particulier, doit, comme chef des lettrés, offrir publiquement des sacrifices selon le rite des Kings; remarquable témoignage du pouvoir de ces livres extraordinaires qui embrassent à la fois la politique, les mœurs et la religion, et qui, malgré des bouleversements de tout genre, et la conquête, conservent encore, après trois mille ans, la principale autorité.

La pagode des rochers est consacrée à la déesse Ma-Tsou-Po. Elle est située près de Macao, sur une des pentes de la montagne qui termine le promontoire. Je m'y rendis par un chemin que l'on trouve à la sortie de la ville et qui descend vers la mer. J'arrivai près d'un petit village dont les cabanes de bambous s'étendaient sur le bord de l'eau ; à ma droite, une vingtaine de tankas, arrêtées près du rivage, se pressaient l'une contre l'autre, et les batelières poussaient mille cris confus, accompagnés de gestes animés, pour engager les passants à monter sur leurs bateaux ; à ma gauche, des blocs de granit se montraient revêtus d'inscriptions en caractères gigantesques ; de longues banderolles flottaient sur des mâts de pavillon ; enfin, entre deux rocs bizarres, un portique, d'une forme légère, dessinait sur un fond de feuillage les courbes de son toit surmonté d'une jonque en porcelaine ; c'était l'entrée de la pagode.

J'entrai et je fus frappé tout d'abord par cet ensemble original d'arbres, de rochers, de kiosques, de toits sur lesquels la porcelaine et le granit représentent des bateaux, des cornes de buffles, des queues de dragons,

et que surmontent des globes de diverses couleurs;
j'admirai ces portes et ces fenêtres ouvertes au milieu
des jardins, dans des murs sculptés, les unes ovales,
les autres rondes, comme des cadres pour le paysage.
Les bâtiments de la pagode sont étagés sur la montagne au milieu de figuiers, de banyans, de micocou-
liers, d'arbres séculaires, de roches qui se tiennent
debout, on ne sait comment, dans des équilibres impossibles. Le bâtiment principal contient une grande
salle à colonnes sculptées et à lambris décorés de ci-
selures et de peintures, ou revêtus d'inscriptions;
des lanternes y sont suspendues et, sur un autel,
dans le fond, on aperçoit la déesse, environnée de
diverses figures, les unes furieuses, le sabre en
main, avec des yeux terribles, les autres avec de
longues barbes descendant sur leurs ventres arrondis, le sourire sur les lèvres, et l'expression d'un
bonheur paisible.

Devant l'autel sont plusieurs grands vases remplis
d'un sable fin, dans lequel les fidèles piquent, après
les avoir allumés, des bâtons faits d'une pâte odori-
férante, tout-à-fait semblables à ceux dont ils se servent pour mettre le feu au tabac de leurs pipes. Rien
qui puisse inspirer le recueillement, ou communiquer à l'âme une sérieuse impression. Tout respire

la fantaisie, la délicatesse, l'élégance, mais rien de plus. Il y a dans les couleurs, dans les sculptures, dans les ornements, un talent de détail et même une grâce originale. Les Chinois qui viennent là, ont l'air d'être chez eux. Ils causent, ils sourient, ils brûlent leurs petits papiers, allument leurs bâtonnets parfumés et tout est dit ; c'est, dans cette vie réglée, une fonction accomplie, comme de prendre leur thé.

Je me rendis ensuite dans une autre salle, où il y avait une grande table chargée de poissons roses, de canards, de bananes et de pâtisseries ; c'étaient des offrandes apportées par les fidèles et destinées à l'honneur d'être mangées par les bonzes. Dans la cour on voyait des marchands de fruits et de légumes, des cuisiniers portant suspendus, aux deux bouts d'une perche de bambou, d'un côté leur fourneau et leur marmite et de l'autre leurs provisions ; des musiciens ambulants, avec leurs flûtes et leurs cornets, et des enfants déguenillés qui jouaient aux cartes sur le sable.

Je ne pouvais me lasser de regarder le jardin et la vue qui se déroule à mesure que l'on s'élève sur la pente de la montagne, en se promenant parmi les arbres et les rochers. On voit l'entrée du port intérieur, les jonques de guerre avec leurs pavillons bariolés; les jonques marchandes, dont l'avant a la forme d'une tête de poisson, avec un gros œil peint de chaque côté; et en face le piton de l'île Verte et les cimes granitiques de l'île de Tuy-Lien.

VIII.

19 septembre.

M. Callery nous avait dit que l'on trouvait en Chine des restaurateurs comme en France, et qu'il y en avait précisément un fort bon à Macao, dans la ville chinoise, et où nous pourrions dîner à la mode du pays. J'avais lu des voyages en Chine; j'y avais vu que les élégants à longue queue mangent habituellement à leurs repas des chiens, des rats, des vers et des cloportes assaisonnés avec de l'huile de ricin, et j'avais une certaine curiosité de me frotter un peu, en passant, à cette couleur locale. Une partie fut bien vite arrangée, le jour fixé; et notre savant interprète, qui naturellement devait être du festin, fut prié de nous commander un dîner dans le meilleur style de Pékin.

Avant-hier donc, vers cinq heures, nous parcourions les rues étroites du bazar, le palais en éveil et

l'estomac un peu effarouché, sinon effrayé de l'é-
preuve qu'il allait faire. Nous arrivâmes à une maison d'assez belle apparence et qui avait un étage par-
dessus le rez-de-chaussée, ce qui n'est pas chose
commune ; aussi le pilier rouge en saillie devant la
porte montrait-il en grands caractères cette inscription fastueuse : « A l'étage voisin de la demeure des
Immortels. » Nous fûmes reçus au milieu des four-
neaux, des marmites, et d'une odeur de cuisine assez civilisée, par le maître de l'établissement, un
gros homme à la face réjouie et qui nous adressa à
tous collectivement un de ses sourires les plus fas-
cinateurs.

Nous montâmes avec lui un petit escalier au haut
duquel était niché, entre deux lampes et sur un autel
orné de fleurs et de feuilles de clinquant artistement
découpées, un dieu bouffi, dont les yeux et la bouche noyés dans les joues, le ventre proéminent et l'expression sensuelle et hébétée auraient parfaitement
convenu au Silène de la mythologie. Ce dieu semblait fort à sa place dans un pareil lieu, et nous nous
dîmes que, chez un hôte d'aussi bonne mine et adorateur d'une semblable divinité, on devait pouvoir,

sans trop d'effroi, manger du chien, du rat et même de l'huile de ricin.

Nous entrâmes dans une grande salle où étaient rangées plusieurs petites tables, absolument comme dans un restaurant de Paris, et de là dans un cabinet particulier qui nous avait été réservé. Six fauteuils de bambous nous y attendaient et, en quelques minutes, comme par enchantement, grâce aux soins attentifs de notre hôte, dont la physionomie semblait s'épanouir à la pensée de faire connaître les délices de la gastronomie chinoise à des barbares de l'Ouest, des garçons fort bien habillés allumèrent des lanternes roses, de forme ovale, et dont le papier transparent était couvert de figures grotesques; suspendirent au plafond des girandoles de fleurs et placèrent sur notre table des candelabres où brûlaient de petites bougies de diverses couleurs. Nous dîmes à notre hôte, croyant lui être agréable, que nous nous faisions une fête de manger chez lui du chien, du rat et des cloportes.

Mais il se mit en colère, absolument comme pourrait le faire le maître d'hôtel du Café de Paris, si on lui demandait une gibelotte de chat. Les pauvres, en Chine, mangent de tout, et la cuisine bourgeoise y a des ressources que n'a pas la nôtre pour satisfaire l'appétit à bon marché ; mais l'élégance y a aussi ses scrupules, et notre hôte était un élégant. Notre première impression fut d'être désappointés, comme des braves qui s'attendaient à une bataille et qui ne trouvent pas d'ennemi : « Nous sommes volés ! » nous écriâmes-nous en chœur, et nous eûmes un instant la crainte d'être chez un faux Chinois ; mais nous ne tardâmes pas à être ramenés à de meilleurs sentiments.

On mit bientôt devant nous plusieurs petits plats, avec des pyramides de fruits et de légumes, la plupart confits au sucre ou au vinaigre, comme une sorte de prélude destiné à ouvrir l'appétit et à exciter la curiosité de l'estomac. C'étaient de petites ciboules dans une pâte noire épicée et sucrée, d'un goût piquant et nullement désagréable ; un mélange de cornichons, de gingembre et de carottes vinaigrés, sucrés et coupés en morceaux ; des amandes grillées et salées (j'en ai mangé de la sorte en Espagne) ; des pépins de melon d'eau grillés ; des pistaches grillées, des raves blanches très-fraîches et très-parfumées ; une espèce de petit abricot confit dans les épices, et des papayes divisées en longs filaments minces.

Ce prélude épicé et sucré n'avait encore rien de trop étrange ; il y a quelque chose d'analogue en Russie, où l'on mange avant le dîner du caviar, des anchois, du gingembre, ce qu'on appelle la châle.

A ce service succéda une soupe aux nids d'oiseaux, comme les alvéoles des abeilles sont des nids d'abeilles; il n'y a rien de commun entre ces nids et ce que nous appelons ordinairement de ce nom. Ce ne sont pas des brins d'herbe ou de mousse attachés ou collés ensemble. C'est une sorte de pâte gélatineuse qui est élaborée par certains oiseaux, comme la cire et le miel le sont par les abeilles. Ils l'appliquent contre les rochers dans les îles de la mer des Indes, et en bâtissent l'asile où ils déposent leurs œufs et élèvent leurs petits. On estime surtout les nids qui ont été enlevés avant que les œufs fussent éclos. On les mange d'ordinaire dans du bouillon de poulet, avec de petits morceaux de viande de porc et des œufs de tortue. C'est ainsi qu'étaient accommodés ceux qu'on nous servit. Cela ressemblait à des pâtes de vermicelle. Les Chinois leur attribuent les vertus toniques les plus extraordinaires.

Nous eûmes ensuite des cartilages de museau d'esturgeon; un bouillon aux doigts de canards, et un autre aux holothuries ou *bichos de mar*. Les holothuries sont un mollusque sans coquille très-estimé en Chine. Tout cela me parut très-mangeable, quoi-

que les holothuries soient une sorte de couenne rude
et brune qui ne paie pas de mine.

Ce qui eut le succès le moins contesté ce fut un
canard désossé et farci qui avait un goût d'aromates
assez singulier, mais agréable, et dont la substance
était la première, depuis que nous étions entrés dans
la partie sérieuse du dîner, qui appartînt à la classe
des choses mangeables, selon nos idées ou nos préjugés d'Europe. On nous donna encore de l'anguille
dans une sauce aux épices, de petites tranches frites
d'un poisson nommé l'encorné, ressemblant pour le
goût aux crevettes ; des grenouilles, de la tortue à
écailles molles et enfin des ailerons de requin. Le
nom de ce dernier plat aurait évidemment semblé
à Carême ou à Vatel digne de figurer sur le menu du
dîner de Lucifer. On nomme aileron la nageoire placée sur le milieu du dos du requin. C'est un mets
très-recherché des Chinois Ils le font venir principalement de la côte de Malabar, où ce poisson terrible abonde, et d'où les Indiens en expédient des
quantités considérables. Nous avions déjà mangé du
requin sur l'Atlantique, mais cette fois le monstre se
présenta à nos yeux sous une forme à laquelle nous
ne nous attendions guère ; c'étaient de petits fils
blancs, fins et soyeux, mêlés à de petits morceaux de

homard et qui n'avaient aucun goût par eux-mêmes.
Les Chinois attribuent aux ailerons de requin les
mêmes vertus qu'aux nids d'oiseaux.

Tous ces mets en général étaient appropriés à la
nature des ustensiles que les Chinois emploient pour
manger. On n'a point de fourchettes ; on n'a qu'une
paire de bâtonnets dont on se sert en les ouvrant et
en les fermant alternativement avec l'index et le
pouce, comme on se servirait d'une pince ; tout est
coupé d'avance en petites tranches ; on saisit chaque
morceau et on le porte à sa bouche, comme on saisi-
rait et porterait un tison avec des pincettes ; quant
au bouillon, on peut le boire avec la petite cuillère
de porcelaine. Cet usage des bâtonnets n'est pas très-
difficile, car, au bout de quelques minutes, avec les
leçons de M. Callery, nous pouvions nous en servir,
sinon très-habilement, au moins de manière à ne pas
faire, devant notre dîner chinois, la figure que fait
depuis Ésope le renard de la fable devant le dîner
de la cigogne.

La seule chose vraiment détestable, malgré toute
notre bonne volonté, c'était le vin. Il y en avait
pourtant de bien des espèces ; le vin des montagnes
neigeuses, le vin des sept principes, le vin des cinq
écorces, le vin des cent fleurs ; mais dans tous ces

vins-là il n'entrait ni raisin, ni fleurs, ni écorces;
c'étaient des boissons fermentées et faites avec du
maïs, du riz, du millet ou d'autres graminées inconnues en Europe ; on nous les servait chaudes
dans de petites tasses de porcelaine, et elles laissaient
dans la bouche un arrière-goût des plus désagréa-
bles. Le raisin est pourtant cultivé en Chine, mais pas
en assez grande quantité pour en faire du vin. On le
mange comme un fruit et on l'emploie en médecine
à l'état de raisin sec. On prétend que sous la dynastie des Hans, il y a environ deux mille ans, on avait
beaucoup de vignes et on faisait beaucoup de vin.
Mais le vin fut défendu comme funeste à la morale,
et la vigne comme dérobant à la culture des grains
une terre précieuse.

Le sam-chou ne nous parut pas meilleur que le
vin, c'est une eau-de-vie de riz, faible en apparence,
mais très-capiteuse et dont le goût est très-fade. Elle
se vend moins cher que nos eaux-de-vie d'Europe et
elle est d'un effet bien plus prompt. Il n'est pas rare
de trouver dans les faubourgs de Macao des matelots
Anglais ou Américains qui, excités par la douceur
perfide de cette boisson et affriandés par le bon marché, en prennent assez en quelques verres pour tomber ivres-morts.

Quand nous eûmes fait suffisamment honneur aux plats de viandes et de poissons, nos Chinois nous ouvrirent une porte et nous introduisirent dans un petit salon, illuminé et fleuri comme celui où nous avions dîné; nous y trouvâmes une table avec du thé, des gâteaux, des confitures et des sucreries; les gâteaux ne valaient pas grand'chose; c'était du riz ou des fruits renfermés dans de la pâte molle et blanche. Nous nous mîmes à prendre le thé qui avait plus de parfum qu'il n'en a en Europe et que l'on boit ici sans crème et sans sucre, en tâchant de ne pas avaler les feuilles qui se trouvent au fond de la tasse. On alluma des cigares, et au milieu des nuages de fumée qui ne tardèrent pas à s'enrouler autour des lanternes et à se balancer au-dessus des girandoles de fleurs, chacun se prit à deviser de Paris et des amis absents. Cependant un de nous avait cru entendre remuer et soupirer derrière un rideau; il se leva, écarta la tenture et nous vîmes dans une sorte d'alcôve, au fond, sur un divan, un corps immobile, maigre, jaune, parcheminé, raide comme un cadavre.... c'était un vieux Chinois qui venait de fumer de l'opium.

IX.

26 septembre.

Il y a eu à Macao ces jours-ci deux spectacles curieux, l'un sur la Praya, l'autre dans le bazar. Le
spectacle de la Praya était une fête religieuse en
honneur des esprits de la mer. On avait construit
près de l'eau une baraque ; la charpente était en
bambous, la muraille en nattes ; un autel avait été
dressé dans le fond, avec des peintures et des statuettes ornées de clinquant, et, dans la galerie extérieure qui servait de péristyle à ce temple improvisé, on avait suspendu des lanternes de papier peint
et des cages dans lesquelles étaient de petites figures
représentant des personnages habillés de divers costumes, et des scènes de la vie familière ; un orchestre
de bonzes juchés sur une espèce d'estrade frappait
à tours de bras sur des gongs, des cymbales et des
tam-tams ; râclait les cordes de violes aigres et
agacées et soufflait de tous ses poumons dans des
flûtes, des cornemuses et des trombonnes, de manière à imiter parfaitement un sabbat de sorciers,
parodiant avec des mirlitons, des clefs forées, des

pelles et des casseroles le plain-chant de nos églises.

La baraque du bazar avait un parterre et une galerie; des comédiens ambulants, qui jouaient sur des nattes, avec des robes éclatantes et bariolées, des coiffures extravagantes, des barbes postiches, des grimaces et des gestes comme on n'en verrait pas dans tout le recueil de Callot; des lances et des épées brandies par-dessus la tête avec une emphase de matamores au-delà des limites du grotesque; une manière d'enfourcher un cheval qui n'existait pas et de galoper fastueusement à la bataille sans avoir rien entre les jambes; et mille naïvetés bouffonnes, étranges, impossibles, qui intéressaient et passionnaient la foule pendant des journées entières et qui, après tout, n'étaient pas d'une civilisation beaucoup moins avancée que les représentations officielles de Maures, d'Espagnols et d'Algériens dont la ville de Paris fait largesse, les jours de fêtes nationales, au peuple le plus spirituel de l'univers. Le sujet de la pièce était un roi qui avait une fille; cette fille avait des prétendants; le roi faisait des discours; la fille chantait; les prétendants se battaient; le vainqueur épousait la belle, dont le rôle était joué par un jeune garçon, avec une voix de fausset. Les femmes en Chine ne montent pas sur la scène.

J'ai fait aussi avec d'Harcourt, Macdonald et monsieur et madame de Lagrené quelques excursions dans les environs de la ville. Nous sommes allés voir la porte où un soldat à longue queue veille, la lance à la main, sur le seuil du Céleste Empire, comme l'ange à l'épée flamboyante sur le seuil du paradis. Nous sommes sortis de Macao par un sentier voisin de la maison Marquès et, après avoir traversé des rizières, nous sommes entrés dans un village chinois. Tous les habitants hommes et femmes se mettaient à leurs portes, pour nous regarder, avec une curiosité effarée. Il paraît que les Européens de Macao vont rarement dans ce village qui est fort sale et fort misérable, car les bipèdes ne furent pas les seuls que notre présence mit en révolution. Nous fûmes bientôt suivis par une bande de grands chiens semblables à des loups, qui devenaient plus nombreux à chaque instant, et qui nous examinaient de manière à nous faire comprendre qu'un geste de leurs maîtres nous les amènerait sur les épaules. Heureusement les Chinois avaient plus de curiosité que de malveillance et nous arrivâmes sur le bord de la mer sans avoir eu d'événement. Après avoir passé auprès d'une pagode située au fond d'une grande cour et dont l'entrée, comme celle de la pagode des rochers, était ombragée d'arbres magnifiques, nous vîmes la muraille, la porte et le corps de garde, ainsi que le soldat en sentinelle qui est censé devoir empêcher les Fan-Kouei (diables étrangers) de mettre le pied sur les terres du Fils du Ciel. Nous continuâmes tranquillement notre promenade, en passant sous la porte; le soldat nous regarda sans rien dire et je crus même qu'il allait nous porter les armes. Un restaurateur en plein vent, qui étalait de l'autre côté de la frontière sa buvette de sam-chou, nous fit un salut charmant et nous offrit un petit verre. Nous cheminâmes quelque temps sur la route défendue, puis, comme cela n'était ni plus chinois, ni aussi pittoresque que ce que nous avions quitté, le soir commençant d'ailleurs à obscurir le paysage, nous revînmes sur nos pas et nous prîmes une barque qui nous ramena par le port intérieur jusqu'à l'escalier des Lazaristes, où madame de Lagrené retrouva sa chaise; nous revînmes à l'ambassade en traversant le bazar.

Nous sommes allés aussi visiter l'île Verte. C'est un cône enveloppé d'arbres et de broussailles. On trouve dans le bas une maison de missionnaires portugais et on voit d'en haut un panorama complet de la péninsule de Macao et des côtes accidentées de l'île d'Hiang-chan. Quand nos barques nous recondui-

sirent à la ville, le soleil venait de disparaître ; l'ombre, comme cela a lieu sous les tropiques, nous ga-
gnait rapidement ; nos Chinois se penchaient sur
leurs avirons pour arriver plus vite ; tout-à-coup une
illumination charmante se montra du côté de la pagode des rochers ; c'étaient les jonques de guerre
dont les mâts, les vergues et les cordages se couvraient de verres de couleur bleus, roses, verts, jaunes ; tandis que de tous côtés, sur l'eau comme sur
le rivage, le bruit des gongs et les explosions des
pétards célébraient la fête de l'Empereur.

Enfin aujourd'hui dans la matinée nous sommes
allés sur l'île de Lapa voir ce que l'on nomme la
pierre sonore. Nous avons suivi pendant un ou deux
milles le cours d'un joli ruisseau, par un sentier
tortueux qu'ombrageaient de temps en temps des
bouquets d'arbres ; nous avons passé devant plusieurs fermes et devant un moulin ; nous avons monté
une côte assez escarpée sur le flanc d'un coteau
sauvage et solitaire et là nous nous sommes trouvés
devant un amas d'énormes blocs de granit, jetés les
uns sur les autres par je ne sais quel bouleverse-
ment. Il y en a un qui se tient presque debout,
dans une position bizarre et par un étonnant hasard d'équilibre. Un des Chinois qui nous servaient

de guides le frappa à plusieurs reprises avec une
pierre et il résonna comme une cloche ; cela parut
chaque fois causer un plaisir infini à tous ses compagnons ; ils nous regardaient avec une physionomie doublement radieuse de joie et d'orgueil et qui
semblait nous dire : « On ne voit de ces choses-là
que dans l'Empire Céleste. »

X.

29 septembre.

M. Payva et son beau-frère M. Marquès, nous
avaient promis, il y a quelque temps, de nous faire
faire une excursion un peu lointaine sur le territoire
de Hiang-chan. Ils ont la passion de la chasse
et de la pêche ; ils se sont fait construire une grande
barque, dans laquelle ils ont tout ce qu'il faut
pour faire la cuisine et pour passer la nuit. Ils se
sont formé un équipage d'élite d'une vingtaine de
Chinois ; ils vont à quinze ou vingt lieues sur les côtes ou dans les rivières, jetant leurs filets dans l'eau,
ou bien, quand la fantaisie leur en prend, sautant à
terre avec leurs fusils, pour tuer dans les champs de
riz des canards ou des bécassines. Ils parlent assez

le chinois pour se faire comprendre; les gens du pays les connaissent et il ne leur est jamais arrivé aucun mal. Nous venons de visiter avec eux les sources bouillantes d'Youm-Mak.

Hier, avant le point du jour, vers quatre heures du matin, nous étions à l'embarcadère du port intérieur. Vingt Chinois tenaient les avirons. Il y avait un cuisinier avec des provisions nombreuses et des paniers remplis de diverses sortes de vins; le ciel était sans nuages, et une légère brise, qui ridait la surface de l'eau, devait nous être favorable pendant presque toute la route.

Nous partîmes, et bientôt nous eûmes dépassé l'île Verte. Nous avions à droite les côtes de Hiangchan et nous apercevions les champs de riz, les villages et les montagnes, que le jour pointant peu à peu habillait d'ombres et de lumière. De temps en temps, quelque autre terre se montrait à notre gauche; la mer était magnifique et nous marchions très-vite. Vers sept heures, nous entrâmes dans un canal; plusieurs oiseaux d'un plumage charmant voletaient et gazouillaient dans les buissons de la rive; comme nous étions censés chasser, il fallut bien en tuer quelques-uns; à chaque instant nous avions sous les yeux des témoignages du génie industrieux des Chinois, des canaux d'irrigation, des digues, et partout des cultures ou des plantations. Nous arrivâmes à près de neuf heures au terme de notre course. Nous sautâmes avec empressement sur cette terre, où certainement aucun de nos compatriotes n'avait mis le pied avant nous, et qui, selon toute apparence, n'avait jamais vu d'autres Européens que MM. Payva et Marquès. C'était une large vallée, couverte de riz du vert le plus frais et le plus tendre; quelques jolies maisons à demi-cachées par des bouquets de grands arbres, deux ou trois villages bien élégants et bien coquets et dans le fond un amphithéâtre de hautes montagnes, présentant un ensemble de masses imposantes et de formes bizarres. M. Payva nous fit faire quelques pas en avant, et nous vîmes à nos pieds deux petits bassins parmi quelques broussailles; c'étaient les sources. Elles étaient très-chaudes; l'eau avait une température de soixante-dix à quatre-vingts degrés.

Après avoir suffisamment considéré ce futur établissement thermal, qui jusqu'à présent ne sert qu'à cuire des œufs et des écrevisses, nous prîmes chacun notre fusil sur l'épaule et, accompagnés de quelques-uns des Chinois qui formaient l'équipage de la barque, nous nous acheminâmes, à travers les rizières et

tout en chassant, vers un village nommé Tsi-Long,
qui semblait assez considérable et qui était à une
lieue dans la vallée. J'ai vu peu de plaines aussi riches que celle-là et je n'en ai pas vu d'un aspect plus
agréable. On aurait dit un immense jardin, semé de
massifs d'arbres et orné de fabriques et de kiosques.
Les hautes montagnes des derniers plans faisaient
contraste, par leur nudité aride, avec la fraîcheur et
la fertilité de cette délicieuse vallée. Les maisons
étaient fort rapprochées. Nous traversions de petits
hameaux dont les habitants nous regardaient avec
une bienveillante curiosité. On venait même nous
vendre des pamplemousses, des oranges mandarines
et des letchis secs. Les letchis sont des grains gros
comme des prunes, qui pendent en grappes comme
des raisins à un arbre gros comme un chêne. On dit
ce fruit sans égal quand il est frais; mais nous n'é-
tions pas dans la saison; il est d'ailleurs fort bon
même quand il est sec. La chaleur était devenue très-
forte, et quelques-uns de nous s'étaient assis près
d'un groupe de maisons, à l'ombre d'un gigantesque
figuier des Banians, dont les racines nous servaient
de siéges. Un petit ruisseau murmurait tout auprès.
Pendant que nous nous reposions un peu, en mangeant des letchis, une vingtaine de petits garçons et

de petites filles, plus hardis que leurs parents qui se tenaient à l'écart, s'approchèrent de nous et se mirent à nous contempler en riant et en se jouant, avec les mines les plus espiègles et les plus gracieuses du monde. On leur jeta des poignées de letchis; ils se précipitèrent dessus, et ce fut une véritable mêlée, puis des joies et des rires; une piastre suffit pour vider les paniers des vendeurs, et donner à la troupe d'enfants un régal splendide qui nous gagna leur amitié.

Nous entrâmes dans le village; la pagode nous frappa par son élégance. M. Payva nous mena chez le mandarin de l'endroit, et lui présenta M. de Lagrené. L'honnête magistrat fit toutes sortes de tsinstsins et offrit des siéges et des pipes. On parla moitié par gestes et moitié par la bouche de M. Payva, qui comprenait un peu et se faisait un peu comprendre. On parla d'opium entr'autres choses. Le mandarin demanda à M. de Lagrené s'il voulait en fumer. M. de Lagrené lui dit que non, et lui demanda à son tour s'il avait l'habitude de le faire. Le mandarin répondit que cela lui arrivait souvent et qu'il le trouvait fort agréable. Il se fit apporter sa pipe à opium avec tous les accessoires et il expliqua en détail à M. de Lagrené, la manière de s'en servir.

Cependant les habitants du village s'étaient rassemblés et, curieux de voir les étrangers, ils se pressaient devant la porte ouverte, sans oser en franchir le seuil; ils voyaient donc parfaitement cette démonstration.

« Mais, dit un de nous, vos lois défendent de fumer de l'opium.

— Certainement, répondit le mandarin.

— Que feriez-vous si un de vos administrés en fumait?

— J'exécuterais la loi.

— Et vous qui fumez, vous ne craignez donc rien pour vous?

— On ne me voit pas.

— Mais si l'on vous voyait?

— Si c'était un de mes inférieurs, je n'en prendrais nul souci ; si c'était un de mes supérieurs, je l'inviterais à entrer dans ma maison, je lui offrirais une pipe et il fumerait avec moi. »

Nous rîmes beaucoup de cette saillie; le petit fonctionnaire avait l'air fin et rusé ; il est d'ailleurs très-vrai que la moralité des magistrats subalternes est très-peu de chose dans le Royaume du milieu. Le mandarin poussa la politesse jusqu'à nous reconduire aux extrêmes limites de son territoire. Il

paraissait fort ami de M. Payva que je soupçonne
d'entretenir de temps en temps son amité par des
largesses. Il alla, dans la vivacité de ses adieux, jusqu'à offrir à M. de Lagrené, s'il voulait venir passer quelques jours à Tsin-Long, de le loger dans une
pagode, comme ses divinités. Nous retournâmes
vers notre barque très-contents de cette excursion.
Nos Chinois reprirent leurs avirons et, après avoir
descendu rapidement la rivière, nous longeâmes de
nouveau les côtes de Hiang-chan avec une mer
douce comme un lac. Quand nous fûmes devant le
village de Casa-branca, M. Payva eut l'idée d'aller
visiter la maison de campagne d'un négociant Chinois de sa connaissance. Elle était située sur un coteau assez élevé et à une demi-lieue de la plage. C'é-
tait une maison peu considérable, mais très-soignée;
nous ne voulûmes pas être trop indiscrets et nous
nous bornâmes à voir un instant une ou deux pièces
meublées de chaises et de fauteuils en bois verni,
d'étagères chargées de porcelaines et de tables où
étaient posés des vases de fleurs; et à parcourir le
jardin qui avait d'épais ombrages et de beaux points
de vue. Au moment où nous en sortions, nous aperçûmes une femme qui rentrait dans la maison. Elle
boitait comme une personne bien née et bien éle-

vée; elle avait ses cheveux noirs relevés sur le sommet de la tête, une longue robe de soie jaune qui laissait deviner une taille fine et souple; elle tenait un éventail de plumes à la main et, comme naturellement elle tourna la tête bien peu, je l'avoue, mais enfin un peu, de notre côté, elle me sembla jolie, mais tout-à-fait à la manière des petites Chinoises de paravent.

Quand nous remontâmes sur notre barque, le soleil avait disparu et la lune et les étoiles se miraient dans la mer. M. Payva avait mis à profit notre promenade pour faire préparer le dîner; nous dinâmes à la clarté des astres, entre Casa-branca et Macao et au bruit cadencé des avirons.

LIVRE SEPTIÈME.

—

KI-YNG.

I.

30 septembre.

On attend Ki-yng aujourd'hui. Nous sommes allés voir hier, en nous promenant, le logement que le mandarin de Macao lui a fait préparer. On lui donne une pagode nommée la pagode de Mong-Ja. Elle est située entre Macao et la muraille de Hiang-chan, dans l'intérieur de la péninsule. La route fait une demi-lieue dans les rizières; puis on entre dans un bois épais et on arrive devant la pagode. On a retiré les dieux pour faire place au vice-roi. On a déménagé un autel pour y mettre un divan, et les oratoires des bonzes sont devenus, celui-ci un cabinet de travail, celui-là une chambre à coucher. Le trésorier Houang, qui remplit auprès de Ki-yng les fonctions de premier secrétaire, sera logé dans la pagode que nous avons aperçue il y a quelques jours, sur le bord de la mer intérieure, dans notre promenade vers la muraille de Hiang-chan. Quant à Pan-se-Tchen et à Tchaô, ils s'établiront dans la ville.

Près de la pagode de Mong-Ja est un village qui porte le même nom. Nous y avons vu deux maisons très-élégantes qui appartiennent probablement à des marchands du bazar. Il y en avait une qui n'était pas encore habitée, ni même tout-à-fait terminée. Les ouvriers travaillaient encore aux sculptures des lambris. L'autre paraissait aussi à peine achevée, et, la croyant également inoccupée, nous entrâmes dans la cour. Toutes les portes étaient ouvertes, même celles d'un assez beau salon, où nous fûmes très-poliment accueillis par le maître du logis ; tandis qu'une jeune femme, dans le genre de celle qui nous apparut à Casabranca, se retirait lentement grâce à ses petits pieds, que nous nous félicitions de voir si petits et qu'elle remerciait probablement aussi de l'obliger, en retardant sa marche, à voir et à être vue.

C'est une chose remarquable à quel point nous sommes partout bien reçus. Dans tous les lieux où nous allons, on nous reconnaît immédiatement pour des Français, et on nous répète avec bienveillance, dans le patois mêlé d'anglais que parlent les petits

marchands et les Chinois des classes inférieures :
« *Falansis !... good , good Falansis !...* (Français ,
bons Français !)

II.

4 octobre.

Ki-yng est arrivé le 30, dans la matinée. M. de Lagrené m'a chargé d'aller à la pagode avec d'Harcourt
porter ses compliments. Nous nous sommes mis dans
nos chaises et, précédés de notre interprète, nous
avons pris le chemin de Mong-Ja.

La grande cour de la pagode a été transformée en
camp Tartare. Les tentes, les soldats, les chevaux,
les bannières, les arcs, les carquois, les lances, les
boucliers, les costumes, tout rappelle les récits du
moyen-âge ; on peut se croire en plein Arioste. Nos
porteurs traversèrent au pas de course cette foule
bruyante et agitée, et s'arrêtèrent devant la porte sur
laquelle flottaient des banderolles de toutes les couleurs.

Nous avions des cartes de visite à la mode du
pays, c'est-à-dire de longues feuilles de papier rouge,
avec nos noms écrits en caractères chinois. Nous

les donnâmes à un mandarin de service qui était venu au-devant de nous. Il revint accompagné de plusieurs clercs en longues robes, pour nous introduire près du Vice-Roi. On nous fit parcourir d'abord une longue galerie, puis entrer dans une grande salle qui semblait réunir un jardin, des escaliers, une terrasse, dans un ensemble théâtral. Il est vrai qu'elle avait été jusqu'à ce moment ces trois choses distinctes : une cour plantée d'arbustes et de buissons de fleurs, un escalier en fer à cheval et un péristyle orné de colonnes ; on a étendu sur tout cela comme un plafond de nattes, et on en a fait un seul vaisseau d'une vaste étendue et d'une distribution originale ; les degrés de l'escalier, le sable de la cour sont tapissés de manière à imiter le plancher d'un appartetement ; des lanternes de verre pendent çà et là, et des tableaux, représentant des paysages ou portant des inscriptions, décorent les lambris improvisés.

On nous mena ensuite dans une grande pièce carrée, avec des colonnettes de bois peint et sculpté. Dans le milieu, une large table de granit était couverte d'une montagne en miniature, sur laquelle poussait une forêt d'arbustes et d'arbres réduits à des proportions naines par un prodige d'horticulture que les Chinois seuls savent opérer ; au fond s'ouvrait une espèce d'alcôve très-profonde, bordée de chaque côté d'une rangée de fauteuils en bois brun, aux bras et aux dossiers raides et carrés, et terminée par un large divan. Un beau vieillard, avec de longues moustaches grises et des yeux pleins d'intelligence, vint à notre rencontre d'un air tout-à-fait noble : c'était le Commissaire Impérial.

Il me fit asseoir à côté de lui sur le divan où il n'y avait que deux places séparées par une tablette sur laquelle on nous servit aussitôt du thé sans lait et sans sucre. Il fut à la fois affable et digne. C'est une chose à remarquer comme chez les peuples les plus éloignés et qui diffèrent le plus par les mœurs, par les lois, par les habitudes du costume et par les traits du visage, il y a un je ne sais quoi de parfaitement identique qui se fait jour, on ne sait comment, dans certains gestes et dans certaines manières, pour représenter au dehors le sentiment de dignité qu'inspirent ordinairement l'élévation du caractère et la supériorité du rang.

Je restai seulement quelques minutes et je me renfermai dans les termes des compliments que j'étais chargé de faire, et qui furent reçus et rendus avec grâce. Au moment où je me disposais à partir, le

Commissaire Impérial me pria d'annoncer sa visite à M. de Lagrené pour le lendemain à midi.

En effet, le 1ᵉʳ octobre, à l'heure fixée, les canons des forts portugais saluèrent l'arrivée du Vice-Roi dans la ville, et bientôt l'escorte défila dans notre rue. Il y avait des cavaliers Tartares sur leurs grandes selles et sur leurs petits chevaux ; des fantassins avec leurs lances ; des clercs en robes avec des parasols ; d'autres en chaises ; une infinité de bannières et d'étendards bariolés de dragons et de figures fantastiques, enfin la large chaise de Ki-yng, suivie de celles de Houang, de Pan-se-Tchen et de Tchaô et de beaucoup d'autres ; le tout avec un grand bruit de gongs, de tam-tams, de flûtes, de hautbois et d'autres instruments du pays, plus ou moins discordants.

L'ambassade avait également déployé toutes ses splendeurs. Notre garde de marins, dans ses plus beaux habits, était rangée en haie sous le vestibule. L'escalier était orné de fleurs. Les délégués du commerce avaient choisi dans leur collection leurs plus beaux échantillons de bronzes, de porcelaines, de cristaux, charmants chefs-d'œuvre de l'industrie parisienne, qui avaient été disposés avec goût de manière à former un ameublement et non pas une exposition. On avait déroulé un immense portrait de Ki-yng, envoyé la veille par le Commissaire Impérial. On avait placé sur une table un magnifique service de thé en porcelaine de Sèvres que le Roi a donné à son Plénipotentiaire en Chine. L'Amiral Cécille, les officiers de son état-major, les nombreux attachés de l'ambassade, le consul, tous en grand uniforme, environnaient M. de Lagrené d'un cortége doré et brodé qui paraissait probablement aux Chinois tout aussi étrange que leur cavalcade d'Opéra nous le semblait à nous-mêmes.

J'allai jusque dans le vestibule au devant de Ki-yng que M. de Lagrené reçut au haut de l'escalier. Houang, Pan-se-Tchen et Tchaô entrèrent ensuite et s'assirent auprès du Vice-Roi, pendant que les autres mandarins de la suite se tenaient debout entre les portes et dans les antichambres. Tout le reste de l'escorte s'était rangé dans la rue. Les degrés de l'église, en face de la maison, étaient couverts de soldats et de peuple.

Webster m'avait beaucoup parlé de Houang, qui est le diplomate délié et éclairé de la commission Chinoise de même que le Vice-Roi Tartare, oncle de l'Empereur, en est le grand caractère et le grand seigneur. Il m'avait vanté sa grâce, son élégance et surtout son habileté coquette et insinuante. Houang est un Chinois ; il est jeune ; il a la physionomie très-agréable, le regard spirituel, la main petite et soignée, avec un bras efféminé qu'il montre sans cesse quand il parle, en le faisant sortir de sa manche par un geste habituel. Il était vêtu avec soin ; parlait souvent et en homme accoutumé à voir admirer son bien dire ; la mobilité de ses traits, la vivacité de ses gestes contrastaient avec l'attitude grave et l'expression à la fois affectueuse et digne du Vice-Roi. On voyait aisément que l'un se sentait du sang Impérial dans les veines, tandis que l'autre représentait le Chinois parvenu par les examens, c'est-à-dire par son talent, à de hautes dignités. Houang est à présent bouton rouge, grand trésorier de la vice-royauté de Kouang-Ton et du Kouang-Si, et il touche pour cette place d'énormes appointements.

La conversation se passa en compliments réciproques, comme cela convenait à une première visite, en présence d'une assistance aussi nombreuse. M. de Lagrené montra le service de Sèvres au Vice-Roi qui l'admira beaucoup et en connaisseur. Il le conduisit ensuite dans la salle à manger où une collation avait été préparée. J'étais assis à table entre Pan-se-Tchen et Tchaô qui parurent goûter beaucoup le vin de Champagne et les vins sucrés, mais affectionner fort peu les vins rouges. Notre interprète était occupé avec Ki-yng et M. de Lagrené. Mon répertoire de mots chinois se bornait à trois, choisis, il est vrai, parmi les plus aimables; mais je ne pouvais guère varier mes sujets de conversation; cependant nous nous levâmes de table les meilleurs amis du monde.

Il en était de même de Ki-yng à l'égard de M. de Lagrené. Il le quitta en lui faisant les adieux les plus affectueux et après l'avoir serré plusieurs fois dans ses bras. Je le reconduisis jusqu'à sa chaise. Les gongs recommencèrent à frapper, les flûtes et les hautbois à sonner, les Tartares à monter à cheval, les fantassins à porter leurs lances, les porte bannières leurs dragons, les clercs leurs parasols et toute l'escorte à défiler dans l'ordre qu'elle avait observé en arrivant.

III.

15 octobre.

Le ministre de France et le Commissaire Impérial ont eu plusieurs conférences, et sont tombés d'accord sur les principes généraux. Lorsque toutes les bases ont été posées et qu'il s'est agi d'aborder le texte du

traité, rédigé, depuis notre arrivée, avec une grande
facilité de travail, par M. de Lagrené, Ki-yng lui a
dit : « Nous sommes tous les deux les représentants
de l'affection que se portent deux grands monarques;
nous ne pouvons pas discuter entre nous; cela ne serait pas convenable; nous ne devons nous parler
qu'en parfaite harmonie et nous laisserons la discus-
sion à nos subordonnés. »

Il fut donc convenu que Houang et moi nous aurions des conférences tantôt chez moi, tantôt à la pagode de Ki-yng; Pan-se-Tchen et Tchaô furent ad-
joints à Houang, et mon jeune et spirituel collégue
Bernard d'Harcourt fut chargé de la rédaction du
procès-verbal.

Nous avons dans M. Callery un excellent interprète
et qui possède aussi bien la Chine que le Chinois.
Nos conférences se passent avec un ordre et une
convenance qui sont au niveau de ce qu'on peut
rencontrer de mieux en Europe. Houang traite les
matières économiques et politiques avec une intelligence aisée et une science qui n'est pas toujours très-
avancée, mais qui est au moins sans pédantisme; et
surtout il est conciliant et il sait ne pas prolonger les
discussions sur les petites choses.

J'ai lu bien des livres sur la Chine, mais rien ne

m'a fait comprendre la civilisation Chinoise comme ces conférences. Ce travail en commun, ces controverses familières sur un traité qui renferme dans ses divers articles des questions de droit public, de droit civil, de politique et d'économie politique, me font pénétrer en quelque sorte dans l'intelligence de Houang et par conséquent dans la civilisation de son pays, dont il est un des hommes les plus distingués.

Je ne dirai pas que je rencontre dans le grand-trésorier les notions théoriques que, sans être un personnage, on apprend chez nous en suivant un cours ou en lisant une revue, mais je trouve en lui un esprit assez élevé par l'habitude des généralités métaphysiques pour tout comprendre et assez mûri par celle des affaires pour tout apprécier sans préjugés.

Nos conférences durent trois ou quatre heures et elles se terminent par une collation. Nous restons à peu près une heure à table, ne mangeant guère, buvant peu et causant beaucoup, mais jamais d'affaires. Les Chinois ont un principe qui est chez eux élémentaire en fait de savoir-vivre, c'est de ne jamais parler d'affaires en dehors des heures qui y sont consacrées.

Nous ne manquons pas de sujets de conversation.

Houang me fait mille questions sur la France; je lui en fais autant sur la Chine. C'est une telle fortune d'avoir sous la main tous les jours, pendant une heure de loisir, un des esprits les plus éminents du Céleste Empire, que j'en profite pour me promener avec lui dans tous les détails de l'administration et de la vie Chinoises.

Tantôt il me parle des divers conseils qui correspondent à nos ministères, le conseil de la guerre, celui des finances, celui de l'agriculture, ceux de l'intérieur, de la justice, de l'instruction publique et des cultes. Il ne manque que le conseil de la marine; mais en compensation il y a le conseil suprême des rites, dont Houang a fait partie et qui est chargé de maintenir les traditions et la doctrine des Kings. Il a travaillé dans sa première jeunesse au ministère de la justice avec Pan-se-Tchen. « Nous étions » ensemble dans les bureaux, me disait ce dernier; » seulement il avait toujours le pinceau à la main, » tandis que moi je ne faisais que de courtes apparitions, et c'était au conseil que l'on me voyait le » moins. »

Tantôt il m'interroge sur nos lois civiles et criminelles. Nos codes ne le surprennent nullement, car il y a des milliers d'années que la Chine a son code. Mais ce qui lui inspire une grande admiration, c'est notre système pénitentiaire et cette idée que je lui ai présentée, en anticipant un peu, comme déjà réalisée, de faire servir la peine à améliorer le coupable. « Je savais bien, me disait-il, que vos doctrines » sont excellentes. La France est vraiment une » nation bonne et généreuse. Vous êtes les lettrés » de l'Occident. »

Houang m'interroge encore, en sa qualité de trésorier, sur la perception de nos impôts. Accoutumé à la centralisation, il en apprécie les avantages et il en comprend le mécanisme; il est porté à blâmer ce double mouvement de l'argent vers le centre, sous la forme de recettes, et vers la circonférence, sous celle de dépenses. « En Chine, me dit- » il, on prélève d'abord dans chaque district, dans » chaque arrondissement, dans chaque province, ce » qui est nécessaire pour les dépenses locales et » c'est le surplus seulement qui va à Pékin. » Je lui ai fait comprendre qu'en Chine on paie l'impôt en nature et que les recettes de l'Empire pourraient charger des flottes, tandis que chez nous, où il se paie en argent, les sommes qui le représentent peuvent tenir sur une feuille de papier et voyager, comme une lettre, par la poste. J'ai eu d'autant moins de peine à expliquer à Houang ce mécanisme que les négociants Chinois connaissent la lettre de change.

Houang me parle aussi de la vie élégante à Pékin. On y a des chevaux, des voitures, et c'est la mode de conduire sa voiture soi-même, comme de monter à cheval ; on y a même des voitures de remise et quelque chose comme nos fiacres. Trois théâtres y représentent des comédies, des drames ou des pantomimes bouffonnes. La salle est circulaire comme étaient les cirques antiques et la scène est placée au milieu ; les acteurs s'habillent en dessous ; on y a, comme chez nous , un parterre et plusieurs rangs de loges. La société de Pékin est une société d'hommes ; on joue aux cartes et aux échecs, on fume , on prend du thé ; on discute sur l'histoire ou la poésie ; on récite des vers ou l'on fait des bouts-rimés ; on fait venir des danseuses ou des musiciens ; il y a même des espèces de clubs ou de coteries dont les associés se réunissent certains soirs dans un but littéraire ou gastronomique. Quant aux femmes, elles reçoivent leurs amies ou leur rendent visite ; elles leur donnent des dîners ou des soirées ; elles s'occupent des enfants et quelquefois elles assistent chez leurs maris à des réunions de proches parents ou d'amis intimes , nommés par un terme propre à la langue chinoise, *amis jusqu'à la femme*.

C'est vraiment une chose digne de remarque, comment, sur les points les plus éloignés du globe, les hommes, sans avoir de rapports entr'eux, se développent, dans les différentes phases de civilisation, suivant des lois communes, et comment, même dans les petites choses, tout révèle leur unité d'organisation. Ainsi les Chinois ont découvert la poudre comme nous et avant nous ; il en est de même de l'inoculation, de l'imprimerie, des journaux, des codes, des clubs, des bouts-rimés, du magnétisme et des fiacres ; ils ont encore des monts-de-piété où l'on prête sur gages, comme chez nous et sous la surveillance du gouvernement. Cette similitude se montre jusque dans ces frivoles inventions de la mode qui n'ont pas en quelque sorte de raison d'être, et dont l'existence tout-à-fait indifférente en elle-même peut paraître un caprice du hasard. Ainsi les visites du premier jour de l'an sont un vieil usage chez nous ; mais on s'est avisé, depuis quelques années, au lieu de les faire soi-même, d'envoyer simplement son nom sur une carte. Eh bien ! depuis trente siècles, les Chinois s'envoient, le premier jour de l'an, des cartes de visite.

Une manie de ce siècle, c'est celle des autographes. On en a des grands hommes, on en a de ses amis; on en a d'autrefois, on en a d'aujourd'hui. Les Chinois ont la même manie, seulement ils l'ont depuis plus longtemps. Tchaô m'a donné ce matin un éventail sur lequel il avait écrit des vers de sa composition, et Ki-yng, le jour de sa première conférence, distribua de ses autographes à M. de Lagrené, à l'amiral Cécille, à M. d'Harcourt et à moi. Une ligne de l'écriture d'un personnage de l'antiquité se paie un prix fou, et il y a Pékin des industriels qui fabriquent de faux autographes; c'est absolument comme à Paris.

Enfin madame de Lagrené a apporté pour ses filles un de ces petits pianos muets inventés récemment, et qui permettent d'étudier avec toute l'obstination désirable certains exercices dont aucune oreille ne pourrait supporter le bruit pendant cinq minutes. Ce petit piano se trouvait par hasard ce matin dans la *varande*, où était servie la collation, et il excita la curiosité des Chinois qui me demandèrent ce que cela pouvait être; je leur dis que c'était un instrument de musique, et je me mis à en jouer avec un grand sérieux. Ils écoutaient de toutes leurs oreilles, se rapprochaient de moi, s'étonnaient de ne rien entendre. Cela dura un instant, et Pan-se-

Tchen dit tranquillement : « J'ai pour mes femmes,
» quand elles étudient leurs guitares, des cordes de
» coton qui ne font pas de bruit, afin que cela ne me
» rompe pas la tête ; c'est sans doute un instrument
» du même genre. »

On peut dire que les Kings prescrivent la mono-
gamie, en ce sens qu'ils ne reconnaissent qu'une
épouse prenant part avec son mari aux sacrifices religieux, partageant ses honneurs, ses dignités, et
avec qui l'union soit indissoluble. Houang, en sa
qualité de lettré rigide, n'a point d'autre femme.
Pan-se-Tchen n'est pas aussi scrupuleux ; outre son
épouse selon les Kings, il a douze autres femmes. Il
profite largement d'un usage introduit peu à peu et
qui, en Chine, comme dans tout l'Orient, est devenu
général depuis les temps les plus reculés.

Ces femmes n'ont pas dans la famille le rang que
les Kings réservent à l'épouse par excellence, quoique leurs enfants soient tout aussi légitimes ; il en
résulte quelquefois des situations singulières : leurs
enfants, dès qu'ils naissent, sont saisis par le grand
rouage de la piété filiale qui est le principal moteur
de la société Chinoise ; mais ce sentiment, ils doivent
le manifester pour l'épouse selon les Kings, qui est la
mère de famille officielle et dont ils portent le deuil ;

enfin, dans les expropriations pour dettes, les femmes ordinaires sont mises en vente, comme les meubles de la maison; l'épouse selon les Kings reste seule libre avec ses enfants et avec ceux des femmes vendues.

« Vous avez donc des esclaves ? dis-je à Houang. »

« Certainement, me répondit-il avec le plus grand
» calme et comme si je lui avais demandé s'il y a
» des oranges en Chine. L'esclavage est une des pei-
» nes de notre code pour certains crimes. Le mot qui
» dans notre langue signifie esclave signifiait ancien-
» nement coupable. Il y a en outre les prisonniers de
» guerre; les hommes qui se vendent eux-mêmes et
» ceux qui sont vendus par leurs pères. »

Ce que Houang ne peut comprendre dans notre gouvernement, c'est la liberté des partis se disputant le pouvoir par les journaux, par la tribune et se l'enlevant tour à tour. « J'admets, me disait-il, qu'on
» rappelle au Prince le texte des lois quand il les
» viole. C'est ce qui se passe chez nous. Chaque con-
» seil a le droit de remontrance pour les affaires
» qui le concernent, et nous avons un tribunal de
» censure dont les mandarins ont souvent payé de
» leurs têtes, sous nos mauvais Empereurs, la har-
» diesse de leurs réprimandes. Mais qu'un gouver-

» nement laisse le premier venu critiquer ses actes
» dans un journal, ou permette dans des assemblées
» que l'on contrarie l'action de son autorité, et que
» les lois, au lieu d'être éternelles, soient le signe
» passager de la victoire d'un parti sur un autre ;
» c'est comme si on abandonnait une voiture à des
» chevaux sans mors et tirant chacun à sa fantai-
» sie. »

Je l'étonnai beaucoup quand je lui dis que, dans
l'Occident, les nations qui vivent de la sorte sont in-
contestablement les plus civilisées, les plus riches et
les plus puissantes.

— C'est possible, me répondit-il, mais elles ne
vivent pas depuis trois mille ans. »

IV.

18 octobre.

Nous avons eu hier chez Ki-yng un dîner qui a
duré quatre heures. C'était un vrai banquet de
théâtre. Un compositeur de ballets ne pourrait imaginer rien de mieux pour l'Opéra, comme décora-
tions, comme costumes, comme mise en scène. Nous
étions partis de l'ambassade vers cinq heures. C'est

l'usage en Chine comme chez nous de dîner à six heures. Notre procession se composait de neuf chaises. C'étaient celles de M. de Lagrené, de l'amiral Cécille et la mienne ; puis venaient deux officiers de la division, MM. de Condé et Guérin ; Bernard d'Harcourt, Marey - Monge et Xavier Raymond. M. Callery nous précédait.

Notre arrivée fut saluée par trois salves de boîtes, à défaut de canons et par une bruyante fanfare de musique militaire à la façon Chinoise. Les soldats Tartares et Chinois étaient sous les armes. Une foule de clercs et de petits mandarins se pressait sur notre passage et contemplait curieusement nos physionomies. Nous considérions à notre tour ces troupes étranges, ces costumes variés, les chevaux, les tentes de ce camp asiatique, ainsi que les lignes fantastiques et l'architecture bizarre de la pagode que faisait encore ressortir l'azur étincelant du ciel.

Houang et Tchaô qui étaient venus au devant de M. de Lagrené nous conduisirent en nous accablant de tsins-tsins jusqu'au salon à colonnettes qui sert à Kiyng de salle de réception et qui est en réalité le sanctuaire de la pagode. M. de Lagrené prit place sur le divan à côté du Vice-Roi ; nous nous assîmes sur les fauteuils, et l'on nous apporta, pour nous faire

passer le temps, en attendant le dîner, des tasses
de lait d'amande et des tasses de thé. Le salon avait
été décoré particulièrement pour la circonstance.
Des inscriptions nouvelles se montraient sur les lambris et faisaient allusion à la présence de M. de Lagrené et aux liens d'amitié qui devaient unir à jamais la France à la Chine. De petits oiseaux d'un
plumage charmant et varié voltigeaient dans la salle
ou se posaient sur le buisson de verdure et de fleurs
de la table de granit.

On vint annoncer que le dîner était servi. Ki-yng
se leva et conduisit M. de Lagrené dans la salle à
manger. Nous le suivîmes et nos yeux furent frappés
d'un spectacle féerique. Les tables étaient dressées
sur le péristyle, dont la balustrade et les escaliers
étaient illuminés avec des bougies roses. La grande
salle ou plutôt le jardin d'en bas s'éclairait de lueurs
bleues, jaunes ou vertes que répandaient mille verres
de couleurs, disposés en girandoles, en colonnettes,
en rosaces et teignant de leurs nuances lumineuses
les arbres, les plantes, les fleurs, ainsi que la foule
en robes blanches qui se pressait à nos pieds de l'autre côté de la balustrade et contemplait curieusement
ce festin théâtral. De grandes lanternes en verre,
avec des figures, étaient suspendues çà et là et ajou-

taient la variété de leurs formes et l'éclat de leurs peintures à l'effet de cette scène digne des *Mille et une Nuits*.

Il y avait quatre petites tables rangées en demi-cercle. Les deux qui formaient le sommet de la courbe étaient occupées l'une par Ki-yng, Houang et M. Callery ; l'autre par M. de Lagrené, l'amiral Cécille et moi. Chacun était placé de telle sorte que les deux Plénipotentiaires se trouvaient l'un à côté de l'autre. Les six autres convives étaient assis devant les deux autres tables. Mais à toutes on avait laissé libre le côté le plus rapproché de la balustrade, de sorte que nous avions tous, comme on l'a au théâtre, le visage tourné du côté des spectateurs. Les plats étaient posés sur une espèce de plateau recouvert d'une nappe de soie avec des franges et à chaque service les domestiques venaient prendre le plateau du côté où il n'y avait pas de siége, l'enlevaient avec tout ce qui se trouvait dessus et le remplaçaient sans délai par un autre également tout servi. Cela se faisait avec une grande promptitude et une grande propreté. Le dîner suivit du reste l'ordre accoutumé. Nous eûmes d'abord les petits fruits épicés et vinaigrés pour exciter l'appétit et ensuite les soupes et les ragoûts de viandes et de poissons. Seulement les soucoupes et les tasses étaient plus élégantes qu'à l'*étage voisin de la demeure des Immortels*. Les nids d'oiseaux étaient plus délicats, les sauces plus parfumées ; la chair des viandes et des poissons plus savoureuse ; les coquillages plus frais ; les ailerons de requin plus croquants et plus effilés ; il n'y eut que les vins Chinois qui ne me semblèrent pas meilleurs ; quant au vin de Champagne, il n'était ni de Champagne, ni de France ; il était venu, sous bouchon Anglais, du Cap de Bonne-Espérance et il était détestable.

Les services se succédèrent avec une variété et une prodigalité extraordinaires. Il y avait une infinité de plats dont me il serait impossible de dire les noms ou la substance. Je retrouvai tous ceux que j'avais mangés dans le bazar, mais accompagnés d'une grande quantité d'autres. Il y eut, je crois, huit services, puis, lorsque nous nous figurions que tout était fini, nous vîmes s'avancer une longue procession de Chinois dans un costume de mélodrame et portant des espèces de châsses illuminées. Chaque châsse était soutenue avec de longs bâtons sur les épaules de six hommes, et il y en avait quatre. A un signal donné elles furent mises à terre en même temps auprès de la balustrade et, s'ouvrant comme par enchantement, elles laissèrent voir chacune un très-petit cochon de lait qu'un des hommes se prit à dépecer immédiatement en petits morceaux, pendant que les autres nous les servaient au fur et à mesure. Ce coup de théâtre vraiment éclatant fut salué d'une admiration unanime qui parut faire plaisir au Vice-Roi. Houang se leva et me fit dire par M. Callery que pour le reste du dîner il voulait changer avec moi de nom et de place. C'est là, à ce qu'il paraît, une suprême marque d'amitié. J'allai donc m'asseoir à la petite table du Commissaire Impérial, appelant Houang de mon nom chinoisé *Fe-li-le*, tandis qu'il m'appelait Houang et prétendait que j'avais tout-à-fait les traits et les manières d'un Chinois.

Les cochons de lait étaient fort bien rôtis et auraient fait honneur à un cuisinier de Paris. Ils furent suivis de plusieurs autres services composés de ragoûts de toutes sortes. La cuisine Chinoise est celle d'un peuple très-raffiné dans sa civilisation. Elle réunit les usages et les procédés du monde moderne à ceux du monde ancien. Elle a, comme en Russie, les excitants préliminaires ; les sauces épicées comme en Angleterre ; les ragoûts et les mets compliqués comme en France ; et, comme dans les festins de Néron ou d'Héliogabale, le luxe de ne manger de tout un animal que certain morceau infiniment petit de sa substance ; de tuer par exemple un énorme esturgeon pour n'en prendre qu'un mince cartilage ou bien un requin gigantesque pour enlever quelques filaments à l'extrémité de l'aileron qui surmonte son épine dorsale. Elle a de plus une recherche qui s'étend jusqu'à choisir certaines espèces de bois pour faire cuire certains mets. Ainsi le bois de mûrier est recommandé pour la poule bouillie; le bois d'acacia pour le cochon de lait; le bois de pin pour l'eau du thé. Ils estiment aussi considérablement la difficulté vaincue, et les gourmets de Pékin paient fort cher les cuisiniers qui réussissent à saisir un morceau de glace dans une friture bouillante et à le leur servir avant qu'il soit tout-à-fait fondu. Les magnificences du Commissaire Impérial ne sont pas allées jusque-là.

Le dessert se composa de pâtisseries, de confitures et de sucreries. Ki-yng fit remarquer à son hôte de petits gâteaux avec des caractères tracés dans la pâte et signifiant : « Amitié pour dix mille ans. » Il y avait une sorte de galette Tartare en pâte sèche et en feuilles très-minces qui était venue de Pékin. Le Vice-Roi eut l'attention d'en faire mettre à part deux boîtes pour les envoyer aux petites filles de M. de Lagrené. Pendant tout le dîner, de jeunes pages apportaient à chaque instant à Ki-yng et à Houang de petites serviettes avec lesquelles ils s'essuyaient les mains et la figure.

Il était très-tard quand nous sortîmes de table. On prit le thé dans le salon, puis on se fit de tendres adieux. Des feux et des torches étaient allumés dans le camp, et ces masses de lumière rougeâtre, éclatant crûment sur les ombres que la nuit répandait partout, donnaient à chaque chose un pittoresque nouveau. Nous nous fîmes suivre par nos chaises et nous revînmes à pied à Macao, jouissant avec délices de la brise marine et du ciel étoilé, après les quatre heures passées devant cet interminable festin.

Ki-yng le donnait en retour d'un dîner qu'il avait fait quelque temps auparavant à la légation. M. de Lagrené l'avait traité à la Française, de même qu'il nous traitait à la Chinoise, et madame de Lagrené avait pris part au banquet. Seulement comme on l'avait prévenue que c'était en Chine une exquise politesse de prendre un morceau sur son assiette avec ses propres bâtonnets et de le jeter élégamment dans la bouche de son voisin, politesse à laquelle nous n'avions pas tous réussi à nous soustraire, elle ne se voyait pas sans effroi destinée à être la voisine de Ki-yng. M. Callery s'était chargé de faire au Commissaire Impérial une petite dissertation sur la manière

de se comporter en société quand il y a des dames
Tout s'était donc fort bien passé à une tentative près
de la part d'un énorme Tartare, favori de Ki-yng,
pour fumer sa pipe, qu'il se fit apporter tout allu-
mée par son page, entre le rôti et l'entremets.
M. Callery lui fit comprendre qu'en France on ne
fume pas à table devant les Ambassadrices, et un regard sévère du Vice-Roi lui fit perdre tellement conte-
nance que voulant, pour réparer son incongruité,
porter à sa bouche un filet de faisan avec une four-
chette, il se piqua rudement les gencives et ne put
s'empêcher de faire une grimace qui donna à rire aux
Chinois eux-mêmes.

V.

19 octobre.

Ki-yng est venu ce matin, à la légation, accompagné de Pan-se-Tchen et de Tchaô. Il a déployé une
grande bonhomie. C'était une visite d'amitié. Il a
désiré voir madame de Lagrené et ses petites filles.
Il a joué avec les enfants et les a comblés de caresses
et de cadeaux. Pan-se-Tchen, qui se rappelait l'é-
preuve du piano muet dont il était sorti si triom-

phant, s'est mis à considérer avec une curiosité attentive et intelligente le petit piano droit qui était ouvert. Il s'est levé, a posé ses mains sur les touches et a paru fort satisfait d'en tirer des sons, très-étonnés certainement de se trouver ensemble. Tchaò voyant ce beau succès en a été frappé. Il s'est levé aussi et s'est mis, comme Pan-se-Tchen, et avec plus de satisfaction encore, à taquiner les touches ainsi que pourraient le faire les quatre pattes d'un chat qu'on forcerait à se promener sur un clavier. Ki-yng écoutait gravement et semblait à la fois enchanté et surpris du talent de ses deux Chinois. M. de Lagrené voulut voir quel effet produirait sur ces trois dilettantes notre musique Européenne. Il me pria de me mettre au piano. Je passai

... Du grave au doux, du plaisant au sévère,

de la prièrede Moïse, à un chœur des Huguenots, à une walse et je n'obtins pas le moindre succès. Les Chinois, si contents tout-à-l'heure, prirent un air grave et cérémonieux, comme des gens qui écoutent poliment sans comprendre. Je me rappelai, pour consoler mon amour-propre, le passage suivant du père Amyot dans son grand mémoire sur la musique Chinoise :

« Je savais passablement la musique ; je jouais de

» la flûte traversière et du clavecin ; je n'oubliai rien
» pendant les premières années de mon séjour à
» Pékin pour tâcher de persuader à ceux qui m'écou-
» taient que notre musique l'emportait de beaucoup
» sur celle du pays. Les Sauvages et les Cyclopes de
» Rameau, les plus belles sonates de clavecin, les
» airs de flûte les plus brillants et les plus mélodieux
» du recueil de Blavet, rien ne put faire impression
» sur les Chinois. Notre musique, me disaient-ils, va
» au cœur ; la vôtre ne va même pas à nos oreilles. »

Il est certain que les Chinois ont de grandes pré-
tentions pour leur musique. Ils font un peu à ce sujet toutes les phrases des Pythagoriciens dont probablement les mélodies ne valaient pas davantage.
C'est pour eux le moyen suprême de mettre les hommes d'accord, d'entretenir l'harmonie dans la société, dans les saisons et jusque dans la création.
Ils abusent, comme l'ont fait chez nous plusieurs
mathématiciens, des rapports qu'il y a entre les intervalles des nombres et les intervalles musicaux.
C'est ainsi que le père Mertens avait prétendu noter
la marche des sphères et mettre l'astronomie en musique. Enfin ils ne songent pas que quand on em-
prunte à la musique, pour les appliquer ailleurs, les
termes d'accord et d'harmonie, on fait tout simple-

ment une métaphore, et qu'une métaphore n'est pas
une sonate. Il y a un passage du Li-Ki, ou mémorial
des rites, dans lequel il est dit que posséder le cérémonial et la musique, c'est posséder la vertu.

VI.

20 octobre.

La négociation du traité est terminée. Houang a
voulu célébrer la fin de notre travail et réunir chez
lui dans un dîner intime notre petit comité habituel
et le docteur Yvan.

« Je veux vous faire faire, me dit-il, un dîner sans
cérémonie ; nous tâcherons de suppléer par la bonne
humeur à ce qui manquera du côté des magnificences. »

Les magnificences ne manquèrent pas ; nous dînâmes dans le sanctuaire de la pagode du Pic des Né-
nuphars ; il n'y eut de moins que la foule ; nous eûmes même la scène des cochons de lait ; un peu
moins de plats cependant, ce qui n'était pas un
mal.

Au dessert, Houang me fit remarquer quatre coupes montées en porcelaine et parfaitement sembla-

bles à celles dont on se sert à présent sur nos tables pour porter les pyramides de fruits.

« J'ai vu les coupes de M. de Lagrené, me dit-il;
» et j'ai songé que j'en avais de pareilles. Je les ai
» fait venir de Canton pour vous les montrer. Cette
» forme est maintenant à la mode chez vous, elle est
» adoptée chez nous depuis des milliers d'années.
» Ces coupes-ci sont très-anciennes ; elles ont été
» faites il y a plus de quatre cents ans pour un cu-
» rieux, sur un modèle antique. Ainsi vont les idées
» chez les hommes. Il y a une grande roue qui tourne
» au-dessus du monde. Tel point de cette roue était,
» il y a trois mille ans, sur Pékin ; il est maintenant
» sur les Fa-lan-sis. »

Je lui répondis en riant que je désirerais pour la Chine voir cette roue mettre moins de temps à y apporter nos frégates à vapeur et nos chemins de fer.

On parla des différentes provinces de l'Empire et de ce que chacune peut avoir de particulier malgré la centralisation. Houang nous dit que, dans le nord du Kouang-Toung, il y a dans les montagnes des tribus indépendantes, qui n'ont jamais reconnu l'autorité de la dynastie tartare. On les nomme les Miao-Tsés. Tous les efforts des troupes Impériales se sont brisés contre l'intrépidité de ces Circassiens de la

Chine. Ils inspirent une grande terreur; on les appelle les hommes-loups et on prétend qu'ils ont une queue comme les bêtes féroces. Ils ont fait une irruption dans les plaines, il y a une dizaine d'années, et y ont tout saccagé à une assez grande distance. Ils s'étaient donné un Empereur, et l'avaient habillé de la robe jaune, comme le Fils du Ciel. On n'a pas pu les repousser par les armes; il a fallu employer la diplomatie, et on ne les a décidés à se retirer qu'après de longues négociations.

Nous allâmes prendre le thé dans le salon. Tout-à-coup, sur un geste de Houang, un de ses pages à longue robe apporta un grand rouleau de papier; le Trésorier le développa et me le remit en me disant : « Nous allons nous séparer bientôt; c'est » un vieil usage chez nous de donner à nos amis, » quand ils nous quittent, quelques lignes de notre » écriture, comme une image sensible de ce qu'il y » a de plus précieux en nous , notre pensée; voici » des vers que j'ai faits pour vous et sur vous. »

M. Callery me traduisit cette pièce, qui a vingt-six vers, et qui est un curieux échantillon de l'a-mabilité complimenteuse des Chinois. Voici cette traduction :

« Il y avait à Paris un excellent docteur à l'aspect

» brillant comme le jaspe. Au dedans il était lumi-
» neux comme la lune d'automne ; au dehors il était
» comme le léopard qui change en secret sa robe
» magnifique, et comme l'aigle qui dans son vol est
» habitué aux mouvements gracieux. S'il parlait
» d'armées, c'était comme si on avait ouvert un ar-
» senal ; s'il suivait les lois de l'harmonie, il dépas-
» sait les maîtres du tympanon. En remplissant des
» magistratures, il est allé dans de grands royaumes ;
» soudain il a reçu l'ordre de se rendre avec La-
» grené en Chine. Un navire de guerre a flotté sur
» le fleuve céleste comme l'oiseau Fan qui fait 9,000
» lieues ; il est arrivé à Macao à l'entrée de l'au-
» tomne. Ses habits d'or avaient un éclat étincelant ;
» son étoile d'argent avait une foule de points lumi-
» neux et des paroles admirables sortaient de sa bou-
» che comme des morceaux de jade. Son maintien le
» faisait ressembler à un rameau de pierres précieuses.

» Moi qui suis un hôte dans le séjour des roses,
» je vous ai rencontré sur les confins du séjour des
» Immortels. Je rougis de ne pouvoir vous offrir du
» saphir et du jaspe. Je ne puis qu'imiter le poëte
» San-Tso dans cette ode. Je l'écris sur une feuille
» de papier blanc, afin qu'elle console vos pensées
» futures quand nous serons séparés.

» Cette pièce de vingt-six vers dans le style antique
» et en rimes de quatrains est offerte à Fe-li-le, pre
» mier secrétaire d'ambassade du royaume de France
» par Houang-Ngan-Toung qui l'a composée. »

Après que M. Callery m'eut traduit cette poésie
ultra-orientale et que j'eus déclaré, avec plus de
politesse que de modestie, que je la trouvais superbe, Houang ajouta d'un grand sérieux :

« Maintenant vous allez me faire aussi des vers
sur moi. »

Il me disait cela comme il m'aurait demandé de
lui écrire mon nom. Évidemment il trouvait la chose
très-simple. Tout fonctionnaire en Chine est lettré ;
tout lettré est poëte ; on propose dans les examens
des difficultés de versification, des tours de force de
rimes ou de rhythme et il y a une comédie dans laquelle un candidat, après avoir entr'autres exercices
très-bien tourné un quatrain, est nommé d'emblée
premier ministre. Le moyen après cela de refuser
Houang, sans enlever à la France cette réputation
de nation lettrée qui nous place si haut, depuis nos
jésuites, dans l'esprit des Chinois, et qui m'attirait
sans doute cette proposition trop honorable ? Avec
quel dédain le pédant Tsaô et même le millionnaire
Pan-se-Tchen auraient-ils cru désormais pouvoir

parler de ces lettrés Français, que l'on charge de négocier un traité de commerce, et qui ne savent même pas rimer un couplet!

Je songeai d'abord à écrire de la prose, car le plus habile Han-Lin du Céleste Empire ne devait certainement pas savoir mieux que M. Jourdain, discerner dans notre langue les vers de la prose ; mais Houang pouvait montrer mon autographe à un Anglais ou à un Américain et j'étais perdu de réputation et désarçoné de mon Pégase d'emprunt. Je pensai aussi à copier quatre vers de Racine :

A peine nous sortions des portes de Trézène.

ou bien une strophe d'Alfred de Musset :

Avez-vous vu dans Barcelonne
Une Andalouse, etc.

mais Houang aurait difficilement compris qu'il pût en être le sujet, et il me demandait des vers faits pour lui et sur lui. Je pensai d'ailleurs à ce que jetterait de curieux et d'original dans mes souvenirs de diplomate, cette bizarre fortune d'avoir eu à soutenir en Chine une lutte poétique avec un lettré, et j'écrivis les vers suivants dont M. Callery fit la traduction :

Dieu fit le monde grand, mais d'une même argile
　　Et d'un même souffle de feu ;
Il mit partout l'esprit sous la forme fragile,
　　L'âme dans tout œil noir ou bleu.

Ne soyons pas surpris, cher Houang, malgré l'espace
　　Qui sépare nos nations,
D'y voir également du savoir, de la grâce,
　　Du génie et des passions.

Paris goûterait fort votre extrême élégance,
　　Vos discours nets, brillants, adroits,
Et moi, vous avez fait mon éloge, je pense,
　　Quand vous m'avez trouvé Chinois.

Enfants du même Dieu, Francs, Chinois ou Tartares,
　　Tout nous pousse vers l'unité ;
Pour des gens comme nous, il n'est point de barbares,
　　Mais seulement l'humanité.

LIVRE HUITIÈME.

CANTON.

I.

Whampoa, à bord de l'Archimède, 24 octobre.

Ce matin, vers six heures, le canon des forts annonça que le Vice-Roi s'avançait vers Macao. Une
tente avait été construite sur l'embarcadère et une
foule considérable s'était portée sur la Praya pour
voir les commissaires Chinois et leur suite. La mer
était belle et le ciel mêlait à son plus vif azur quelques vapeurs rosées que le soleil dissipait peu à peu.
L'*Archimède* s'était rapproché de terre le plus possible; il en était cependant encore à une assez grande
distance à cause du peu de profondeur de l'eau. Les
couleurs de l'Empire Céleste flottaient sur ses mâts
auprès des couleurs Françaises. Plusieurs embarcations, avec le pavillon Français à l'arrière, attendaient
près de la tente le Vice-Roi et sa suite. La signature

du traité devait avoir lieu à bord de la corvette, près de l'île Whampoa, dans la rivière de Canton.

Nous précédâmes le Vice-Roi de quelques minutes. Le capitaine Pâris n'avait paré son bâtiment que de ses armes et de ses pavillons, et c'était charmant. Les pavillons formaient à l'arrière une tente divisée en deux compartiments. Le premier était destiné à la suite du Vice-Roi, à ses gardes et à ses serviteurs Chinois et Tartares ; deux petits canons de cuivre, d'un nouveau modèle, bien brillants et montés sur des roues pour les cas de débarquement, étaient placés au milieu et des faisceaux de sabres, de piques et de fusils se dressaient tout autour. Le second faisait un salon pour le Vice-Roi et M. de Lagrené. Des lustres d'acier y avaient été improvisés avec des baïonnettes ; des divans avec des caisses à fusils recouvertes de pavillons. Un canapé, quelques fauteuils et une table étaient les seuls meubles qui ne fussent pas sortis de l'arsenal. Des tentures aux couleurs de tous les États du monde fermaient de tous les côtés le passage à la brise, excepté du côté de l'arrière où s'ouvrait comme une large fenêtre laissant voir les îles et la mer.

L'amiral et M. de Lagrené firent asseoir entre eux sur le canapé le Commissaire Impérial qui paraissait ravi de ce qu'il voyait. Houang, Pan-Se-Tchen et Tchaô prirent place sur des fauteuils et l'*Archimède* se mit en route.

Le vent était contraire et il devenait de plus en plus fort. Ce fut avec une certaine difficulté que le steamer triompha des courants qui circulent entre les îles, à l'embouchure de la rivière. Nous marchions assez lentement. Nos Chinois prirent leur thé; ils firent leur sieste; ils visitèrent la machine qui est fort belle et de construction française. Ki-yng fut enchanté de la voir s'arrêter ou repartir soudainement à un signe de sa volonté. Il tira aussi lui-même un obusier et suivit, avec la curiosité d'un homme de guerre, les ricochets lointains du boulet sur les flots. Ce dernier genre de distraction ne fut pas autant du goût de Houang, qui retourna dans le salon et se mit à feuilleter une collection de gravures, laissant le vieux Tartare faire l'inspection de l'artillerie. Ils s'amusèrent aussi pendant quelque temps d'un daguerréotype qu'on avait apporté dans l'espoir d'avoir leurs portraits. Malheureusement le tangage de la corvette et les nuages que le vent ne tarda pas à répandre dans le ciel nuisirent à l'expérience. Toutefois plusieurs figures se marquèrent sur les plaques assez distinctement pour offrir une image reconnaissable. Les

Chinois étaient fort étonnés et se prêtèrent à toutes les tentatives avec une immobilité qui méritait un meilleur résultat. Quelquefois une ombre de mélancolie passait sur le front du Vice-Roi. Était-ce un peu de mal de mer, ou un peu d'ennui, ou bien quelque souci de ce qu'on penserait à Pékin de ses concessions ? Chacune de ces suppositions pouvait être fondée et même elles pouvaient l'être toutes les trois à la fois.

Il improvisa un quatrain qui semblait un aveu touchant et mélancolique de la faiblesse de la Chine et de la force invincible des nations de l'Occident.

« Vous êtes venus jusqu'ici, disait-il, à travers les » périls, comme des lions ardents ; et moi, agneau » timide, je me sens troublé, rien qu'en posant le » pied sur vos puissantes machines. »

Vers cinq heures nous nous trouvions à Bocca-Tigris. En cet endroit la large masse d'eau qui débouche de la rivière de Canton, se trouve resserrée entre deux montagnes hérissées de canons. Il y a, de chaque côté, des forts dont les batteries, entre les mains de troupes Européennes, anéantiraient toutes les flottes imaginables. Mais une frégate anglaise, l'*Alceste*, a passé à travers leur feu en 1816, sans perdre un seul homme et, dans la dernière guerre , leurs murailles ont été démolies par les boulets de l'escadre qu'ils auraient dû broyer, sans que la coque d'un navire ait été seulement écorchée. On les a rétablis depuis la paix et leurs longs festons blancs décorent agréablement les flancs des rochers; mais ils n'ont pas l'air bien redoutable. On dirait ces murs de carton que les enfants garnissent de soldats de bois; ils n'ont point de bastions et le poids de leur artillerie les jetterait par terre après deux décharges.

Nous nous avancions lentement dans ces eaux rapides. De temps en temps une jonque de guerre se montrait près de nous et saluait de trois coups de canon les couleurs du Vice-Roi : on voyait les soldats se mettre en ligne sur le pont, avec leurs costumes bariolés et la lance sur l'épaule; les gongs jetaient leur son retentissant et les pavillons et les banderolles flottaient au haut des mâts.

Bientôt l'ombre du soir s'épaissit autour de nous. Les salves d'artillerie des forts semés sur les montagnes traçaient dans l'obscurité de longues traînées de feu; des lanternes rouges placées sur les murailles se faisaient voir çà et là comme des globes embrasés, et de toutes parts des fusées de diverses couleurs s'élevaient, en serpentant, à de grandes hauteurs, et attestaient la perfection de la pyrotechnie dans le

Céleste Empire. Notre corvette se piqua d'honneur; on envoya chercher des pièces d'artifice et c'est ainsi que nous franchîmes ce passage en échangeant nos feux avec les batteries des forts, feux cette fois aussi innocents d'un côté que de l'autre,

Enfin nous aperçûmes les hauteurs de l'île Wham-poa. On avait préparé une table dans le petit salon du commandant, et quatre exemplaires du traité en Français et en Chinois avaient été déposés sur le tapis vert.

Houang prit les exemplaires qui devaient aller à Pékin et moi ceux qui devaient aller à Paris, et nous donnâmes successivement lui les siens à Ki-yng, moi les miens à M. de Lagrené. Ki-yng apposait au bas de chaque texte son grand sceau de Commissaire Impérial avec un timbre d'or et sa signature avec un pinceau, puis il le passait à notre Plénipotentiaire qui signait à son tour et imprimait, selon notre usage, son cachet sur de la cire. M. de Lagrené suivait réciproquement le même ordre pour les exemplaires que je lui donnais. Quand la signature du traité fut terminée, Ki-yng remit à Houang les exemplaires destinés à l'Empereur; M. de Lagrené me remit ceux qui devaient être ratifiés par le Roi; puis les deux Plénipotentiaires s'embrassèrent avec effusion;

je fus embrassé par Houang, par Pan-Se-Tchen et par Tchaô, et tout le monde remonta dans la dunette improvisée sur le pont par le commandant Pâris.

La table était couverte de verres que l'on remplit de vin de Champagne; l'Amiral porta un toast à l'union des deux nations; Ki-yng y répondit avec émotion et gravité. Pendant cette petite scène, nous étions arrivés au terme du voyage. L'ancre était tombée; une jonque magnifiquement illuminée et traînée à la remorque par plusieurs barques s'approcha de la corvette et le bruit des gongs, les sons de la musique, les salves de l'artillerie, les détonations des pièces d'artifice, le murmure confus de toute une population accourue sur des bateaux pour voir le spectacle, se mêlèrent à l'éclat des lanternes qui se balançaient sur les vagues et les coloraient de mille reflets. Le Vice-Roi nous fit les plus aimables adieux, ainsi que Houang, Pan-Se-Tchen et Tchaô, et descendit dans sa jonque, où nous les vîmes entrer dans un vaste salon tout resplendissant de dorures et de peintures, et éclairé comme un palais dans un jour de fête. L'*Archimède* salua son départ de trois coups de canon, dont la fumée lumineuse se joua, pendant quelque temps, dans les banderolles de cette pagode flottante et éblouissante.

II.

Canton, 27 octobre.

L'*Archimède* passa la nuit à l'ancre dans la rade de Whampoa. Le lendemain, à la pointe du jour, je m'embarquai avec La Guiche et Xavier Raymond, sur un petit bateau Chinois. Le courant était très-rapide, mais le vent qui nous prenait en travers nous poussait fortement. La barque était très-inclinée, et l'eau passait quelquefois par-dessus le bord. Nos Chinois avaient l'air fort tranquille, et en effet il n'y avait pas de danger. Cependant plusieurs fois notre mât pencha tellement que je cherchai, par un mouvement instinctif, de quel côté je pourrais le plus facilement atteindre la terre à la nage. Nous avions du reste un ciel sans nuages ; la rivière était couverte de bateaux ; des filets de pêche, étalés sur des pieux, présentaient au courant leur immense réseau, tandis que près du bord des troupes de femmes, la tête brûlée par le soleil et les jambes enfoncées dans la boue, cherchaient des coquillages. Les rives étaient une terre d'alluvion, bien fertile et bien cultivée, qui nous montrait des champs de riz parsemés de maisons et des massifs de bambous ou de bananiers. Parfois un petit fort nous faisait voir ses canons, ou bien une pagode lançait vers le ciel sa tour mince et blanche, avec ses toits en saillie à chaque étage et qui la faisaient ressembler à une douzaine de kiosques les uns sur les autres.

Il nous fallut quatre heures pour remonter jusqu'à Canton. Nous vîmes d'abord ce qu'on appelle la ville sur l'eau. Ce sont plus de soixante mille bateaux de diverses grandeurs, et qui renferment une population d'environ deux cent mille âmes. Ils sont à l'ancre dans la rivière et rangés comme les maisons d'une ville. Il y en a de dorés, de peints, de sculptés, qui semblent des palais. Ce sont les bateaux de fleurs, *flower's boats*, où l'on va souper, jouer et entendre de la musique. Il y en a qui portent des marchés et des halles où se vendent des poissons, de la viande ou des légumes. De petites barques circulaient dans les rues et conduisaient des promeneurs et des marchands ambulants. Voici ce qu'un voyageur Portugais du XVIᵉ siècle, Mendez Pinto, dit de la ville sur l'eau :

« A n'en point mentir, pour être bâtie sur des »vaisseaux, elle est beaucoup plus merveilleuse que »tous les édifices qu'il sçaurait y avoir sur la terre ; »car là se voyent deux mille rues fort longues et fort

»droites, fermées de part et d'autre par des navires,
»et la plupart de ces vaisseaux couverts de tapisseries
»de soye et embellis de quantité d'estandarts, de gui-
»dons et de bannières, ensemble de balustres peints
»de diverses couleurs, au haut desquels se vendent
»toutes les marchandises qu'on sçaurait désirer. En
»d'autres rues se voyent encore tout autant de mestiers
»qu'il y en peut avoir dans les Républiques, et par le
»milieu vont et viennent dans de petits bateaux ceux
»qui ont leur commerce à faire, le tout fort paisible-
»ment et sans qu'il y ait désordre. Sitôt qu'il est nuit,
»l'on ferme toutes ces rues avec des cordes qui les tra-
»versent, afin que personne n'y passe après la retraite
»sonnée. En chacune de ces rues il y a des lanternes
»allumées qui sont mises au haut des mâts des na-
»vires; et, sans mentir, de toutes ces lanternes ainsi
»allumées et jointes ensemble de nuict, se forme un
»objet le plus beau et le plus agréable à la veue qu'on
»sçaurait jamais s'imaginer. En chacune de ces rues,
»les plus pauvres même, il y a des chapelles pour y
»prier, qui sont faites sur de grandes barcasses en fa-
»çon de galères fort nettes et fort bien accommodées.
»En ces chapelles sont leurs idoles avec leurs prêtres,
»qui administrent les sacrifices et reçoivent les offran-
»des. Nous vîmes aussi des barcasses où il y avait

»quantité d'hommes et de femmes qui jouaient de di-
»verses sortes d'instruments de musique. »

Cette description naïve est encore aujourd'hui
d'une parfaite exactitude, et il n'y a rien à y
ajouter.

Nous descendîmes sur le quai des factoreries ;
notre barque ne put pas nous conduire jusqu'au
débarcadère, parce que l'eau n'était pas assez profonde. Une nuée de tankas, comme celles de Macao,
vint s'abattre auteur de nous, se disputant avec viva-
cité nos bagages et nos personnes : ce fut ainsi que
nous arrivâmes à terre, fort surpris de ne pas avoir
laissé un pan d'habit entre les mains de nos zélées
batelières.

Nous nous trouvâmes sur une plage couverte de
ruines et de constructions naissantes. C'étaient les
premiers murs de la factorerie anglaise et les vestiges
de l'ancienne, brûlée et pillée au commencement de
la guerre par la populace de Canton. Nous aperçûmes
quelques maisons Européennes. Il y en avait une qui
portait les couleurs de France ; c'était le consulat ;
nous y trouvâmes M. de Bécourt qui était venu s'y
établir pour quelque temps et qui nous donna l'hospitalité.

Nous étions impatients de parcourir la ville, du

moins les quartiers accessibles aux Européens, et
même, comme toujours, autant que cela nous serait
possible, ceux qui leur sont interdits. Nous allâmes
d'abord dans les principales rues marchandes, Old-
China street, New-China street, Physic street, car
les Anglais et les Américains leur ont donné ces
noms. Elles sont un peu dans le genre de nos passages; elles sont de même fermées par des portes à
chaque extrémité, et de temps en temps des planches jetées d'une maison à l'autre sont surmon-
tées de tours sur lesquelles se postent les gardes de
nuit; la chaussée est pavée de grandes dalles comme
dans les rues de Macao, mais elle est beaucoup plus
large. Les boutiques sont aussi plus spacieuses,
mais elles n'ont de même qu'un seul étage. Enfin
elles vendent à peu près les mêmes choses que les
marchands de notre voisinage, mais plus belles, plus
nombreuses, et à meilleur marché. Les boutiques de
laque, de porcelaine, de bronzes antiques, de bambous sculptés sont de véritables musées. L'exposition
est au premier étage; il n'y a guère en bas que le
comptoir et les registres.

Nous entrâmes ensuite dans un labyrinthe de ruelles, de petites places communiquant ensemble par
d'étroits passages avec des portes gardées par des

gens de police. Il y a six cents rues comme cela à Canton. On nous en laissa parcourir un grand nombre. C'est à peine si une ou deux fois les gardiens des portes nous firent signe poliment de ne pas aller plus loin. Seulement lorsque, dans les lieux où nous n'étions que tolérés, nous entrions chez un marchand, il s'empressait de fermer sa boutique, comme s'il eût craint que la populace ne se rassemblât et ne finît par piller son magasin, sous le prétexte de chasser les Fan-Kouéi. Deux de nos délégués du commerce, M. Hedde et M. Renard, l'un délégué de Lyon et l'autre de Paris, eurent la bonté de me guider dans ce dédale, au milieu duquel ils vivaient déjà depuis quelque temps. Nous entrâmes chez les marchands de soieries ; nous vîmes des crêpes de toutes les couleurs et revêtus de broderies qui étaient de vrais bas-reliefs, avec des fleurs, des oiseaux, des paysages et des personnages. M. Hedde qui est un des oracles de notre belle industrie Lyonnaise, n'est pas moins au courant maintenant de la fabrication des soies Chinoises. M. Renard connaît les mille et une élégantes superfluités des boutiques de Canton comme ses articles de Paris. Nous vîmes des collections de pipes et de cannes, à faire la fortune d'un magasin de la rue de la Paix ; des cannes en bambou noir ou blanc, en bois de camélia, en figuier, en laurier, avec des têtes de magots, de dragons ou d'oiseaux ; des pipes à longs tuyaux en bois mince et sculpté, des pipes à eau en cuivre blanc, de toutes formes et de toutes grandeurs ; des pipes pour les dames ; je ne parle pas des pipes à opium. Nous parcourûmes la rue où se vendent les lanternes, la rue des pharmaciens, la rue des charpentiers. C'étaient toujours ces maisons dont le toit, aux quatre pointes relevées, rappelle la tente mongole ; ces fenêtres fermées par des treillis de bois découpés comme de la dentelle, et qui ont, au lieu de vitres, du papier huilé ou des feuilles d'écaille ; quelques riches habitations avaient des terrasses qui dominaient la ville. Une multitude affairée se pressait dans les rues ; on voyait, comme à Macao, toutes sortes de métiers s'exercer en plein air : ici des barbiers, là des cuisiniers, plus loin des chaudronniers et des cordonniers, à côté de vieilles femmes qui raccommodaient des habits ; c'était encore un médecin qui guérissait son malade à grands coups de poing ; ou bien un devin avec des besicles sur le nez, une perche surmontée d'une girouette, de gros livres et des figures de dieux et de démons. En résumé cela ressemblait beaucoup au bazar de Macao. C'étaient les mêmes maisons, la même foule, les mêmes costumes ;

il y avait seulement multiplication. Je reconnus combien les missionnaires avaient eu raison de nous dire
que dans la ville Chinoise de Macao, il y avait en petit toutes les villes de l'Empire, et, comme j'avais eu
le temps de m'accoutumer à l'effet produit d'abord
par la singularité du genre, je ne retrouvai pas les
étonnements et les admirations de mes premières
promenades. Il n'y a pas de grands monuments en
Chine; on n'y trouve rien au-delà d'une certaine recherche dans les détails et d'une certaine direction
tourmentée plutôt que distinguée dans les lignes. En
outre, le respect pour la tradition renferme le talent
dans un cercle d'uniformité, et l'uniformité sans la
simplicité et le grandiose, la tradition dans le frivole
et dans le maniéré, ne tardent pas, une fois la première curiosité satisfaite, à fatiguer l'attention.

Je trouvai, en rentrant au consulat, un jeune Chinois, vêtu avec élégance, et qui me dit en bon anglais
qu'il était un des secrétaires de Pan-se-Tchen. Il n'y
a à Canton et à Macao que les lettrés, les savants qui
ignorent tout langage européen; la plupart des petits
boutiquiers parlent un patois Anglo-Portugais, et les
commis des grandes maisons parlent très-bien Anglais.

« Je suis chargé, ajouta-t-il, de vous porter les

» compliments de Pan-se-Tchen et de vous dire que,
» si vous désirez visiter sa maison de campagne, j'ai
» l'ordre de venir vous prendre dans son bateau, à
» l'heure que vous aurez désignée, et de me mettre à
» votre disposition. Il regrette que ses occupations,
» qui le retiennent près du Vice-Roi, ne lui permettent
» pas en ce moment de vous y recevoir lui-même. »

On ne pouvait pas être plus gracieux. Il avait été plusieurs fois question de cette maison dans nos conversations familières, et j'avais exprimé un jour le désir de la voir. Pan-se-Tchen avait de l'amabilité dans la mémoire. Je priai le messager de porter à son maître mes plus vifs remerciements et de venir nous prendre le lendemain à midi.

A l'heure convenue, nous vîmes arriver le jeune secrétaire de Pan-se-Tchen. Nous nous rendîmes sans tarder à l'embarcadère. Nous y trouvâmes un élégant bateau avec des rameurs habillés de bleu et des mâts surmontés de longues flammes rouges, un vrai yacht à la mode Chinoise. Il y avait trois compartiments, une salle à manger, un petit salon et un boudoir avec un divan. Une collation à moitié Chinoise et à moitié Européenne était servie dans la salle à manger. On y voyait des bananes, des oranges, des letchis secs, des gâteaux, des sucreries, des confitures, du vin de

Porto, du Sherry et du vin de Champagne. Nous traversâmes d'abord la ville sur l'eau. Nous vîmes sur les bateaux de fleurs des Chinois, gros et gras, fumant leur pipe et buvant leur thé, près de petites Chinoises parées et fardées, qui nous montraient en riant avec leurs éventails. Mais, sur presque toutes les maisons de cette cité flottante, des spectres nus, maigres, misérables, femmes, enfants, jeunes gens ou vieillards, nous poursuivaient de leurs cris sauvages, au milieu desquels on distinguait souvent Fan-Kouéi (diables étrangers), et faisaient, en appuyant leurs mains sur la nuque, le geste de nous couper le cou. Le bateau entra ensuite dans un canal qui coulait, au milieu de champs de riz, dans une plaine fertile, mais plate et monotone. Il y parcourut quelques milles et s'arrêta : nous étions devant la villa de Panse-Tchen.

Cette villa, l'idéal d'une résidence d'été, est la maison de campagne d'une Ondine, d'une Océanide ou d'une Sirène. On dirait une gageure de se faire un jardin avec de l'eau, une maison avec du marbre, du vernis, de la nacre et de l'ivoire. Et d'abord la maison est entourée d'eau ; puis les allées, qui sont des chaussées de pierres, courent, serpentent, se touchent, se traversent, au milieu de l'eau. Au lieu d'arbres, il y a des grottes, des rochers, des kiosques perchés sur des ponts et l'eau les baigne ou passe dessous. Au lieu de plates-bandes il y a de l'eau et, dans cette eau qui remplace la terre, il y a toutes les plantes aquatiques, le nénuphar, la châtaigne d'eau, le melon d'eau et beaucoup d'autres ; les poissons se promènent dans les feuilles et les oiseaux, pour toucher les fleurs, sont forcés de se mouiller les ailes.

L'architecture de la maison est légère, délicate ; c'est un jonque ; elle a l'air de voguer sur l'eau. Les cabinets, les chambres, les salons n'ont pas une tenture. Ce sont partout des surfaces polies et luisantes et parfois des panneaux en métal ciselé et fouillé à jour, qui recouvrent des bibliothèques. Les planchers sont de bois noir, avec des incrustations ; les fauteuils de bois vernis, de formes raides, avec des tablettes de marbre pour dossiers. Les fenêtres sont immenses ; il y a même un grand salon qui est tout fenêtre d'un côté et d'où l'on voit d'abord de l'eau, puis un édifice, avec un toit en porcelaine que décorent des dragons verts et que soutiennent des colonnes peintes et dorées. C'est un théâtre qui trempe dans l'eau, comme la maison, et dont on peut regarder les représentations, en prenant le thé et en fumant le narghilé dans le grand salon.

III.

Macao, 29 octobre.

Je quittai Canton dans le fast-boat de M. Dent,
un des plus riches négociants Anglais de l'Indo-
Chine, à qui était adressée ma lettre de crédit. Il avait
voulu absolument me le prêter, ainsi que ses matelots Chinois, en me disant que c'était le meilleur bâtiment et le meilleur équipage de la rivière et que je
pourrais arriver, avec un bon vent, à Macao, en quinze
heures. Il est très-heureux que M. Dent y ait mis
cette aimable insistance, car, avec un autre bateau,
ou un autre équipage, il est probable que nous n'aurions jamais revu la terre, ni moi, ni Xavier Raymond qui était avec moi.

Nous partîmes à six heures du matin. Le vent était
fort et favorable. Le fast-boat de M. Dent était un bateau d'environ cinquante tonneaux. L'équipage se
composait de neuf Chinois. La chambre n'était pas
peinte; elle avait pour tous meubles une table et quelques chaises et une natte en guise de tapis. J'étais très-
souffrant depuis la veille; je m'étendis sur la natte
et je me roulai dans une couverture, car le froid du

matin me semblait piquant. Je reconnus au bruit de l'eau que nous allions très-vite. En effet, nous ne mîmes pas plus de huit heures à faire la moitié du chemin. Je sentis avec plaisir au gonflement de la houle sous la barque, que nous étions en mer et je tombai dans un demi sommeil que traversaient les rêves de la fièvre. Tout-à-coup un craquement formidable se fit entendre et une sensation de glace parcourut tout mon corps. Je m'éveillai en sursaut. J'étais couvert d'eau; la barque sautait sur les vagues qui mugissaient autour de nous; une lame plus forte que les autres avait pénétré dans la chambre. Je montai sur le pont. Le soir commençait à venir. Des nuées noires couvraient le ciel et des torrents de pluie froide tombaient de tous les côtés. Raymond me raconta que le coup de mer qui m'avait réveillé avait brisé notre gouvernail. Le vent avait tourné dès que nous étions entrés en mer et il avait fini par souffler avec la violence d'un ouragan.

La perte de notre gouvernail était un événement funeste. Nous étions à la merci de la tempête. On apercevait à l'horizon les rochers des îles, sur lesquels nous devions, selon toute apparence, être précipités, sans pouvoir opposer la moindre résistance. Nos Chinois ne cherchaient plus à lutter contre les

éléments. Ils s'étaient couverts de leurs vêtements de
pluie ; c'étaient de longues casaques en chaume. On
aurait dit des animaux étranges avec des crinières
blanchâtres. Il y en avait sept, autour d'une grande
lanterne, qui travaillaient, sous leurs larges chapeaux, à se charpenter une espèce de gouvernail ;
un autre brûlait des feuilles de papier peint et les
jetait tout enflammées dans le tourbillon du vent,
comme autant d'offrandes aux esprits de la mer ;
le neuvième se tenait à l'avant, avec une petite ancre, tout prêt, si nous avions été jetés sur la côte, à
la laisser tomber, comme un moyen suprême d'a-
doucir la rapidité de la catastrophe. Ces hommes
montrèrent beaucoup de sang-froid, de résignation
et de présence d'esprit. Toute la nuit, qui fut très-
sombre, se passa dans cette situation périlleuse. Les
vagues frappaient sur notre mince enveloppe de
planches, et faisaient tout craquer, comme si la frêle
cloison, qui nous séparait de l'abîme, allait se rom
pre et livrer passage à la mer. Mais les fast-boats
Chinois sont en général solidement construits et parfaitement pontés et le nôtre était, comme son équipage, digne des éloges que m'en avait faits M. Dent.
Il se laissa ballotter et couvrir par les lames sans
faire mine de chavirer ou de sombrer un seul ins-

tant. La seule chose à craindre était d'être emportés par un courant vers une des nombreuses îles qui nous entouraient et d'y être brisés sur les rochers.

Enfin, vers quatre heures du matin, le vent et les vagues s'apaisèrent et, quand le jour parut, nous nous retrouvâmes à peu près au même point que la veille, avec un calme parfait. Nos Chinois accrochèrent à l'arrière de la barque une manière de gouvernail; le patron prit la barre et les huit autres se mirent aux avirons. Bientôt une légère brise se leva, et, en quelques heures, elle nous rapprocha de Macao. Ce fut une grande joie, après cette nuit terrible, d'apercevoir, entre les deux montagnes, les tombes grises des Parsis et le couvent et le fort et la Praya, et, par-dessus les toits de la ville, les vertes persiennes de la varande de notre maison; d'entendre les cris des batelières; de s'asseoir sur le tabouret de bois des tankas et de mettre le pied sur les dalles du quai. Nous apprîmes en arrivant qu'un grand nombre de bâtiments Chinois avaient péri, engloutis ou brisés par la tempête.

LIVRE NEUVIEME.

CALICUT.

I.

25 novembre.

Chargé de porter le traité à Paris et de le soumettre à la ratification du gouvernement du Roi, j'ai quitté Macao le 6 novembre, à bord d'un bâtiment marchand de Bombay, le *Buckingham-Shire*, un navire de dix-huit cents tonneaux, tout construit en bois de teck et dont l'équipage est composé d'Hindous et de Nègres. Je vais à Bombay prendre le steamer qui se rend à Suez, et je gagnerai la France par la voie que les Anglais appellent *over land*, par le Caire et Alexandrie.

Accoutumé pendant si longtemps à la discipline et à la régularité d'une frégate de guerre, je suis un peu étonné de l'aspect tout différent de cette navigation. Ainsi le capitaine est marié; il a avec lui sa femme, qui est une charmante personne de vingt-un ans, sa belle-sœur, une de ses nièces, et l'on peut dire qu'il navigue en famille. Presbytérien zélé, il ne manque jamais de réciter le *Benedicite* et les *Grâces* à chaque repas, et de lire à haute voix tous les dimanches l'office divin. Les officiers et les novices assistent à cette lecture ; ce jour-là notre équipage, quoique très-musulman, revêt par ordre ses plus beaux habits ; et quoique les turbans et les caftans ne soient pas de la plus irréprochable propreté, nos Lascars endimanchés forment un spectacle varié et original. Nous avons cent trente hommes d'équipage, tous plus ou moins noirs, trois officiers et trois novices Anglais. Les passagers sont un jeune négociant de Canton, M. Dale, et le fils aîné de lord Donoughmore, lord Suirdale, qui est un agréable et spirituel compagnon de voyage. Il faut ajouter six riches Parsis et leurs domestiques, un rabbin Juif et un marchand Arabe. Le rabbin semble sortir d'un tableau de Dietrich, avec sa longue barbe, son bonnet écarlate et son surtout rouge par-dessus sa robe blanche. L'Arabe a une belle tête, un épais turban jaune et une veste verte, couleur qui nous annonce qu'il a fait le pèlerinage de la Mecque. Les Parsis sont des négociants de Bombay. Ils parlent très-bien Anglais ; ils ont avec eux beaucoup de livres de littérature, des traductions de

romans français, un accordéon, une boîte de musique, une horloge à musique, une boîte de médicaments, des liqueurs, des vins, des provisions de toutes
sortes dont ils veulent sans cesse nous faire part avec
la plus engageante cordialité. Ils ne mangent rien
qui n'ait été accommodé par leur cuisinier Parsis, et
qui ne l'ait été le jour même où ils le mangent. Pour
eux, préparer les mets est un acte de dévotion, et le
foyer de la cuisine est un autel. Ils ne fument jamais
et disent que c'est profaner le feu, cet emblème et
ce don sacré de la divinité, que de le faire servir à
un pareil usage. Mais ils se défendent d'adorer le feu;
ils disent qu'ils croient à un Dieu unique et créateur,
et en effet la religion de Zoroastre a toujours gardé
la tradition du monothéisme. Nos Lascars exécutent
les manœuvres en mesure et en chantant en Hindos-
tani une espèce de psalmodie; la première phrase est
dite par le maître d'équipage, et les matelots répondent en chœur; les paroles ne sont pas d'une poésie
bien relevée; le maître chante : « Tirez bien cette corde; » et les matelots répondent : « Tirons bien cette
corde. » Quelquefois cependant il dit : « Les Lascars
en Paradis ! » et ils répondent : « Ainsi soit-il ! »

On ne jette jamais le log. Les officiers regardent
l'eau glisser sur les côtés du navire, et marquent sur

une ardoise la vitesse estimée. Les officiers disent que le log est une vieille routine, et qu'on en obtient un résultat dépendant chaque fois de la manière de jeter et de faire filer la corde ; tandis qu'un œil exercé juge parfaitement, d'après le mouvement et l'écume de l'eau, combien de milles le navire doit faire par heure.

Il n'y a pas de chirurgien à bord ; le *chief officer* distribue des médicaments à ses malades, qui n'ont pas d'infirmerie et qui couchent où ils peuvent ; les matelots en général dorment sur le pont ; les entre-ponts sont pour les marchandises. C'est ainsi que l'on navigue à bon marché et que l'on peut abaisser le prix du fret pour faire concurrence aux Améri-cains, qui ont sous ce rapport encore plus d'insou-ciance. Les habitudes de notre marine marchande et les exigences de notre législation sont plus onéreuses pour nos armateurs, mais plus conformes à l'huma-nité, et j'en félicite mon pays.

Nous sommes arrivés le 16 à Singapore, et nous y sommes restés trois jours ; j'ai revu avec plaisir les Bal-lestier et nos bons missionnaires, et les personnes qui nous avaient si bien accueillis pendant notre séjour. J'arrivais cette fois dans une île du détroit de Malacca, comme j'aurais pu le faire à Madrid, à Bruxelles, ou à

Vienne, pour m'y trouver en pays de connaissance.

Nous avons vu hier un phénomène assez extraordinaire. La mer était calme et la brise très-faible.
Nous longions d'assez près les côtes accidentées de
l'île de Sumatra. Tout-à-coup des vagues furieuses
se sont soulevées autour de nous, et après quelques
minutes tout est redevenu paisible. Le capitaine nous
a dit que cela se présentait quelquefois dans ces parages, où toutes les terres sont des volcans, et qu'on
en attribuait la cause à des ébranlements souterrains.
Notre grand navire s'en est fort peu ému, mais un petit bâtiment aurait été infailliblement englouti. C'est
un de ces tremblements de terre sous-marins qui fit
dire à Vasco de Gama, à son second voyage dans
l'Inde : « La mer tremble devant nous. »

II.

10 décembre.

Le 4 décembre nous avons aperçu Ceylan. Le parfum des aromates nous arriva de plusieurs lieues.
J'avais lu ce fait dans plusieurs voyageurs et je n'a-
vais pas voulu le croire. C'est pourtant la vérité ; la
brise qui venait de terre nous apportait les senteurs

des forêts odoriférantes. Malheureusement nous ne devions pas nous y arrêter. Nous respirâmes Ceylan, comme un bouquet. Nous vîmes des vallées fertiles, avec des palmiers, sur le bord de la mer. Ensuite l'île s'élevait en amphithéâtre, forêts sur forêts, montagnes sur montagnes, passant, selon la distance, sur les différents plans du paysage, de toutes les nuances du vert à celle du bleu pâle et noyant les plus hautes cimes dans les vapeurs du ciel.

Le 6 nous en avons doublé la pointe méridionale, nommée pointe de Galles. Plusieurs bateaux vinrent à nous. La forme en était singulière. Ils étaient très-longs, très-profonds et excessivement étroits; leur position naturelle aurait été évidemment d'être couchés sur le côté, si deux perches de bambou attachées à un tronc d'arbre qui flottait parallèlement au bateau, n'avaient fait contre-poids. Ils nous apportèrent des perles, des pierres du pays nommées *cat's eyes* parce qu'elles ressemblent à des yeux de chats, et des boîtes fabriquées, non pas avec de l'ivoire, mais avec des dents d'éléphant.

Nous avons dépassé, le 7, le cap Comorin. Depuis ce moment nous longeons toujours le rivage; nous avons dans le jour une faible brise qui nous vient de la mer et dans la nuit un peu de vent qui souffle de la terre, avec des alternatives de calme entre les deux. Il en résulte que nous voyons la côte de Malabar, comme si nous voyagions sur une rivière, et nous nous consolons de la lenteur de notre marche par l'intérêt du spectacle. Ce sont d'abord les États du rajah de Travancore, la ville de Travanderum, avec ses deux églises bâties autrefois par les jésuites; et le joli village d'Alepe, dont les maisons se cachent derrière les cocotiers et où flotte le *flag-staff* d'un agent Anglais; plus loin la ville de Cochin, qui a joué un si grand rôle dans l'histoire des premières navigations dans la mer des Indes et qui, après avoir passé de la domination Portugaise à celle des Hollandais, appartient aujourd'hui à l'Angleterre. L'aspect général du pays est une vaste plaine, parsemée de maisons et couverte de cocotiers. Derrière le ruban sombre des arbres on voit dans le lointain les sommets grandioses et azurés des Ghauts, cette chaîne de montagnes qui suit la lisière occidentale de la péninsule Indienne depuis Surate jusqu'au cap Comorin. Nous sommes en relation continuelle avec la terre. A chaque instant des barques se détachent du rivage et nous apportent des produits du pays. Le pont du Buckingham-Shire est un marché perpétuel. Ce sont des noix de coco dans leurs enveloppes ver-

tes ; des bananes, des noix d'arec, des feuilles de
bétel ; de petits paniers, des boîtes en bois peint ;
ou bien des perroquets d'un vert tendre, avec la tête
lilas et le bec rose ; des maïnas au plumage noir avec
une calotte jaune d'or sur la tête ; de petits singes
gris, à la face rose, montrant leurs dents et écar-
quillant leurs yeux jaunes, à la grande joie de nos
Lascars. Plus loin c'est un armée de dindons à la
robe grise, tachetée de blanc ; des canards et des pou-
lets entassés dans des paniers ; de petits pains de
sucre brun, de forme hémisphérique, des poissons
secs et de la pâte de riz durcie et compacte ; les Lascars la mettent dans du lait et en font une bouillie
dont ils se régalent dans leurs bons jours.

Il faut voir nos pauvres matelots tirer de leurs sacs
quelques roupies, ou bien des miroirs, des peignes,
des mouchoirs, des tasses et les échanger contre du
sucre, des poissons secs et de la pâte de riz. Les
Parsis achètent des dindons ; nos jeunes *misses*, un
ménage de perroquets à bec rose et un autre de
maïnas. Quant à moi, j'aperçois au doigt d'un pêcheur malabare trois bagues faites avec des arêtes de
poisson grossièrement ciselées. Je lui demande de me
les vendre ; il me répond que ce sont des talismans
contre les mauvais esprits de la mer et qu'il ne peut pas

me les céder. J'insiste d'autant plus et je finis par le séduire. Elles sont d'une forme curieuse et elles ont un grand succès. Chacun les passe à ses doigts, lord Suirdale, le capitaine, ces dames ; tout-à-coup un de nous fait la remarque que notre pêcheur se gratte souvent et qu'il se gratte surtout les mains. La peur de la gale Malabare qui est terrible, dit-on, s'empare de nous ; on veut jeter mes talismans à la mer ; je me borne à les plonger dans un bain de vinaigre et nous courons tous nous lessiver les doigts à grand renfort de brosses et de savon.

III.

11 décembre.

Voici Calicut... Le capitaine me montre dans le lointain les maisons blanches. Jamais les palmiers n'ont été si touffus ; ils s'avancent jusqu'au bord de l'eau et les vagues se brisent à leurs pieds. Des collines boisées ondulent dans la plaine et s'élèvent peu à peu jusqu'à la grande chaîne des Ghauts. C'est bien là le paysage qui frappa les yeux de Vasco de Gama.

C'était le 20 mai 1498. Il venait de Mélinde avec trois petits bâtiments et cent cinquante hommes. Il y

avait vingt-neuf jours que, sur la foi d'un pilote de Gu-
zarate, donné par un Roi Maure, il errait sur l'Océan.
« Le pilote aperçut, dit son historien Castaneda, des
montagnes fort hautes qui sont au-dessus de la ville de
Calicut et s'approcha si près de terre qu'il la reconnut. Lors avec grande joie et plaisir, vint demander
au capitaine quelqu'honnesteté pour les bonnes nouvelles, disant que celle-là était la terre qu'il avait tant
désirée. Ce que le capitaine incontinent luy donna et
à l'instant commanda qu'on dit le Salve Regina pour
donner louange à notre Seigneur ; et en tous les navires furent faictes différentes manières d'esbatte-
mens. »

La forme des bâtiments Portugais, inconnue dans
ces mers, avait excité la curiosité. Des barques semblables à celles que nous voyons sans cesse depuis
plusieurs jours voguer autour de nous, étaient venues
leur apporter des fruits, des volailles et probablement comme à nous des singes et des perroquets.
Une d'elles leur indiqua un bon mouillage et se chargea de conduire à terre un émissaire de Gama. Cet
homme, qui ne savait pas un mot d'Arabe ni d'Hin-
dostani, trouva heureusement un Maure de Tunis
qui savait l'Espagnol et celui-ci, dans son étonnement
d'apprendre que l'on pouvait venir par mer de Lis-

bonne aux Indes, oublia toute animosité de race et toute rivalité commerciale, et ne songea qu'à aller voir le chef de ces hardis navigateurs. De son côté Gama, l'entendant parler Espagnol, le crut Chrétien et l'embrassa. Le Maure le tira de son erreur, mais se chargea d'annoncer son arrivée au Zamorin.

La renommée l'avait devancé. Le Zamorin savait déjà que des hommes, venus d'une terre inconnue, étaient arrivés sur des vaisseaux d'une forme extraordinaire. Le Maure lui apprit qu'ils escortaient un Ambassadeur, envoyé par un roi Chrétien, de l'autre extrémité du monde, avec des lettres et des présents. Le Zamorin consentit à le recevoir.

C'est ici qu'il faut admirer l'audace et la résolution de ces hommes de l'Ouest, comme on nous appelle en Orient. Gama descendit seul à terre avec douze de ses soldats, étendards déployés et trompettes sonnantes. Il monta dans un palanquin et se rendit au palais, au milieu d'une foule de peuple et avec une escorte de trois mille Indiens armés. Loin d'avoir la moindre inquiétude, il disait à ses compagnons : « On ne s'imagine guère, en Portugal, qu'on » nous fasse ici tant d'honneur. »

Le palais était très-vaste ; il était environné de jardins ornés de fontaines. Un grand nombre de seigneurs de la cour du Zamorin se présentèrent au devant de Gama, que l'on appelait l'Ambassadeur du Roi de Portugal. Le chef des Bramines vint l'embrasser et l'introduisit avec ses douze marins ; il y avait une telle foule et un tel désir de voir ces étrangers avec leurs chapeaux à plumes et leurs pourpoints, qu'il y eut beaucoup de gens écrasés.

Le Zamorin était sur une estrade richement ornée, dans une salle tendue de tapisseries de soie de diverses couleurs. Il avait une robe courte de calicot, semée de roses d'or battu, avec de grosses perles pour boutons et des traits d'or pour boutonnières. Il était coiffé d'une mître resplendissante de perles et de pierres précieuses. Il portait des diamants aux oreilles et aux doigts des pieds et des mains, et des anneaux d'or aux bras et aux jambes. Son bétel était dans un bassin d'or sur un guéridon d'or, et tous ses courtisans, qui se tenaient debout à une certaine distance, se couvraient respectueusement la bouche de leur main gauche de peur que leur haleine n'allât jusqu'à lui.

Vasco de Gama s'assit après avoir salué le Zamorin ; ses douze marins en firent autant. On lui servit des rafraîchissements, et le Maure qui servait d'interprète lui dit qu'il pouvait s'acquitter de sa mission

auprès des ministres du Prince qui en feraient leur
rapport. Gama répondit fièrement qu'en Europe les
Ambassadeurs du Souverain parlaient aux Souverains,
et qu'il ne renoncerait pas à ce droit. Le Zamorin,
étonné mais subjugué, le fit conduire dans un autre
appartement et y passa lui-même avec le chef des
Bramines et son premier ministre. Une conversation
très-curieuse eut lieu entre le Monarque de l'Inde et
le navigateur Portugais, et à la fin de cette conversation, le Zamorin disait qu'il était le frère et l'ami du
Roi de Portugal et qu'il lui enverrait des Ambassadeurs.

Après cette audience, Gama fut reconduit en grande
cérémonie au logement qui lui avait été préparé. Le
lendemain, il montra au premier ministre qui était
venu lui rendre visite, les présents qu'il destinait au
Zamorin ; c'étaient quatre pièces de drap, six chapeaux, quatre branches de corail, du sucre, de
l'huile et du miel. Le ministre se mit à sourire et dit
que son maître n'accepterait pas de pareils présents,
et qu'on ne pouvait lui en offrir aucun qui ne fût
au moins d'or pur. « Si j'étais un marchand, répondit
» Gama, je vous aurais apporté de l'or. »

Cependant les Maures commençaient leurs intri-
gues ; le premier ministre leur était dévoué. Ils di-

saient que les Portugais étaient des pirates. Le Zamorin devenait moins favorable; Gama fut quelque temps
comme prisonnier dans son logement, avec une garde
d'Indiens l'épée nue; il se tira de tout avec un mélange rare de prudence et d'énergie et, quand il retourna en Portugal, il porta au roi une lettre du Zamorin écrite avec un stylet sur une feuille de palmier
et conçue en ces termes :

« Vasco de Gama, gentilhomme de ta maison, est
» venu dans mon pays; son arrivée m'a fait plaisir.
» Mon pays est rempli de cannelle, de girofle, de
» poivre et de pierres précieuses. Ce que je souhaite
» d'avoir du tien, c'est de l'or, de l'argent, du corail
» et de l'écarlate. »

Castaneda nous a laissé une description de ce qu'é-
tait Calicut à cette époque :

« Grand nombre de Mores, dit-il, y avaient pris
leur demeure, lesquels, pour estre gros marchands et
menant grand fait de marchandises, rendirent la ville
la plus marchande de toute l'Inde, et la plus riche
de toutes; car on trouvait là toute l'épicerie, drogue-
rie, noix muscades, macis, qu'on sçaurait désirer ;
toutes sortes de pierreries; canfre, musc, sandal,
pourcelanes, bahus dorés, coffres et toutes les galan-
tises de China ; ambre, cyre, ivoire, force linge de co-

ton gros et délié, tant blanc comme peint d'aultre couleur et toutes façons de draps de soye et d'or; vermillon, corail, eau de rose et toutes sortes de confitures. De sorte qu'il n'y a marchandise de quelque partie du monde que ce soit qu'on ne trouva en cette ville. Oultre ce, elle était fort plaisante, environnée de force jardins, grande et espartie et toute bastie de maisons de paille, hormis les maisons des idoles, mezquites et palais du Roy, qui sont de pierres et de chaux et couvertes en tuiles. »

Deux ans après, Cabral, celui-là même qui avait découvert le Brésil, construisait à Calicut une factorerie. Mais, à partir de ce moment, une lutte acharnée se déclare entre les Maures et les Portugais. Le Zamorin épouse les intérêts et les haines des Maures. La factorerie est détruite ; cinquante Portugais sont égorgés ; mais aussi Calicut est incendié et bombardé. Il l'est encore en 1502 par Gama, en 1505 par Pacheco, en 1509 par Albuquerque qui y bâtit un fort.

Les Portugais dominaient alors le littoral de l'Inde. Cependant le Zamorin était indépendant ; et, lorsque l'astre du Portugal fut à son déclin, il s'allia aux Hollandais pour chasser ses ennemis. Le fort bâti par Albuquerque tomba au pouvoir de la Hollande en 1656.

Les Etats du Zamorin et la ville de Calicut furent conquis par Hyder-Ali; les Anglais leur avaient rendu leur indépendance, lorsque Tippo-Saïb y entra en vainqueur, détruisit la ville de fond en comble et en transporta les habitants à Beypore.

Aujourd'hui Calicut appartient à l'Angleterre; les indigènes y sont revenus et y ont rebâti environ cinq mille maisons ; le descendant des Zamorins y vit obscurément avec une pension que lui paient les Anglais.

IV.

Nous avons passé une journée à Calicut. Notre capitaine devait y prendre du sucre et du gingembre. Il nous mena dans son canot jusqu'à une petite distance du rivage, et les Lascars, nous prenant sur leurs épaules, nous déposèrent sur la grève. Nous nous trouvâmes immédiatement sous les cocotiers; la ville est bâtie au milieu des arbres ; les maisons sont basses et couvertes pour la plupart de feuilles de palmiers; quelques-unes ont de larges toits de tuiles rouges. Nous prîmes des palanquins. Nos Indiens nous

emportèrent en chantant à travers les rues ou plutôt les
allées de la ville. Au reste, l'ancien Calicut était ainsi;
les maisons étaient séparées par des jardins ; la ville
s'étendait au bord de la mer, sur une longueur de plus
de deux lieues. Nous vîmes le bazar, qui est encore
habité par des Mahométans, reste des Maures du temps
de Gama. Le cocotier joue un grand rôle dans les
produits de Calicut. Il y a des maisons construites
avec le tronc, couvertes avec les feuilles et meublées
avec des ustensiles fabriqués avec la coque de la noix.
On fait des nattes avec les filaments des feuilles ; des
cordes et de la toile avec l'enveloppe du fruit. Avec
une liqueur qui sort de l'arbre, on fait de l'eau-de-
vie, du sirop et du sucre ; du vinaigre avec le lait de
la noix, et de l'huile avec l'amande. Il y a peu de
maisons dans la vallée, où l'on ne fasse de l'huile de
coco ; chacun a son moulin pour presser les noix,
comme son puits pour faire les ablutions. Nous suivîmes notre capitaine chez un négociant Anglais,
M. Wells, le plus gros personnage du pays. La maison était à la mode d'Europe. Nous y vîmes plus de
mille Indiens occupés à préparer le gingembre, à en
éplucher la racine, à la laver et à la faire sécher.
C'est un travail qui ne se fait que pendant trois mois
de l'année. Il commence avec décembre et finit avec

février. Le hasard nous avait bien servis. Quelques semaines plus tôt, nous n'aurions pas pu voir ce qui forme aujourd'hui toutes les curiosités de Calicut. Autrefois il y avait le palais du Zamorin et ce fameux temple où, certain jour de la semaine, on voyait des diables et des apparitions. Aujourd'hui il y a un grand atelier, couvert en feuilles, sur le bord d'un étang, dans lequel de jeunes filles Malabares trempent des racines après en avoir enlevé l'écorce. Je dois rappeler ici que ce ne sont pas les hommes de l'Ouest qui ont anéanti Calicut; c'est un Indien, c'est Tippo-Saïb.

L'Europe n'a donc pas fait tous les frais du contraste, et, après tout, la splendeur du Zamorin rayonnait sur une civilisation qui avait bien ses ombres. La condition misérable des Pouliats, par exemple, ces Parias Malabares, que les gardes du Roi pouvaient tuer pour essayer leurs armes, contrastait aussi, mais d'une façon un peu cruelle, avec les merveilles de ce palais.

Ce qui a toujours été beau et ce qui l'est encore, c'est la nature. Je me suis fait conduire un peu loin dans la plaine et je me suis promené à pied sous les cocotiers. Les perroquets volaient d'arbre en arbre et de temps en temps un singe se montrait sur les branches. Parfois un Hindou passait près de moi avec son turban, ses épaules nues et son court jupon blanc, et me faisait un salut humble et gracieux. L'œil ne rencontrait que des images douces et harmonieuses. Je rêvais de Sakountala, du prince Kam-Rup, et de tous les poëmes charmants qu'ont traduits Wilson et Chézy. Je revins à regret chez M. Wells, où je trouvai pourtant un petit *rout* formé des notabilités Anglaises de Calicut, un élégant officier et de jeunes *misses* qui chantèrent des romances et jouèrent sur le piano de la musique de Czerny.

LIVRE DIXIÈME.

———

BOMBAY.

I.

Bombay, 19 décembre.

Nous sommes arrivés avant-hier soir à Bombay. Un *bunder-boat* me conduisit au débarcadère de Khalaba, où je trouvai un palanquin, dans le genre de ceux de Singapore, c'est-à-dire attelé d'un cheval. Cela se nomme ici un shigram. Je me fis conduire d'abord au bureau du steamer de Suez. Je passai un pont-levis jeté sur des fossés remplis d'eau, et j'entrai, par une porte voûtée, dans l'enceinte fortifiée. Les rues sont propres et bordées de trottoirs ; les maisons ont d'un à deux étages, mais les boutiques n'ont pas d'étalage, ce qui donnerait à la ville un aspect morne et monotone, si la variété des costumes Asiatiques, Hindous, Arabes, Persans, Parsis, Malais, Chinois, n'y répandait une grande animation. J'arrivai à la direction des paquebots. J'y vis le fameux capitaine Ross, si connu par ses travaux hydrographiques. Le steamer ne part que le premier janvier. J'allai ensuite chez mon banquier, M. Forbes. Il habite une grande maison sur la place de l'Hôtel-de-Ville, et tous ses commis sont Indiens ou Parsis. Il en a une grande quantité, car il fait beaucoup d'affaires et jamais bureaux de banque n'ont eu une physionomie aussi originale; c'est une collection de mîtres et de turbans, de figures noires et de robes blanches.

Mes affaires ainsi terminées, je me dirigeai vers Hope Hall's hôtel. Mon shigram sortit de la ville, passa près d'une grande pelouse couverte de tentes et entra dans une large rue, où il y avait de grandes maisons noires, avec des portiques, sur lesquels se détachaient les turbans rouges et les vêtements blancs des marchands Indiens accroupis devant leurs boutiques : c'était le bazar. La nuit commençait à venir; quand j'arrivai à Hope Hall, je fus frappé des flots de lumière qui sortaient des fenêtres. Je vis une grande maison au milieu d'un jardin. Il y avait un vaste vestibule, un large escalier avec un tapis dans le milieu, une salle à manger immense, un salon avec une terrasse. C'était digne de ce qu'on raconte de la vie Anglaise dans l'Inde. On me donna une jolie tente dans le jardin. C'est le mode de logement que l'on préfère ici. Il y en a une vingtaine parmi les arbres. Ce sont des appartements complets. On les nomme bunghalos, c'est à la fois très-frais et très-commode; seulement on y voit courir les lézards, et voler les moustiques. Les lits sont protégés par un réseau de gaze. On entre par une galerie formée d'un treillage couvert de plantes grimpantes.

Je suis allé aujourd'hui faire ma visite au gouverneur, sir Charles Arthur. Toute l'île de Bombay est un vaste faubourg. Si la ville fortifiée est un peu triste, les faubourgs sont charmants. Les rues y sont de larges allées, plantées d'arbres; on y a de l'air et de l'ombre; à droite et à gauche on voit des maisons Européennes, Indiennes, Musulmanes, des mosquées, des pagodes, avec des jardins, des pièces d'eau et des bouquets de cocotiers. Les maisons des Hindous sont très-élégantes; à chaque étage il y a une galerie en saillie avec des colonnettes, et en bas un péristyle orné de colonnes sculptées, et tout cela est peint avec un goût original. Une foule énorme circule dans toutes les rues, surtout dans celle où se trouve le bazar. Le mouvement des rues de Paris les plus fréquentées n'est pas plus considérable. On dirait les boulevards, un dimanche d'été. Du moins c'est la même difficulté de fendre le flot de la multitude. Seulement ce sont des Hindous au teint de bistre avec les signes de leur caste peints en rouge , en gris, ou en jaune sur le front ; des femmes, à la taille svelte et serrée dans une bande d'étoffe, de couleur éclatante, avec des anneaux d'or dans le nez et des cercles d'or aux bras et aux jambes ; ici un Chinois, là un Malais, plus loin un maquignon Arabe faisant caracoler son coursier ; des marchands de fruits avec des paniers de mangues et de bananes, ou des porteuses d'eau avec leurs cruches sur la tête. En outre la gravité Musulmane ou la noblesse Indienne, et leur habitude de marcher tous au milieu des rues, sans tenir compte des trottoirs, font craindre à chaque instant d'écraser quelqu'un de ces piétons en robe et en turban. Mon cocher, qui est un Musulman, crie sans cesse *païs! païs!* en y ajoutant souvent un charitable coup de fouet en guise d'avertissement. A cette foule se joignent les cabriolets des Parsis, les phaëtons des Anglais, les palanquins, les shigrams, les gadis Indiens, espèces de belvédères roulants, traînés par des buffles au poil bleu et au regard farouche, les cavaliers Persans avec leur riche costume, et leurs chevaux qui piaffent ; les troupeaux de moutons noirs du Deccan; et parfois un Fakir, à la barbe et à la chevelure incultes et qui, le corps nu et tout gris de bouse de vache, et le bras appuyé sur son grand bâton, jette son cri monotone au milieu de tous ces bruits et tend la main à la charité des sectateurs de Brahma.

Le gouverneur habite à six milles de la ville, et, pendant toute la route, on ne cesse pas de voir des maisons et des jardins. Si l'on abat jamais les fortifications qui entourent la place on pourra appeler toute l'île de Bombay la ville. Le palais du gouverneur est vaste et élégant. J'y ai reçu de sir Charles Arthur l'accueil le plus aimable. J'admire en revenant un hôpital et une école de médecine qu'un riche Parsis fait construire pour les Hindous. L'hôpital est sur le bord d'un petit lac. Il n'a qu'un étage, mais il occupe un espace considérable et présente dans son architecture toutes les fantaisies du style oriental.

Je me suis arrêté quelque temps à Brisk-Kandy. C'est une plage qui fait face à la pleine mer et sur laquelle les vagues brisent avec violence. C'est la mode d'y venir respirer la brise marine au coucher du soleil. Toutes les voitures de la fashion avaient fait une halte et on jouissait de la fraîcheur de l'air avec ce bonheur qui ne peut être apprécié que sous les tropiques. J'avais devant moi l'Océan dans lequel venait de disparaître le disque embrasé, et à ma gauche la colline boisée de *Malabar-point*, avec ses palmiers dont les troncs gracieux et les panaches de feuilles se dessinaient sur les teintes orangées du ciel.

II.

Bombay, 21 décembre.

Je suis allé avec lord Suirdale et quelques Anglais de Bombay voir les grottes d'Éléphanta. Ce sont des temples souterrains d'une haute antiquité et qui remontent aux premiers temps du polythéisme Brahmanique.

Je quittai Hope Hall à cinq heures du matin, car nous étions pressés par la marée; mon buggy m'entraîna rapidement vers Khalaba. L'air était frais; le ciel étoilé; quelques chariots traînés par des buffles se montraient seuls sur la route, ainsi que des Hindous portant sur leurs têtes de grands vases de cuivre pleins de lait. Je trouvai notre *bunder-boat* prêt à partir et mes compagnons de voyage déjà installés. Nous avions une large cabine pour nous abriter du

soleil, un cuisinier, des provisions et chacun se faisait une fête de déjeuner au milieu des dieux de la
mythologie Indienne.

Bientôt l'île d'Éléphanta se présenta à notre vue,
avec sa montagne, qui a la forme d'un éléphant nageant sur la mer. Les Portugais lui donnèrent ce
nom à cause d'un éléphant de granit qu'ils trouvèrent sur le rivage, et dont on voyait encore les restes
il y a quelques années. Je ne prétends donc point
faire de l'étymologie ; mais je signale une ressemblance. Il y a la trompe allongée, la grosse tête et le
dos qui s'abaisse dans l'eau. Nous avions à notre gauche l'île de Salsette, fameuse aussi pour ses cavernes sacrées, moins belles cependant que celles d'Éléphanta. Malgré notre diligence, quand nous arrivâmes, la marée était au plus bas ; notre *bunder-boat*
s'arrêta à une portée de fusil de la plage et nous dûmes la gagner sur les épaules de nos Hindous. Nous
marchâmes quelque temps sur une terre sablonneuse,
où se dressaient çà et là quelques palmiers. Puis
nous gravîmes la pente de la montagne, du côté que
j'appellerais la tête de l'éléphant. Elle est couverte de
bois et un étroit sentier, d'une ascension facile et
quelquefois façonné en forme d'escaliers creusés dans
le roc, serpente au travers des jungles, jusqu'à la

plate-forme sur laquelle s'ouvrent les caves. On a de
là une vue magnifique. L'œil descend par-dessus la
verdure des bois et des cocotiers jusqu'à la mer, dont
l'azur éclatant est encadré par les montagnes vertes
de Salsette et la chaîne bleuâtre des Ghauts. A côté
de nous deux cabanes couvertes de feuilles, se montrent sous les arbres. Ce sont les seules maisons
qu'il y ait dans l'île, et que de poëtes ensevelis dans
nos villes seraient heureux d'y passer leur vie! Elles
sont habitées par la famille d'un ancien sous-officier
de Cipayes, fort peu sensible aux beautés de la nature, mais chargé, par un ordre récent du gouverneur, d'accompagner les voyageurs qui viennent visiter les caves et de les empêcher de commettre les
vandalismes qu'ils se permettaient jusqu'à ce jour,
comme par exemple de casser et de voler des frag-
ments de statues, pour en orner leurs étagères, ou
d'inscrire stupidement leurs noms en grandes lettres
sur les joues et jusque dans les yeux des divinités.

Nous nous enfonçons dans les souterrains. Une
merveilleuse et colossale architecture y a été fouillée
dans le roc, comme on taillerait un buste dans un
bloc de marbre. Des colonnes, très-élevées, mais
d'une forme si épaisse, qu'elles semblent s'aplatir

sous le poids de la montagne, dessinent leur masse de porphyre un peu effilée au milieu et terminée par un globe écrasé en guise de chapiteau, sur les ombres solennelles de l'intérieur. C'est comme le péristyle du temple, dont la frise est formée par les pentes couronnées d'arbres. Nous avançons plus loin. On dirait la nef d'une cathédrale. Les colonnes se multiplient autour de nous, et se dressent sur plusieurs rangs comme les arbres d'une forêt mystérieuse. Bientôt des statues gigantesques, représentant des personnages mythologiques, s'allongent depuis le sol jusqu'au faîte; tandis que des bas-reliefs sculptent sur les murailles, dans des proportions surhumaines et avec un art naïf, les scènes guerrières de l'épopée Brahmanique; c'est au milieu de ces grandes figures, aperçues à la lueur d'une sorte de crépuscule, que nous arrivons jusqu'à l'énorme idole placée au fond du souterrain et réunissant dans un même symbole la trinité Indienne, Brahma, Wischnou et Siva.

Nous regardons le monstrueux colosse, un buste à trois têtes de dix-huit pieds de haut, et le groupe de divinités qui décore la niche dans laquelle il est placé. Quand nous nous retournons, nous sommes saisis par un spectacle magique, et un cri d'admiration

s'échappe de toutes les bouches. A travers les ténèbres de la grotte, rayonne une atmosphère lumineuse, et, derrière les sombres silhouettes des colonnes et des statues, nous voyons apparaître le bleu
du ciel, le bleu de la mer, les rochers, les îles et,
sur l'éblouissant azur, quelques lianes aux feuilles
d'émeraude, dont les festons descendus de la montagne se balancent dans l'air coloré et brillant du
jour.

Pendant cette promenade archéologique, on avait
apprêté notre déjeuner. Une table et des chaises
avaient été apportées sous le péristyle du temple. Le
soda-water, le sherry, le claret et le vin de Champagne
arrosèrent des pièces de bœuf froid et la dinde accompagnée de tranches de jambon, *ham and turkey*, le
rôt favori des Anglais dans l'Inde. Après ce festin,
auquel assistaient, sans y être conviés, tant de spectateurs de pierre, mes compagnons de voyage se cou-
chèrent sans cérémonie sur les autels de Brahma,
pour y faire leur sieste. Quant à moi, je ne me las-
sais pas d'errer sous ces voûtes façonnées par la pensée qui enfanta le Ramayana et les Pouranas. J'inter-
rogeais les statues mutilées et les bas-reliefs dégra-
dés, et je cherchais à y retrouver les souvenirs de
cette époque héroïque, où les Kchatrias, comme les

héros de l'Iliade, combattaient à côté des dieux et des déesses descendus du ciel. Puis je me perdais dans ce dédale des incarnations des dieux et des transmigrations des âmes, et je cherchais à me représenter par la pensée cette société de l'Inde Brahmanique. Je la voyais dominée par le dogme formidable de l'expiation ; tourmentée, dans les perspectives infinies de l'éternité, par la terreur des transmigrations ; enchaînée dans le présent aux cruelles inégalités des castes par la croyance à une rétribution selon les mérites d'une vie antérieure ; poussée par les épouvantes d'une imagination exaltée à des austérités et à des macérations effrayantes ; je voyais Calanus (Kalyana) monter sur le bûcher en présence d'Alexandre, et tous ces misérables qui, encore aujourd'hui, se font enterrer vivants ou se précipitent du haut des rochers, ou bien se font écraser sous le char de Jaggernat. Je comprenais que le Boudhisme eût pu paraître un refuge à ces âmes désespérées ; et il fallait en effet que leur désespoir fût bien grand, pour qu'elles pussent se réjouir d'échapper aux transmigrations par le néant. Je me figurais Sakia Mouni protestant contre la sévérité des dieux par l'athéisme ; contre les exclusions des castes, par l'appel de tous les hommes à la connaissance et à la pratique d'une même loi ; contre les sacrifices sanglants, par l'abolition du sacrifice ; et substituant l'expiation morale du repentir à celle des tortures physiques et l'espoir de l'anéantissement, comme récompense suprême, à la fatalité mystérieuse et terrible des transmigrations. Le Boudhisme fit une quantité de prosélytes ; mais les Brames, dont il brisait le privilége sacerdotal, lui déclarèrent une guerre d'extermination et le chassèrent de l'Inde, d'où il se répandit dans le Thibet, en Tartarie et en Chine, modifié lui-même par l'adoption de superstitions grossières, envahi par le culte des divinités Sivaïques, et conservant encore assez de la doctrine de la transmigration des âmes pour en infecter ses nombreux sectateurs.

III.

Bombay, 25 décembre.

Parmi mes connaissances de Bombay se trouvait le colonel Boyleau. Il avait reçu l'ordre de rejoindre son régiment qui était à Pounah et devait faire partie d'une expédition envoyée au secours des rajahs de Kholapore et de Sawunt-Warren, contre leurs vassaux révoltés. Il m'engagea à faire route avec lui et je saisis avec empressement l'occasion de voir, en agréable compagnie, cette ville qui a joué un si grand rôle dans l'histoire des Mahrattes, et où a résidé jusqu'à la fin, c'est-à-dire jusqu'en 1818, le Peschwa, chef de la confédération.

Nous partîmes il y a quatre jours. Le colonel emmenait avec lui un jeune officier de son régiment, le capitaine Hitley, qui a fait la guerre de Chine et dont les récits abrégèrent les cinq heures que mit notre *bunder-boat* à nous conduire à la rivière de Panwell. Le soir vint; nous vîmes Éléphanta se profiler sur le ciel éclairé par la lune, tandis que des bateaux de pêche, avec leurs voiles triangulaires, glissaient doucement sur la mer. Il était huit heures quand nous sautâmes sur le rivage, où nous attendaient deux phaëtons, attelés chacun de quatre chevaux. J'éprouvai une vive émotion quand je me sentis emporté, par ce galop rapide, sur cette terre si riche en souvenirs. La clarté de la lune me permettait de saisir les grands traits du paysage, qui devenait plus accidenté à mesure que nous approchions des Ghauts. Nous traversions des villages, et j'apercevais en passant des scènes de la vie familière et champêtre. Ici un Hindou assis sur des nattes dans l'intérieur de sa cabane, sa lampe posée par terre à côté de lui, fumait grave-

ment un grossier narghilé fait avec une noix de coco;
plus loin un autre, râclant avec les ongles une espèce de guitare, psalmodiait, d'un ton nasillard, un
air mélancolique. De temps en temps je voyais d'immenses caravanes de buffles couchés dans la plaine
et se reposant avec leurs charges sur le dos; ou bien
des multitudes de grands moutons noirs du Deccan,
endormis sous la garde de leurs noirs conducteurs.
Nous arrivâmes assez promptement au pied des
Ghauts. Là nous trouvâmes des palanquins. Le chemin est bordé de précipices. C'est l'usage de laisser
monter lentement les voitures vides et de se fier aux
épaules des Hindous plutôt qu'aux jambes des chevaux. Les lueurs incertaines de la nuit ajoutaient à
l'effet singulier de cette ascension. Souvent une cime
escarpée se dressait à ma droite comme une muraille,
pendant qu'à ma gauche mes yeux plongeaient dans
le vague et dans le vide. Nos palanquins s'arrêtèrent, après une longue marche, devant la porte d'un
large bunghalo; nous étions à Khundalla, sur la cime
de la montagne. L'air était vif et frais, le sol plat et
aride; seulement on distinguait dans l'éloignement
des massifs d'arbres et quelques blocs de rochers;
c'était silencieux, désert, sauvage. Pendant que nous
soupions dans le bunghalo, nos voitures nous rejoi-

gnirent; mais, quand nous nous remîmes en route, l'obscurité était complète.

Au lever du soleil, nous étions dans une immense plaine, sans arbres, au haut du plateau d'où le sol de l'Hindoustan va en s'abaissant, par une pente insensible, jusqu'au golfe du Bengale. Cela ressemblait aux plaines des Castilles. Ce sont des pâturages où l'on conduit, dans le mois d'avril, les moutons de l'Inde orientale, d'après un usage analogue à celui de la mesta d'Espagne.

Nous entrâmes à Pounah vers onze heures. Les pagodes blanches, avec leurs formes allongées et pyramidales; les mosquées avec leurs minarets et leurs coupoles, la colline que couronne le temple de Pahrbattee, la vaste enceinte de la ville qui a plus de cent mille habitants, les tentes et les baraques des cantonnements anglais, se présentèrent de loin à mes regards. Je déjeunai dans le bunghalo du colonel. Chaque officier à son bunghalo entouré d'un petit jardin. C'est une maison de toile où l'on trouve les ameublements et les élégances de l'Angleterre. Il y avait des albums et des revues sur les tables, et je vis la partition d'un de nos derniers opéras ouverte sur le piano.

Le capitaine Hitley me fit les honneurs de la ville

Hindoue et du temple de Pahrbattee. Les rues de Pounah sont étroites ; on y voit à chaque instant des maisons peintes et une quantité de pagodes couvertes de sculptures. Les boutiques ont à l'intérieur et souvent même au dehors, sur les murailles blanchies, des peintures naïves ou bizarres qui représentent des divinités. Une population nombreuse se presse dans les rues. L'Angleterre n'est que campée à côté de la ville, qui est toute Indienne, et qui l'est autant, quoiqu'avec moins de splendeur, que dans le temps du Peschwa.

Nous arrivons près d'un petit lac, bordé d'arbres bien verts, et dont l'eau baigne le pied de la colline sur laquelle est posé le temple de Pahrbattee. La montagne est très-escarpée et l'édifice sacré qui la surmonte est environné de murs sculptés. Des marches fouillées dans le roc nous conduisent du rivage à l'Acropole Indienne. La montagne fait en quelque sorte partie du temple ; elle en est le piédestal ; elle en est l'escalier, un escalier majestueux et grandiose et qui devait produire un bel effet lorsque, au temps de la puissance et de la richesse de la caste sacerdotale, les Brames le descendaient lentement pour aller faire leurs ablutions dans les eaux du lac. Le temple de Pahrbattee se compose de trois en-

ceintes fortifiées, avec trois bâtiments carrés en forme de pyramides tronquées, aux toits plats et aux par-
vis décorés d'élégantes sculptures. Les murs de chaque pagode sont couverts de peintures représentant
des sacrifices. Une d'elles, la dernière, est en ruine;
les deux autres sont assez bien conservées; il n'y en
a qu'une où il y ait des Bramines. Ils se crurent obligés, à notre arrivée, de nous régaler d'une musique
de flûtes, de hautbois, de cornets à bouquin, avec
accompagnement de cymbales et de tambourins qui
me rappela la musique Chinoise.

Du haut des murs du temple on a une vue très-
étendue. On domine la ville, les cantonnements, le
lac, les jardins qui forment une fraîche oasis au
milieu des plaines couvertes d'une herbe jaunie, et,
dans le lointain, les pointes aiguës des rocs qui marquent de ce côté la direction de la chaîne des
Ghauts.

Le lendemain je visitai l'ancien palais du Peschwa.
C'est un vaste édifice environnant une cour carrée,
avec un cloître orné d'arcades ogivales, dont les colonnes trempaient autrefois dans l'eau d'un canal qui faisait le tour de la cour et qui est aujourd'hui comme
desséché. On y trouve de grandes salles décorées de
pilastres et de colonnettes en bois de teck sculpté. Il

y en a une surtout qui a des proportions considérables. C'était là que le Peschwa donnait ses audien-
ces avec tout l'éclat du luxe Asiatique. C'est aujour-
d'hui une école Hindoue. Je la trouvai pleine d'enfants qui menaient grand bruit. Les plus grands
récitaient des vers ; les plus petits criaient en chœur
l'alphabet Sanskrit ; ceux-ci calculaient tout haut de
mémoire et ceux-là psalmodiaient les légendes des
Pourânas.

J'ai dîné chez le général Mac Neil, qui commande les cantonnements, avec le médecin qui a
soigné Victor Jacquemont pendant son séjour à
Pounah. Jacquemont le raille un peu dans ses dernières lettres ; mais le brave Écossais ne lui en a pas
gardé rancune. Il m'a parlé de lui avec l'affection
que l'on porte à un enfant gâté et il m'a paru encore
sous le charme de son merveilleux esprit. Il m'a dit
que le savant et infortuné voyageur était vraiment
mort victime de sa passion pour la science et des
imprudences que cette passion lui faisait commettre,
sous un climat qui n'en pardonne aucune. Ainsi
Jacquemont passait des semaines entières dans les
plaines ou dans les montagnes, s'exposant au soleil, sans précaution, à pied et à cheval, buvant,
comme les Hindous, de l'eau pure et ne mangeant,

comme un anachorète, que des fruits et du laitage ; puis il rentrait dans les cantonnements avec son butin minéralogique et botanique, et s'y exténuait de travail.

Je suis parti de Pounah hier à quatre heures du matin. J'ai visité en revenant les caves de Karlee. Ce sont des temples souterrains comme ceux d'Éléphanta et de Salsette. J'étais à Panwell à huit heures du soir. J'y ai vu, sur le bord d'une lagune, une charmante pagode ombragée par des figuiers et des tamariniers ; la lune se reflétait dans l'eau ; on distinguait, dans le lointain, les hautes montagnes ; et, sur les degrés qui descendaient jusque sous le niveau du lac, des Bramines étaient occupés à laver leurs vêtements blancs. C'était un tableau paisible et plein d'une mélancolique poésie.

IV.

30 décembre.

J'ai vu ces derniers jours deux fêtes Hindoues ; l'une, chez un riche Mahratte ; l'autre, chez un négociant Persan.

La première avait lieu dans une des jolies maisons du faubourg de Bombay. Le jardin était illuminé et plein d'une foule d'Hindous en grands costumes. Les salons, décorés à l'orientale, étaient très-bien éclairés. Nous fûmes reçus par le maître de la maison qui nous fît asseoir sur des coussins. On nous donna des bouquets parfumés d'eau de rose et des sachets de papier argenté, renfermant du bétel et de la noix d'arec. Des Rum-djenies chantaient en chœur une psalmodie monotone. Drapées dans un grand voile de mousseline, brodé d'or et d'argent, le visage et les cheveux luisants d'huile de coco, les bras et les jambes chargés d'anneaux et de bracelets, elles se tenaient le plus souvent debout et immobiles. De temps en temps seulement une d'elles s'avançait vers nous, en arrondissant avec grâce un de ses bras sur sa tête, puis elle s'en retournait lentement, marquant le rhythme par le bruit des grelots attachés à ses pieds. Trois hommes assis par terre accompagnaient le chant avec des guitares et des cymbales.

La seconde fête avait lieu le lendemain chez Aga-Mohammed-Jaffer. C'est un élégant et aimable Persan qui a les plus jolis chevaux de Bombay et qui écrit en très-bon anglais, sur du papier glacé, des billets pleins de grâce. Il y avait dans ses salons, sur les coussins richement brodés, l'aristocratie des Hindous et des Persans de l'île. Tout cela était assis sur les talons ou accroupi, les jambes croisées. Les Chinois sont la seule nation de l'Orient qui s'asseye comme nous sur des chaises ou sur des fauteuils. Mohammed-Jaffer me donna à fumer, dans un riche narghilé, un chillum composé de conserves de roses, de sucre candi, d'opium, de pommes sèches, avec très-peu de tabac, mélange dont la saveur était très-agréable. Les danses furent d'abord, comme la veille, un chant accompagné de gestes sérieux et d'une démarche grave ; ensuite vint une pantomime qui semblait la paraphrase du vers :

Et fugit ad salices, et se cupit antè videri.

Une jeune fille y figurait toute seule, pendant que les autres chantaient, au son des guitares et des tambourins. Elle s'avançait, semblant tour à tour courir après un papillon, enlever un cerf-volant, et cueillir des fleurs. Tout-à-coup elle prêtait l'oreille et exprimait par ses gestes qu'elle avait vu quelqu'un et qu'elle avait été vue. Elle faisait quelques pas rapides ; elle se penchait, elle se relevait ; elle semblait tour à tour s'enfuir et se cacher et finissait par avoir l'air de se laisser atteindre, sans s'en montrer trop fâchée. Toute cette pantomime était exécutée d'une façon très-expressive, en même temps que très-décente. Je ne ferai pas le même éloge des danses qui la suivirent, avec un redoublement de bruit des cymbales et des tambours, et je baisserai le rideau sur la fin de la fête, qui du reste avait peu de charmes pour les yeux et les oreilles d'un Européen.

LIVRE ONZIÈME.

——

ADEN, LE CAIRE, ALEXANDRIE.

I.

En mer, 12 janvier 1845.

Le Vénitien Ramusio, dans son recueil de voyages,
contient le journal d'un gentilhomme de Venise qui,
se trouvant à Alexandrie en 1537, au moment où
éclata la guerre entre la République et Solyman, fut
jeté à bord d'un bâtiment Turc, et alla jusqu'à Diu,
avec la flotte Musulmane. Voici ce que ce gentilhomme
dit de la ville d'Aden :

« C'est une ville très-forte et entourée de monta-
» gnes très-élevées, sur lesquelles il y a des forts et
» des retranchements; on ne peut communiquer
» avec la terre ferme et avec la mer que par deux
» passages très-étroits et défendus par des tours et
» de bonnes murailles... Le port qui est très-grand
» et très-sûr, est gardé par un château construit sur

» un rocher... La terre est si aride qu'elle ne produit
» rien; on n'y a d'autre eau que de l'eau de pluie,
» laquelle se conserve dans des citernes et des puits
» très-profonds. »

On trouve encore dans un navigateur Portugais,
Duarte Barbessa, qui fut tué dans l'île de Zébu, en
1519, quelques lignes sur cette place qui joua un
si grand rôle dans le commerce des Arabes avec l'extrême Orient :

« C'est, dit-il, une superbe ville, avec de belles et
» grandes maisons, de larges rues, et de fortes mu-
» railles, et où il se fait un gros trafic de toutes sor-
» tes de marchandises. »

Tel était Aden au XVIᵉ siècle; je vais le décrire à
présent tel que je l'ai vu.

C'est une enceinte de roches dénudées qui semblent sortir de la mer et qui sont réunies à la pointe
méridionale de l'Arabie par un isthme étroit et sa-
blonneux. On dirait une forteresse de basalte qui a
soulevé les grèves, avec ses escarpements gigantesques et ses pics aigus en guise de créneaux. Le peu de
profondeur de l'eau force les bâtiments chargés d'artillerie de se tenir à distance, et, du côté de la rade,
on ne peut pénétrer dans la ville que par un étroit
défilé, entre des pans de montagnes droits comme des

murs. C'est une position imprenable; et c'est la clef de la mer Rouge. Un scheik Arabe, circonvenu par d'habiles négociations, l'a vendue à l'Angleterre, qui tient aujourd'hui, dans l'océan Indien, la place qu'y occupait autrefois la puissance Musulmane.

J'avais un grand désir de voir cette ville si florissante dans le temps où le commerce des épices, monopolisé par les Arabes, se faisait par la mer Rouge, et qui, après avoir été rejetée dans le néant par la découverte du cap de Bonne-Espérance, a repris de l'importance depuis que les Anglais ont rétabli les communications entre l'Inde et l'Europe par Suez et Alexandrie. Je m'étais fait donner une lettre de recommandation pour le capitaine Haines, qui en est le gouverneur; et un des passagers de la *Bérénice* m'offrait une hospitalité intéressante chez des missionnaires Espagnols. Ce passager était un dominicain de Manille, le frère don Domingo, qui se rendait à Madrid avec mon ancienne connaissance, l'ex-gouverneur des Philippines, le général Alcala.

La *Bérénice* entra dans la rade d'Aden, le 10 janvier, après neuf jours de traversée et mouilla près d'une pointe de sable que l'on nomme *Steamer-Point*. Il y a là une grande maison qui est un hôtel tenu par des Parsis. Les passagers des bateaux à vapeur s'y établissent d'ordinaire pendant que l'on charge le charbon. A peine avions-nous mis le pied sur le rivage que nous fûmes assaillis par des noirs qui nous offraient les uns des ânes, les autres des chameaux; je montai sur un âne; don Domingo en fit autant, et nous nous mîmes en route, escortés par un ânier couleur d'ébène.

Nous suivîmes d'abord la plage ; nous rencontrions des dromadaires montés par des Arabes et des chameaux portant des outres remplies d'eau ou des ballots de marchandises. Ensuite la route entra dans la montagne et, après avoir gravi quelque temps une pente facile , passa sous une voûte naturelle , à travers le défilé. Nous nous trouvâmes dans un cirque, environné de roches noires et élevées, sans végétation, sans verdure , une sorte de vallée de Josaphat, une décoration toute faite pour un oratorio du jugement dernier, et nous aperçûmes, sur une terre aride, une réunion de huttes carrées et de cabanes de bois ; c'était la ville dont le seul monument était une tour en ruine, débris d'une ancienne mosquée. Avant de m'y faire conduire je m'arrêtai chez les missionnaires Espagnols. Leur maison et leur église sont construites en bois, mais dans de larges proportions. Ils se louent beaucoup de l'esprit de tolérance de l'administration

Anglaise. Au reste, dans la garnison d'Aden, il y a en ce moment beaucoup d'Irlandais catholiques, et on leur amène, chaque dimanche, à la messe, près de deux cents soldats. Je trouvai parmi les missionnaires un homme très-distingué, le padre Antonio, qui a la réputation d'un savant orientaliste. J'allai ensuite chez le gouverneur. Il est logé, comme tous les officiers de la garnison, dans une cabane de bois, qui a l'air d'une chaumière; mais quand j'eus pénétré dans l'intérieur de la maison, je trouvai, comme dans les bunghalos de Pounah, toutes les recherches de l'élégance Européenne. Le capitaine allait se mettre à table avec sa famille pour le tiffin — le luncheon de l'Inde. Il me pressa de prendre part à cette collation. On parla d'un bal qui avait été donné la veille et qui avait duré jusqu'à trois heures du matin. La plupart des officiers sont mariés; cela donne bien dix-huit danseuses; les maris sont forcés de danser; c'est une coterie, et en ce moment une coterie assez gaie. On monte à cheval; on fait de la musique; on mène à Aden la vie de Londres. Les Anglais ont le talent de transporter partout l'Angleterre avec eux; et cependant cette noire enceinte, vraie marmite de fonte, a plutôt l'air d'avoir été enfantée, dans une des convulsions du globe, pour servir de théâtre à

n'importe quelles scènes terribles, que pour des wal-
ses et des polkas. Un des convives revenait d'un
voyage dans l'intérieur de l'Arabie. C'était un jeune
lieutenant de vaisseau, qui parle très-bien l'Arabe. Il
avait laissé croître sa barbe et avait pris le turban
pour cette excursion. Il en a rapporté des notions
très-curieuses sur ce pays si peu connu et habité par
des tribus indépendantes les unes des autres. Après
le tiffin, nous sommes montés à cheval et nous avons
gravi le Mansouri, le pic le plus élevé de la péninsule. On est obligé de mettre pied à terre pour escala-
der la dernière pointe. Il y a là une petite maison
carrée qui y a été bâtie autrefois par les Turcs. On
monte sur la terrasse et on embrasse du regard la
chaîne circulaire des montagnes, les pics aigus, les
murailles de rochers; ce gouffre au fond duquel il y a
une ville; puis tout autour la mer et le ruban doré
qui attache aux sables de l'Arabie cet ensemble de
masses sombres et formidables qui a l'air d'une citadelle de Titans.

Un fossé, un petit mur et quelques redoutes marquent, dans la largeur de l'isthme, la limite du territoire Anglais. Ce faible rempart a suffi pour arrêter il
y a deux ans un corps de quinze mille cavaliers Arabes, qui, du fond de leur désert, accouraient

comme dans une fantasia, pour jeter les infidèles à la mer et reconquérir à l'Arabie son Gibraltar.

Je revins dîner chez le gouverneur. Il avait invité l'élite de cette société Anglaise d'Aden, qui vit si élégamment dans des chaumières. On causa de la Mecque, de Londres, de Nankin et de Paris. On fit de la musique, et on mena vivement et agréablement la soirée jusqu'à plus de minuit.

II.

20 janvier.

Nous avons navigué sur la mer Rouge comme sur un lac. L'air était calme, le ciel pur. Nous longions la côte d'Arabie. C'était en général une plage de sable, avec des montagnes dans le lointain, et de temps en temps une ville blanche avec des minarets et des palmiers. C'est ainsi que nous sont apparus Moka et Djeddah. L'eau était bleue et paisible. Notre steamer passait rapidement au milieu des bas-fonds de corail qui rendent cette mer dangereuse pour les bâtiments à voiles. Quand nous sommes arrivés à l'entrée du golfe de Suez, nous avons aperçu les hautes cimes du mont Sinaï. Nous avions d'un côté cette montagne dont le nom fait époque dans l'histoire de la seule nation qui ait gardé dans leur pureté les traditions primitives du genre humain, et de l'autre cette mystérieuse Égypte d'où est sortie la civilisation de la Grèce et par conséquent celle de Rome et de l'Europe. Il y avait là pour les yeux un grand spectacle, et pour l'esprit comme une évocation de bien des faits et de bien des idées. Ici le peuple choisi pour être le berceau du Christianisme ; là les villes où le polythéisme des Romains et des Grecs a eu sa première origine et sa dernière apologie, Memphis et Alexandrie.

La *Bérénice* mouilla le 19 janvier dans la rade de Suez. Il était huit heures du matin. Nous avions quitté Aden le 11 au soir ; nous avions mis sept jours à parcourir toute la longueur de la mer Rouge. Nous avions à droite une chaîne de montagnes se dirigeant vers la Palestine, et en face le désert où la mer creuse une baie gracieuse. Un bateau arabe nous conduisit à terre. Il nous fallut décrire une courbe à cause des bas-fonds et faire une navigation d'une heure et demie à l'aviron, à la perche, à la voile, avant d'arriver à la ville. Elle est environnée de murailles brunes avec des créneaux et qui sont baignées par la mer. Nous y avons trouvé un hôtel avec un piano,

sur une place où était couchée une caravane de
chameaux. Nos bagages devaient être chargés sur les
chameaux. Quant à nous, nous devions traverser le désert en poste dans des voitures légères, des espèces
d'omnibus, attelées de quatre chevaux. Nous étions
trop nombreux pour les voitures; il fallut chercher
à s'en procurer une de plus; on organisa deux dé-
parts, et je me trouvai compris dans le dernier, avec
le général Alcala et le dominicain. Je profitai de ce
retard pour visiter le bazar et pour aller voir l'agent
consulaire de France, qui est un Syrien catholique.
C'était un beau vieillard en turban, avec une longue
barbe. Il me fit donner une pipe et du café. Il ne savait pas un mot de Français ni d'Anglais; mais son
fils, qui parle très-bien Français, me servit d'interprète.

Enfin notre *van* fut attelé et nous partîmes au galop. Voilà une façon civilisée de traverser le désert. On
change de chevaux toutes les deux heures. On trouve
sur la route du thé, du soda-water, et même des volailles froides et du vin de Champagne. On rencontre
de temps en temps une file de chameaux chargés de
marchandises ou une famille Arabe voyageant sur un
dromadaire. On a la vue du désert sans en avoir les
inconvénients. On a les perspectives infinies, les mon-

tagnes de sable, les illusions du mirage, sans les an-
goisses du simoun ou de la soif, et l'on franchit ainsi
en dix-huit heures la distance entre Suez et le Caire.
Partis à quatre heures du soir, nous fîmes plus de la
moitié de la route à la clarté des étoiles, et nous vîmes le soleil se coucher et se lever dans cette immen-
sité semblable à celle de l'Océan. La nuit, quand nous
arrivions aux relais, nous trouvions à la porte de la
station un groupe d'Arabes enveloppés dans leurs
burnous et tenant à la main des bâtons surmontés de
réchauds en fer, dans lesquels de petits morceaux de
bois brûlaient en répandant une vive lumière. Décidé-
ment le drame s'en va; la poésie s'efface; le désert n'a
plus de voleurs; l'Arabe s'est fait postillon; l'omnibus
remplace le chameau; le palmier est détrôné par l'auberge et le puits de Rébecca est changé en bouteille
d'eau de Seltz. Il est vrai que, pour obtenir ce résultat, Méhémet-Aly a fait pendre bien du monde.

A neuf heures du matin, nous vîmes devant nous
les pyramides, comme des montagnes bleues, et, à
l'extrémité d'une mer de sables, les maisons, les minarets, les coupoles du Caire et la verte vallée du
Nil. A dix heures, notre voiture s'arrêtait devant le
British-hôtel, dans une ruelle sombre et encombrée
de janissaires en turbans, de vieilles mendiantes,

dont les voiles percés de trous comme des cagoules de pénitents, ne laissaient voir que les yeux mangés par les mouches, et d'enfants à demi nus qui nous offraient des ânes. Nous prîmes un janissaire et nous nous fîmes conduire à l'hôtel de France, qui est sur la place d'Ezbequiez, et d'où l'on a une belle vue des pyramides.

Le Caire est une collection de curiosités; c'est un immense magasin de raretés précieuses; seulement il faut les chercher dans la poussière et dans la malpropreté, dans des coins obscurs et infects, et l'on comprend que ce soit la patrie de la peste. Mais aussi quelles élégantes sculptures sur ces fenêtres à balcons qui font saillie sur cette maison noire! quelles arabesques au-dessus de ces portes! et combien de coupoles! combien de minarets! combien de mosquées!... On aimerait à pouvoir reproduire par le pinceau ces rues étroites et couvertes, où, parmi les boutiques, les marchands et les acheteurs, on voit circuler, dans une confusion pittoresque, les ânes et les chameaux. La plus belle mosquée est celle d'Hassan. Il y a surtout la grande salle où se font les ablutions. Elle est d'un style simple et grandiose; les murs en sont très-élevés; et pour plafond elle a la voûte du ciel. Dans le bassin qui est au milieu, et dont, par parenthèse l'eau est fort sale, plusieurs

Turcs se lavaient les mains, les pieds et la figure. C'é-
tait l'heure de la prière; nous entendions le Mollah
appeler le peuple du haut des minarets. Les dévots
se prosternaient devant un pupitre sur lequel était
ouvert un livre et se relevaient en faisant des gestes
avec les bras et en récitant des prières, avec un mouvement saccadé du menton et des lèvres qui faisait
remuer leurs barbes. On nous montra la salle dans
laquelle les janissaires furent égorgés; il y a encore
des traces de sang sur le pavé; cette salle est très-
ornée de sculptures et d'arabesques.

Notre janissaire nous conduisit chez un marchand
d'esclaves. Nous ne vîmes que des hommes; c'étaient
de malheureux noirs, qui semblaient abrutis; on les
examinait, on les tâtait, comme des bœufs au marché; un spectacle repoussant.

Je ne fus pas plus charmé d'un de ces bains publics, qui sont une des curiosités du Caire. Il y avait
une quantité de sujets du Pacha dans les différentes
salles, chauffées généralement à une température
élevée. Un vieux Turc fumait sa pipe au sortir du
bain de vapeur et se faisait frotter et masser. « Beaucoup bon, » me disait-il en mauvais français et entre
deux bouffées de tabac. L'atmosphère chaude et humide était imprégnée de senteurs insupportables.

Nous prîmes de petits ânes, ces fameux ânes d'É-
gypte, et ils sont dignes de leur réputation. Ils ont
un corps de fer et des jambes d'acier. Vous voyez
venir un gros Turc, avec un énorme turban et une
grande pipe; il avance rapidement, et pourtant il
paraît assis; vous finissez par vous apercevoir qu'il a
un de ces petits ânes entre les jambes. Nous allâmes
nous promener sur les bords du Nil. Le célèbre fleuve
roulait une eau bourbeuse entre des rives plates et
sur lesquelles s'élevaient quelques beaux palmiers.
En revenant nous avons rencontré Mehemet-Aly. Il
était dans une vieille calèche, précédé de quelques
cavaliers et suivi de deux sales soldats montés sur des
dromadaires. Je ne l'ai vu qu'un moment, mais j'ai
été frappé de l'expression fine et perçante de ses
yeux et de la beauté de sa grande barbe blanche.

III.

Southampton, 16 février.

Je glisse brièvement sur les dernières étapes de
mon voyage; Alexandrie, Malte, Gibraltar, Southampton; je suis maintenant sur la grande route des
touristes Européens. Mes notes ne pourraient que re-

produire beaucoup moins bien ce qui a été décrit
cent fois en français, en anglais, en italien, en espagnol et en allemand. D'ailleurs pourquoi m'appesan-
tirais-je sur ce que je n'ai fait qu'effleurer rapidement?... Nous avons quitté le Caire le 21 janvier.
Nous nous sommes embarqués à neuf heures du matin sur le petit steamer qui va de Boulak au canal
Mahmoudié. Le paysage du Nil intéresse l'imagination ; on peut dire en outre qu'il a un caractère tran-
ché et original qui frappe les yeux. Du reste, pas de
montagnes, pas de forêts, une eau limoneuse ; mais
parfois sur cette eau des barques dont les voiles
penchées à droite et à gauche ont l'air d'ailes déployées, et sur ces rives basses, quelques huttes de
terre, de forme carrée, ombragées par des palmiers.
Je ne sais si cela tient à la pureté du ciel et à la transparence de l'air, mais une de ces affreuses maisons,
quelques Arbres et une famille de Fellahs en haillons
suffisent pour faire un tableau plein de couleur et
d'un grand effet. Nous avons mouillé à dix heures du
soir à l'entrée du canal, et on nous a transbordés sur
un bateau traîné par des chevaux. Il y a un moment où
ce canal offre un spectacle singulier. Il est renfermé
entre deux chaussées qui le séparent de deux grandes
masses d'eau, le lac Maréotis et la baie d'Aboukir.

Nous sommes arrivés à Alexandrie à dix heures du matin. La ville ne renferme pas de merveilles orientales comme le Caire. On y voit des rues larges et tirées au cordeau et des maisons Européennes; c'est une ville moderne à côté des ruines d'une ville antique. Ce qui est admirable, c'est le site qu'elle occupe. Elle s'allonge sur une étroite langue de terre entre le Maréotis et la Méditerranée. Le palais du Pacha a un magnifique balcon, d'où Mehemet-Aly peut voir ses vaisseaux de guerre. Le palais est du reste meublé à la Française, et souvent dans un style qui prouve plus d'amour pour nos sciences que de goût pour nos arts. Ainsi, dans une des chambres, il y a une pendule dont les rouages font courir des wagons d'argent sur un chemin de fer en miniature. Parmi les ruines de la ville antique se dressent la colonne de Pompée et l'aiguille de Cléopâtre. Il y a aussi la Nécropole. Ce sont des souterrains sur le bord de la mer. Nous y sommes entrés avec des torches, quoiqu'ils soient peu profonds; nous y avons vu des restes de sculptures, et sur les parois, comme dans les grottes d'Éléphanta, les noms de quelques voyageurs amis des inscriptions, et malheureusement Français cette fois pour la plupart. On jouait le soir un opéra sur le théâtre, qui a les dimensions d'un théâtre de château; nous y avons entendu *Beatrice di Tenda*; la loge du Pacha était vide; elle est surmontée d'un croissant.

Il faut voir Alexandrie de la mer; c'est ainsi que nous l'avons admirée, le 24 janvier, du pont de l'*Iberia*; les vaisseaux, le phare, les maisons, les minarets, le palais du Pacha, tout cela se dessine sur l'horizon et semble sortir de l'eau de la Méditerranée. Nous sommes arrivés à Malte le 30 janvier. Malte est un bloc d'architecture qui sort de la mer. C'est harmonieux comme une statue. Je ne l'ai vu qu'un jour et du bord ou du lazaret; puis, comme les Anglais ont aboli la quarantaine à Southampton, je m'y suis rendu par Gibraltar, ce qui est en ce moment la voie la plus courte pour aller d'Alexandrie à Paris : on fait cinq cents lieues de plus et on arrive quinze jours plus tôt.

LIVRE DOUZIÈME.

LES ÉDITS DE TAO-KOUANG.

SECOND VOYAGE EN CHINE.

I.

Calcutta, 3 juillet 1845.

Après deux mois de séjour à Paris, je reçus l'ordre de retourner à Macao. J'étais chargé de porter à M. de Lagrené les instructions nécessaires pour faire succéer à la négociation du traité de commerce celle de la révocation des édits qui proscrivaient le Christianisme. J'allai prendre à Marseille le paquebot de Constantinople, lequel touche à Livourne, à Civita-Vecchia, à Naples et à Malte. Je trouvai à Malte le steamer d'Alexandrie. Je revis Alexandrie, le Nil, le Caire, le désert et je m'embarquai à Suez sur le bateau de Calcutta. C'était *l'Hindostan*, un des plus grands steamers de la compagnie Péninsulaire-Orientale, un énorme navire, avec toute une

population de passagers, deux étages de cabines, les
recherches du comfort et du luxe et jusqu'à des
salles de bain où, par un système de pompes adapté
à la machine, l'eau de mer était incessamment re-
nouvelée. Je retrouvai à Aden le capitaine Haines.
Je passai un jour à Ceylan. J'avais un grand désir
de me promener dans ces bois en fleurs dont j'avais
déjà respiré le parfum du pont du Buckingham-
Shire. Je fis une excursion aux environs de Pointe-
de-Galle et je montai sur un éléphant. Je descendis
à Madras. *L'Hindostan* y resta vingt-quatre heures.
Je franchis cette barre où deux montagnes d'eau
vous poussent dans un nuage d'écume, par-dessus
deux montagnes de sable, au risque de chavirer.
Nous en fûmes quittes pour une aspersion complète; mais le soleil Indien nous sécha bien vite. Des
noirs accroupis sur de petits radeaux appelés cati-
marans, voguaient autour de nous, prêts à nous dis-
puter aux requins si nous étions tombés à la mer.
C'est ainsi qu'on arrive à Madras. Peu de jours après
nous entrions dans les eaux du Gange, dont les rives
basses sont couvertes d'une épaisse végétation. De
temps en temps nous apercevions des cabanes d'Hindous au milieu de forêts de bambous, de palmiers,
et de manguiers, des chaumières indiennes, comme

disait Bernardin de Saint-Pierre. Le 7 juin *l'Hindostan* jeta l'ancre devant Calcutta. Un nombre infini
de petites barques fourmillait sur la rivière, comme
la foule dans une rue, un jour de fête. Une des
roues de notre colosse en accrocha une en passant
et la coula ; il n'en resta qu'une demi-douzaine
d'Hindous nus et noirs se sauvant à la nage. Ce
grand fleuve large de près d'une demi-lieue, et si profond, que les plus grands bâtiments y trouvent un
sûr mouillage, cette multitude de navires, cette ville
immense, *the city of palaces*, la ville des palais,
comme on la nomme à juste titre, forment un des
plus beaux spectacles que puissent présenter un port
et une ville.

Un palanquin, porté par des Hindous, me conduisit à *Spence's hôtel*, où se logèrent plusieurs de
mes compagnons de voyage. Le lendemain un d'entre eux était mort du choléra. C'était un négociant
Français, qui allait dans le Lahore acheter des schalls.
Le malheureux appelait toujours le Kachemyr, le
royaume des Cachemires. Il fut foudroyé dans la
nuit, pour avoir fait quelques courses à pied, au soleil. Le soleil est le grand ennemi, surtout en cette
saison. Il ne faut pas s'y exposer entre midi et cinq
heures du soir. Ce qu'il y a d'étrange, c'est qu'il ne

paraît pas d'une chaleur insupportable ; il ne brûle pas, mais il tue. Ce jour-là même un de mes amis habitué aux choses de l'Inde, me dit en me regardant : « Mais vous aussi, vous êtes malade. — Moi, pas du tout. — Si vous m'en croyez, vous appellerez un médecin. — Je n'en fis rien. Deux heures après je m'évanouis en descendant de voiture. On me donna force calomel ; je gardai la chambre huit jours : c'était une attaque de la maladie de foie.

Je me relevai de là tout-à-fait acclimaté ; je fis mes visites ; je dînai chez le gouverneur-général, sir Henry Hardinge. C'était un magnifique coup d'œil. Il y avait au moins soixante personnes à table, dans une grande galerie, dont l'air était rafraîchi par des punkas qui y entretenaient une brise continuelle. Chaque convive amène avec lui un domestique en robe blanche et en turban. Il y avait en outre les gens du gouverneur, également en costume oriental. Je n'ai rien vu d'aussi beau dans nos cours d'Europe. Après le dîné il y eut cercle comme chez un souverain. Sir Henri Hardinge parla à tout le monde et se retira de bonne heure.

Il est très-estimé à Calcutta. C'est un travailleur infatigable. Il se lève à cinq heures du matin et lit ou écrit jusqu'à cinq heures du soir. A la fin de la

journée, il va faire une courte promenade à cheval
sur les bords du Gange. En général Calcutta est
une ville de travail. C'est une splendide capitale, où
il y a beaucoup de luxe, mais où il n'y a pas d'oisifs.
Chacun y est venu pour gagner de l'agent, *to make
money*, et chacun y est occupé par son commerce
ou par son service. Cela donne à la société une physionomie particulière. L'excès de la chaleur y est
bien aussi pour quelque chose. Pendant le jour la
ville écrit ou calcule; on est à la Bourse ou dans son
bureau. Au moment où le soleil va quitter l'horizon,
tout s'anime; les chevaux et les voitures se pressent
sur le *cours;* la sociabilité commence avec le soir.

Je quittai Spence's hôtel pour le Bengal's club.
J'y fus admis peu de jours après mon arrivée. C'est
un vrai palais, parmi les palais; un toit à l'Italienne,
environné de balustres en pierres blanches; un portique avec des colonnes et au-dessus une varande
avec des colonnes encore; des punkas partout, et un
système de cordes et de poulies, pour en faire mou-
voir plusieurs à la fois par un seul homme, qui se
tient en bas et qui a l'air d'un sonneur de cloches;
des cours, des jardins, des salons très-vastes, les
journaux de l'Orient et de l'Occident, une bibliothèque, des billards, comme dans tous les clubs, mais,

ce que je n'ai vu que dans l'Inde et ce qui est très-hospitalier, des appartements à l'usage des membres étrangers, qui n'ont pas d'établissement dans la ville. J'avais une salle de bain, un cabinet de toilette; un *bed room*, un *sitting room* et en outre tous les salons, tous les domestiques et le cuisinier du club.

Malgré cette hospitalité, qui simplifiait beaucoup mon état de maison, j'ai été obligé de prendre dix hommes à mon service. On pratique à l'excès dans l'Inde le système de la division du travail. J'ai deux hommes de bonne caste pour agiter les punkas de mon appartement, un pour le jour et un autre pour la nuit; c'est le seul moyen d'obtenir une température supportable. J'ai deux Parias pour balayer les chambres et pour le service intérieur; un baigneur, également Paria; un cocher; deux saïces juchés tous les deux derrière ma voiture et dont l'un ne peut qu'ouvrir les portières et l'autre qu'atteler et dételer les chevaux; un Musulman, élégamment vêtu, pour se tenir derrière ma chaise et me servir à table; et enfin une sorte de maître d'hôtel interprète, qu'on nomme sirdar, qui parle Anglais et qui me sert à payer et à faire manœuvrer mon bataillon d'Indiens.

Voici la journée d'un élégant de Calcutta. A l'aube du jour, ou, comme on dit ici, au coup de canon de la forteresse, il saute du lit et va, légèrement habillé, respirer l'air que n'a pas encore touché la flamme du soleil. Dès que l'astre s'est montré tout entier, il rentre et se recouche. A sept heures il prend un bain et fait sa toilette. A huit heures il boit son thé en lisant ses journaux et sa correspondance. A neuf heures il se fait porter ou traîner à son bureau et il y travaille jusqu'à deux heures. A deux heures il tiffine; c'est un repas substantiel et qui se fait en famille. Ensuite il dort la sieste ou se repose en lisant jusqu'à quatre heures; quelques-uns même ne quittent leur bureau qu'à ce moment et s'y sont fait apporter un verre de sherry et un biscuit en guise de tiffin. A cinq heures on s'habille pour aller en voiture ou à cheval *manger* l'air du soir, selon l'expression pittoresque des Anglais de l'Inde. On fait une nouvelle toilette pour le dîné qui a lieu vers sept heures et demie. Les dames se retirent au dessert et les hommes font circuler les carafons de vins pendant une demi-heure en fumant des houkas dans un bec d'argent, puis on rentre dans le salon, *join the ladys*, ou bien l'on va au club, ou au spectacle.

La vie des femmes est un peu sévère; les hommes sont occupés toute la journée. Elles restent dans leurs appartements avec leurs persiennes fermées contre le soleil, dans une obscurité presque complète. Quand un des rares oisifs qui peuvent faire des visites, va les voir entre dix heures du matin et midi, l'heure fashionable des visites, car on ne sort pas plus tard, à cause de la chaleur, il est quelque temps avant de pouvoir s'habituer aux ténèbres et apercevoir la personne dont il entend la voix. Elles n'ont pas la consolation d'avoir leurs enfants avec elles ; la crainte du climat les oblige de les conduire en Angleterre à l'âge de trois ans. Les paquebots qui viennent de Suez sont pleins de jeunes femmes qui vont retrouver leurs maris et de jeunes misses qui vont en chercher. Cela donne aux traversées les distractions de la vie de salon. On danse, on walse, on joue même la comédie; et plus d'un mariage se décide dans les longues causeries du bord. Mais ces mères destituées de leur maternité et qui ne peuvent vivre auprès de leurs maris qu'en abandonnant leurs enfants, sentent la mélancolie les envahir à mesure qu'elle s'éloignent d'Europe. La civilisation anglaise si féconde en grands résultats impose de rigoureux devoirs.

Les femmes à Calcutta ne sortent guère de leur isolement que le soir. La société s'épanouit après le coucher du soleil. Il y a un grand luxe de dînés, des bals, de la musique dans des salons resplendissants de lumière, et où pénètre, par les fenêtres ouvertes, la brise chargée du parfum des arbres en fleurs. Il y a un théâtre, où de grands punkas se balancent sur la tête des acteurs et des spectateurs. Ce qui manque ce sont les artistes; la musique est chantée et les pièces sont représentées par des amateurs. Cela a été ainsi du moins pendant mon séjour. A la fin de la soirée les jeunes gens vont jouer au club, ou chez de riches Hindous voir danser des natch-girls. Les descendants des souverains du Mysore se tiennent debout pour recevoir les enfants de leurs conqué- rants. Ils leur offrent des fleurs, de l'eau de rose et des feuilles de bétel couvertes d'une couche d'or.

Près de la ville des palais est la ville noire (*the black city*), la ville Indienne. Elle renferme une po- pulation considérable, plus de cinq cent mille habi- tants. On les voit circuler à demi-nus dans les rues. Leur vie extérieure se passe en ablutions. Il n'y a pas un ruisseau ou un étang où l'on ne puisse apercevoir des Hindous plongés dans l'eau, ou se versant de l'eau sur la tête avec des cruches de terre. Les grands buffles noirs leur tiennent compagnie ; on n'en distingue que les têtes et les longues cornes, et de longs oiseaux, aux becs de pélicans, se dressent gra-

vement sur le bord, comme des spectateurs. Ces oiseaux, que l'on nomme angalis, ressemblent à des
grues gigantesques. Les Hindous les croient animés
par les âmes des Brames. Il y en a qui ont bien six
pieds de haut, quand ils se tiennent droits sur leurs
pattes, le cou en l'air. Leur bec est énorme à la racine
et accompagné d'un jabot nu et pendant comme un
sac, et de couleur rouge. Les plumes du dos et des
ailes sont gris-de-fer et celles du ventre d'un blanc
sale. Ils mangent les serpents, les reptiles et avalent
les ossements dépouillés par les dents des chacals.
Je les ai vus au fond des fossés de la forteresse en-
gloutir dans leur bec des rats tout vivants. On les
aperçoit sur les balustres des palais guettant leur
proie dans une immobilité qui pourrait les faire
prendre pour des ornements d'architecture. Il est
bien entendu qu'on ne leur fait aucun mal ; les Anglais respectent en eux les préjugés de la race indigène. Je me promène souvent le matin dans la ville
Indienne ; j'aime cette représentation de la vie orientale. Ce sont des pagodes, des mosquées, des pyramides à quatre pans, tronquées au sommet, avec des
sculptures ; des tours avec des coupoles ; puis des
femmes avec de longs cheveux, un pot de cuivre sur
la tête et un enfant à la main ; des hommes avec des

parasols; une profusion de parasols dans le genre
Chinois; des voitures semblables aux dais que l'on
met sur les éléphants et traînées par des buffles; des
palanquins portés en cadence; des fumeurs accroupis sur un tapis, au bord du Gange, avec leur narghilé à côté d'eux; des cuisiniers en plein vent, abri-
tés contre le soleil par une natte disposée en écran et
regardant tranquillement la fumée de leur foyer rustique s'enrouler autour de leur pot de terre brune;
partout la vie douce, colorée, gracieuse, au soleil,
dans la poussière et dans l'eau, sous la tente, sous la
natte, ou sous le palmier, près de la cabane, de la
pagode ou des minarets; puis, au milieu de cette
foule, de ces palanquins et de ces voitures, de pacifi-
ques chameaux et de temps en temps de petits bi-
sons blancs bossus, cheminant comme d'honnêtes
citadins à travers les rues.

II.

Calcutta, 4 juillet.

J'ai reçu à Calcutta la plus aimable hospitalité. Il est vrai que j'y suis un événement. Il est
rare qu'il y vienne des Français pour autre chose

que pour vendre du vin de Bordeaux. Puis, dans cette ville si occupée, si affairée, un oisif est à la fois une curiosité et une distraction. J'ai tous les jours des invitations à dîner, et, comme le monde élégant est en même temps le monde officiel, je ne trouve pas seulement du faste et de la richesse, je trouve de l'esprit et du savoir. Il y a dans le service de l'Inde des hommes d'une rare distinction. Les grandes affaires et les vastes horizons y développent les esprits et les caractères. Les officiers de l'armée y sont nécessairement des orientalistes, et parmi les *civilians* on rencontre des administrateurs éclairés et d'habiles négociateurs. J'ai été très-satisfait d'être forcé d'attendre près d'un mois le départ du bateau à vapeur le *Fire's-Queen* qui devait me conduire à Singapore. J'ai pu voir un peu de près ce système du gouvernement de l'Inde qui n'est pas une colonisation, mais une garnison et une bureaucratie. Il y a là une poignée d'Anglais qui commandent ou qui administrent cent millions d'Indiens, et encore cette administration, dont le personnel Européen est relativement peu considérable, laisse-t-elle aux indigènes la charge de faire marcher le nombre infini des petits rouages inférieurs, en réservant aux Anglais la direction suprême. Les Hindous font leur police,

perçoivent leurs contributions, jugent une partie de leurs procès, selon leurs lois et leurs coutumes. Le juge Anglais n'intervient guère que dans les causes d'une certaine importance ou bien comme juge d'appel, et le fisc Anglais n'est en général qu'une caisse centrale de recettes. Les petits fonctionnaires indigènes sont spécialement en contact immédiat avec les populations et recueillent la grosse part d'impopularité. Il faut ajouter qu'ils la méritent et que le fonctionnaire Britannique a souvent l'occasion d'apparaître comme redresseur de torts.

Il résulte de cet ordre de choses que la civilisation Anglaise, plutôt superposée qu'infusée, n'a aucunement modifié la civilisation Hindoue. Il est facile de voir que la Compagnie, dont le privilége vient à peine d'être supprimé, s'occupait avant tout des intérêts de son commerce et ne cherchait nullement à compliquer sa situation par l'entreprise scabreuse de changer l'état moral du pays. Le gouvernement pousse encore si loin les scrupules à cet égard que, dans les établissements où les indigènes apprennent la langue Anglaise, il interdit rigoureusement toute espèce de prosélytisme. En effet, il a besoin, pour ses affaires commerciales et administratives, qu'un certain nombre d'Hindous sachent l'Anglais, et il ne veut pas qu'on fasse rien de ce qui pourrait détourner les parents d'envoyer leurs enfants dans ses écoles. A la vérité, en apprenant la langue de l'Angleterre, les enfants en étudient la littérature, et il y a des chances pour que les idées occidentales se glissent dans leurs esprits par cette voie indirecte, assez du moins pour effacer les préjugés de caste, qui sont le plus grand obstacle à l'introduction de la civilisation Européenne.

Il faut être juste : si l'administration Anglaise n'a pas changé ni cherché sérieusement à changer l'état moral du pays, et il est certain qu'avec une population aussi nombreuse ce n'était pas chose facile, elle y a du moins considérablement amélioré l'état politique. Elle y a introduit le respect des lois, et elle y protége les personnes et les propriétés qui, avant elle, étaient à la merci des caprices et de la cupidité des princes et des rajahs; enfin elle a substitué un régime d'ordre et de travail aux violences du despotisme et aux révolutions de la décadence.

Le Bengale, qui est de toutes les parties de l'Inde celle qui appartient depuis le plus longtemps à l'Angleterre, est aussi celle où l'agriculture et l'industrie manufacturière sont le plus florissantes. Il est vrai que rien n'égale la fertilité de ce vaste terrain d'alluvion, arrosé par les bouches du Gange et par le Brahma-poutra, et qui produit en abondance l'indigo, le riz, le blé, les cannes à sucre, le coton, la soie et l'opium.

L'opium m'inspirait un intérêt particulier à cause du rôle qu'il a joué dans les destinées de la Chine. Je m'en suis occupé avec curiosité. Le gouvernement s'en est réservé le monopole. Il le vend en détail dans des établissements spéciaux, dans le genre de nos débits de tabac et en gros dans une salle publique et aux enchères, mais pour l'exportation seulement. Les étrangers peuvent, comme les sujets britanniques, concourir à ces adjudications, et c'est à cette faculté que les Américains doivent un des principaux éléments de leur commerce avec les Chinois. J'ai assisté un jour à une de ces adjudications. Elles présentent un spectacle très-animé. On y voit des Hindous, des Persans, des Parsis, des Arméniens. C'est notre Bourse de Paris et de plus la variété des races et des costumes. L'opium n'est livré aux acheteurs qu'au moment où ils doivent l'expédier et sous la condition de l'embarquer dans un délai de quatre jours. On veut prévenir par là toute vente en détail à l'intérieur, en dehors de celle qui est faite par l'administration dans ses établissements. On délivre à chaque adjudicataire un reçu de son argent; ce reçu devient comme un bon au porteur et donne à celui qui le présente le droit de réclamer une certaine quantité d'opium. Ces effets se négocient comme nos actions de chemins de fer et sont le sujet d'un agiotage effréné. Il y a une rue où ils se vendent, et la foule y est si considérable que l'on a dû y placer des constables pour maintenir l'ordre.

C'est cette adjudication de l'opium qui fournit aux Américains un des principaux éléments de leur commerce dans les mers de Chine. Un bâtiment Américain ne se borne pas à porter les produits des États-Unis à Canton et à rapporter des produits Chinois à New-York. Ses opérations embrassent plusieurs genres d'affaires et plusieurs marchés, et elles durent plusieurs années. Il fait des échanges avec les îles Malaises; il en fait avec l'Inde; il en fait avec la Chine, se conformant pour cela au temps et aux circonstances, et prenant des marchandises dans un port étranger pour les échanger sur une terre étrangère. Il fait même de la navigation à frêt pour le compte des Parsis de Bombay, de Madras, de Calcutta, et il prend son rang parmi les plus rapides clippers qui traversent à contre-mousson le détroit de Malacca.

Pourquoi nos bâtiments français ne font-ils pas la
même chose? Pourquoi ne se livrent-ils pas à ce commerce d'échelle, à cette navigation de frêt, à ces spéculations diverses? La faute en est un peu aux habitudes de nos armateurs qui sont toujours pressés de
voir rentrer leurs navires ; la faute en est beaucoup
au système actuel de nos tarifs, qui ferme nos ports
aux sucres et aux cafés de la Malaisie et de la Chine,
et prive nos bâtiments de leurs cargaisons de retour...
Mais il y aurait à écrire là-dessus des volumes et cela
dépasse la portée de mes modestes notes.

III.

Macao, 16 août.

Je partis de Calcutta le 6 juillet. Je descendis rapidement les eaux boueuses du Gange, j'en revis les
rives boisées et les îles habitées par les tigres, entr'-
autres l'île Sauger, où un jeune Anglais, M. Arthur
Munro, déjeunant gaiement sous les arbres avec ses
amis, fut enlevé tout-à-coup, le rire et le verre aux
lèvres, du milieu de la bande joyeuse, par un tigre
énorme, sans qu'on eût le temps ou la présence d'esprit de le secourir. Le Fire-Queen s'arrêta un jour à

Poulo-Penang et quelques heures à Malacca. L'île de
Poulo-Penang a une grande réputation dans l'Inde.
C'est un buisson d'arbres et de fleurs. Elle a des
cimes élevées, un air salubre. On y va chercher la
force et la santé. Elle est devenue Anglaise par une
aventure de roman. Elle a été donnée par un roi
Malais, le rajah de Quedah, à un jeune officier Anglais, le capitaine Smith, qui avait épousé sa fille, et
celui-ci céda l'île à son pays. Il en fut le premier
gouverneur. Le gouverneur a une maison et un très-
beau jardin sur le haut d'une montagne, d'où l'on a
une vue très-étendue de la péninsule Malaise, de l'île
de Sumatra et de l'entrée du détroit de Malacca, que
sillonnent sans cesse des navires dont les voiles se dé-
ploient sur le bleu foncé de la mer.

La péninsule Malaise est séparée de Poulo-Penang
par un étroit canal, et le rivage baigné par ce canal
appartient à l'Angleterre. C'était autrefois un nid de
pirates, et, dans un intérêt de sécurité, la Compagnie
se le fit céder par le rajah de Quedah. C'est aujour-
d'hui une province fertile, que l'on nomme la province Wellesley. On y cultive le riz, l'indigo et le
gambier, dans des plaines basses et humides, sur la
lisière d'épaisses forêts, où abondent les tigres et les
éléphants. Elle comptait à peine quinze cents ha-

bitants au commencement de ce siècle, elle en a maintenant soixante mille ; Poulo-Penang qui était alors presque déserte en a aujourd'hui quarante-cinq mille. Le commerce de transit et la culture des épices ont produit la prospérité de l'île. Elle a, comme Singapore, quoique dans une moindre proportion, attiré à elle tout le mouvement d'affaires qui donnait jadis à Malacca une si grande importance. On y cultive en outre le poivre, la muscade, le girofle. Il y a maintenant plus de deux cent cinquante mille pieds de muscadiers qui ont donné l'année dernière, en 1844, près de vingt-neuf millions de noix de muscades. Les épices de Penang ont une grande réputation. Les cocotiers sont encore une richesse; il y a plus de cinquante mille cocotiers dans l'île, et il y en a vingt mille dans la province Wellesley. L'industrie des Anglais en tire mille choses et jusqu'à du savon et de la bougie. Cette petite île est un trésor de beauté et de richesse, et pourtant depuis don Quichotte on avait cessé de croire qu'il en pût tomber de pareilles en partage, avec des princesses, à des capitaines errants ; nouvelle preuve que le merveilleux des romans de chevalerie et des contes Arabes avait, jusqu'à un certain point, son origine et son foyer dans les réalités de la Malaisie.

Il y a à Poulo-Penang, comme à Singapore, un collége Chinois, tenu par nos missionnaires des missions étrangères. On n'y parle que Chinois et Latin.

Le Fire-Queen n'allait pas plus loin que Singapore, mais les occasions pour la Chine n'y manquaient pas. Je m'embarquai, deux jours après mon arrivée, sur un trois mâts anglais, le *Myram-Dyram,* qui se rendait à Hong-Kong. Le capitaine mit en panne un moment près de l'île Montanha, et je passai à bord d'un bateau de pêche Chinois qui me conduisit à Macao, où j'arrivai le 1er août.

IV.

Hong-Kong, 31 août.

Les ratifications du traité ont été échangées à Whampoa, et les édits qui proscrivaient le culte Chrétien vont être abrogés. Je retourne demain en France et j'y porterai cette nouvelle. Je l'y porterai avec une rapidité sans exemple, car j'inaugure le service de steamers qui vient d'être organisé entre Hong-Kong et Southampton. Je serai à Suez dans cinq semaines et à Paris dans deux mois. Hong-Kong est un Gibraltar insulaire, à l'embouchure de la rivière de

Canton. Le commerce Anglais aurait préféré l'île de Chusan, qui a l'avantage d'occuper une position plus centrale ; mais c'est tout un territoire. Le gouvernement Anglais ne voulait pas une province ; il voulait un rocher et un port. Il a eu le meilleur port qui soit en Chine et un rocher imprenable. Il a de plus des vallées fertiles et des cascades qui tombent des montagnes. L'eau douce de Hong-Kong était depuis long-temps renommée parmi les navigateurs Chinois et Européens. Une ville Européenne y a été bâtie en quelques mois, avec le granit des montagnes de l'île. Victoria a de larges rues, de belles maisons et, dans ses environs, d'élégantes villas. Elle a surgi comme par enchantement sur cette terre, à laquelle il ne manquerait rien, si elle avait la salubrité. Ce qui forme la sûreté du port cause l'insalubrité de la ville, que la montagne abrite contre le vent rafraî-chissant de la mousson dans la saison chaude. La fièvre y fait tous les ans de grands ravages ; mais les Anglais ne se découragent pas et ils espèrent finir par triompher du climat.

Hong-Kong est un brulôt attaché aux flancs de la Chine. Il y a là des canons, des soldats, des vais-seaux et des forts, contre lesquels viendraient se bri-ser toutes les flottes du Céleste Empire. Les peuples occidentaux, dans leur marche sur l'Orient, ne reculent jamais. Il en est ainsi depuis le xve siècle. C'est comme la forteresse que les Portugais avaient construite à Calicut; elle a été le point de départ de l'asservissement actuel de l'Inde. L'Orient, au contraire, se sent chanceler; il en a la conscience, et c'est à ce sentiment qu'il faut attribuer la concession qui vient de nous être faite en faveur du culte Chrétien.

V.

Paris, novembre 1846.

J'ajoute à ces notes, un an après mon retour, quelques extraits des édits de Tao-Kouang. Cette apologie du Christianisme a été publiée dans toutes les villes l'Empire. On y voit percer le désir de mettre d'accord la tolérance actuelle avec les persécutions antérieures et de sauvegarder le mieux possible l'infaillibilité du Fils du Ciel.

« D'après les sérieuses investigations que nous » avons faites, y est-il dit, la religion du Seigneur du » Ciel professée avec grand respect par les divers » royaumes de l'Occident, a pour principal objet » d'engager au bien et de détourner du mal. C'est

» pour cela que, sous la dynastie des Mings, qui vit la
» prédication de cette doctrine pénétrer pour la pre-
» mière fois dans l'Empire, aucune prohibition ne
» fut portée contre elle.... »

« Ce qui a été réellement interdit sous le règne de
» Kia-King, ce fut que des individus se couvrissent
» du masque de la Religion pour faire le mal, et on
» n'a jamais voulu proscrire la Religion que les di-
» vers royaumes Européens professent respectueuse-
» ment.... »

« Il est accordé maintenant que l'on ne saurait
» trouver coupables ceux qui s'assemblent pour ado-
» rer le Seigneur du Ciel, vénérer la croix et les ima-
» ges, lire des livres de cette Religion et prêcher la
» doctrine qui exhorte au bien ; car ce sont là des
» pratiques propres à l'exercice vertueux de cette
» Religion, lesquelles ne doivent nullement être in-
» terdites. Et s'il y a des gens, parmi nos sujets, qui
» érigent des lieux d'adoration en honneur du Seigneur
» du Ciel, pour s'y assembler, vénérer les images et
» exhorter au bien, ils le peuvent aussi suivant leur
» bon plaisir..... »

Telles sont les principales dispositions des édits de
Tao-Kouang. Ils n'abrogent pas seulement la législation antérieure, qui proscrivait le culte Chrétien ;

ils font encore de ce culte une définition apologétique, et ce sera un contraste singulier que de voir publier cet éloge officiel du Christianisme par les mandarins qui le persécutaient. Mais tout change en ce monde et la Chine, qui avait si longtemps défié le changement, semble entraînée à son tour sous la loi des vicissitudes.

VI.

Paris, novembre 1846.

La Chine a eu l'organisation la plus puissante qui jamais ait régi aucune société humaine. On peut même dire que la forme de son gouvernement, si on la considère, comme celle d'une machine, dans ses rapports avec les résultats qu'elle était chargée de produire, a été la mieux combinée de toutes. Mais, comme ces résultats, du moins les plus caractéristiques, l'immutabilité et l'isolement sont évidemment contraires à la loi qui préside aux choses de ce monde, il devait arriver un moment où cette organisation et ce gouvernement, soutiens d'ailleurs d'une civilisation imparfaite, seraient profondément ébranlés. C'est à une des phases de cette crise solennelle que nous venons d'assister.

Il a suffi, pour détruire cette immobilité superbe, que les bourgeois de Londres aimassent le thé et les bourgeois de Canton l'opium; le thé, l'opium, deux misères, mais deux agents visibles de la force mystérieuse qui tend à rapprocher les peuples et à subalterniser à la civilisation Européenne toutes les autres civilisations. La vente de l'opium, l'achat du thé, s'accroissant chaque année, surtout après l'abolition des priviléges de la Compagnie des Indes, finirent par amener en Chine un nombre considérable de navires Anglais. L'importance des différents s'agrandit naturellement avec celle des affaires. Il fallut envoyer, pour les résoudre, un homme d'un certain rang et qui était le plénipotentiaire, non plus d'une société de commerce, mais d'une nation commerçante. C'était la première fois que des discussions de marchands à Canton prenaient un caractère international. Il y avait cette fois la majesté d'un grand peuple en présence de l'orgueil Chinois. Cet orgueil habitué aux complaisances des négociants des factoreries, n'eut pas l'air de s'apercevoir de cela, et probablement ne s'en aperçut pas. Il se montra dans toute sa naïveté, c'est-à-dire dans toute son inso-

lence. La longanimité et les concessions l'exaltèrent
au lieu de l'adoucir. Il alla chez les magistrats jusqu'à
l'insulte ; dans la populace jusqu'aux violences. La
guerre devint nécessaire et elle se termina par un
traité dans lequel le Fils du Ciel, pour la première
fois depuis l'origine de l'Empire, reconnut pour son
égal un autre Souverain et admit qu'il existât entre
le Royaume du Milieu et les peuples de l'Occident les
obligations réciproques d'un droit international, au
lieu des relations précaires d'une tolérance soumise
au bon plaisir impérial ; ce dénoûment fut amené par
les victoires rapides et formidables des Anglais.

Il y a ici quelque chose de remarquable : les Chinois furent vaincus par le principe même de leur organisation et de leur gouvernement, par leur attachement aux anciens usages, par la doctrine de l'immutabilité. Ce n'est point la force physique qui manque
aux habitants du Céleste Empire. Je n'ai vu nulle
part de corps mieux proportionnés, de membres plus
dispos, de muscles plus développés. Ce n'est pas non
plus le courage ; ils en ont montré beaucoup dans la
dernière guerre ; mais ils ont montré, comme les
Mexicains, le courage de se faire tuer. Ce n'est pas
davantage l'esprit militaire comme on le pense généralement ; l'histoire de la Chine n'est pas moins rem-

plie de batailles qu'aucune histoire au monde ; ce sont
des guerres continuelles, soit dans les siècles féodaux
entre les différents princes qui se partageaient l'immense étendue de l'Empire actuel ; soit dans les temps
d'unité monarchique entre les Empereurs régnants et
les aspirants au trône, entre les généraux révoltés et
les généraux fidèles, dissensions fréquentes et san-
glantes, et qui ont fini par livrer l'Empire aux Tartares ; soit enfin contre les Tartares eux-mêmes, et
cette guerre ne dura pas sept ans, ou trente ans,
comme ce que nous appelons de longues guerres
en Europe ; elle dura près de deux mille ans, car
c'est dans le troisième siècle avant notre ère que fut
commencée la grande muraille, et pendant quinze
cents ans les Chinois furent presque toujours vainqueurs, malgré leurs discordes civiles ; ils ne furent
vaincus que par un homme qui en avait vaincu bien
d'autres, le terrible Gengis-Khan. Encore chassèrent-
ils sa dynastie avant qu'elle eût régné un siècle et se
donnèrent-ils une dynastie Chinoise qui se maintint
trois cents ans, jusqu'à l'avénement des Mandchoux,
qui règnent aujourd'hui et qui ne règnent que depuis
deux siècles.

Enfin ce n'est pas la science militaire qui manque
aux Chinois. Ils ont des systèmes de tactique très-

méthodiques, très-minutieux, très-compliqués, et qui ont été développés dans des ouvrages considérables. Seulement cette science, très-perfectionnée dès l'antiquité la plus reculée, a eu le tort de ne pas varier, de rester toujours la même. Ce sont toujours les chars, les arcs, les flèches, les arbalètes, les lances, les boucliers. Les Empereurs mandchoux introduisirent l'usage de la mousqueterie et de l'artillerie, il y a deux siècles ; car avant eux, la poudre n'était employée que pour incendier les tentes ou les villes de l'ennemi. Il y eut donc à cette époque un changement, mais il n'y en eut pas d'autre. Les Tartares ne tardèrent pas à se pénétrer de l'esprit d'immutabilité qui caractérise la civilisation Chinoise. Leurs canons et leurs fusils, très-imparfaits alors, ne furent pas perfectionnés depuis. Leurs Empereurs adoptèrent les livres Chinois sur la stratégie, et les instructions de l'Empereur Yong-Tcheng, dans le siècle dernier, s'occupent des manœuvres des chars et du tir de l'arc, comme pouvaient le faire, il y a trois mille ans, celles des Tcheou.

C'est pour cela que cet Empire colossal, avec ses trois cent millions d'habitants, a été vaincu par quelques régiments et quelques bateaux à vapeur. C'est son immutabilité même qui l'a livré à l'Angleterre.

Mais maintenant sera-ce un progrès pour la civilisation Chinoise que de se modifier au contact de la civilisation de l'Europe? Cela ne peut pas être contesté
pour la masse des populations, pour ces multitudes
sensuelles, ignorantes et superstitieuses qui dégra-
dent la dignité humaine devant les idoles Boudhiques
ou les pratiques magiques du Tâo. Cela ne doit pas
l'être non plus pour le pays lettré, pour les mandarins ; non-seulement pour ces fonctionnaires avilis et
corrompus, produits d'une société en décadence ;
mais même pour le petit nombre de ceux qui, comme
Houang, sont restés fidèles à la pure doctrine des
Kings, interprétée par Confucius. Il suffit d'exami-
ner un peu cette doctrine pour s'en convaincre. Il y
a entre la morale des Kings et celle du Christianisme
l'abîme qui sépare le monde antique du monde moderne. Le Christianisme commande le pardon des in-
jures ; il veut même que l'on rende le bien pour
le mal. Confucius ordonne au fils d'immo-
ler sans délai le meurtrier de son père ; au frère de
tuer l'assassin de son frère ; à l'ami de venger la mort
de son ami. Il y a dans la morale Chinoise un autel à
la Vengeance. Ce n'est pas en outre une bonne chose
que cette exagération de la piété filiale, qui fait le
fond de la doctrine religieuse, morale et politique en

Chine. Il y a dans la mesure des affections terres-
tres, telle qu'elle est donnée par le Christianisme, un
sentiment bien plus conforme à la destinée de l'humanité. « Un lettré ne peut abandonner les tombeaux
» de ses pères, me répondait Houang, quand je lui
» parlais de faire un voyage en France. » Le mépris
que les Chinois ont en général pour les étrangers
vient de ce qu'ils les regardent comme des misérables
qui ont quitté les lieux où sont déposés les os de
leurs pères. « On doit conserver son corps tel qu'on
» l'a reçu de son père, disent les Kings, et ne point
» changer ce que les ancêtres ont établi. » De là cet
attachement exagéré pour les usages antiques et cette
haine aveugle des nouveautés, qui n'ont pas réussi à
garantir la Chine des guerres civiles ni de la conquête ; mais qui, malgré ces révolutions matérielles
et à la surface, ont conservé au-dessous les anciennes
mœurs, les anciennes lois, les anciens arts, l'ancienne stratégie, juste assez pour faire de cet Empire, avec sa durée de quarante siècles, sa richesse
agricole, sa puissance manufacturière et sa population innombrable et vigoureuse, le plus faible des
États civilisés, un sujet de dérision pour une poignée de soldats et de marins venus de deux petites îles, qui étaient habitées par des Barbares il y a

mille ans et par des sauvages il y a dix-huit siècles.

Le texte des Kings, lorsqu'il s'agit de la puissance paternelle, renferme des passages dignes de la loi des douze Tables et de ces institutions qui, dans le monde antique, torturaient ou étouffaient les sentiments de la nature. Le père peut vendre ses enfants. Le fils est mineur tant que dure la vie de son père. Il ne peut pas se marier, quel que soit son âge, sans le consentement paternel. Sa femme vient-elle à déplaire, non pas à lui, mais à son père, il doit la répudier. Il faut au contraire qu'il la garde si c'est à lui qu'elle déplaît et si elle convient à son père.

Il est impossible, quand on étudie la civilisation Chinoise, de regretter qu'elle rentre enfin sous le domaine de la loi des vicissitudes et du changement. Au reste, le sort en est jeté ; le cercle traditionnel qui fermait la Chine est maintenant rompu. Une action irrésistible pousse les nations maritimes, l'Angleterre, l'Amérique, la France sur le Céleste Empire ; la Russie le presse par la frontière de terre ; la brèche déjà faite par la guerre et par la diplomatie ne peut désormais que s'agrandir ; tout s'y précipitera de plus en plus, comme à un assaut, les intérêts, les croyances, les idées ; il faut dire, comme au temps des croisades, Dieu le veut.

FIN.

TABLE DES MATIÈRES.

Coulommiers. — Imprimerie de A. Moussin.

www.ingramcontent.com/pod-product-compliance
Lightning Source LLC
Chambersburg PA
CBHW072011270326
41928CB00009B/1617